Mit freundlicher Unterstützung

BONNY STIFTUNG Für die Freiheit

Locarno Film Festival

Marco Solari – Unverzichtbares Tessin

Ein Verlag der Lesestoff-Gruppe
Gestaltung: www.as-grafik.ch, Urs Bolz
Projektleitung & Lektorat: elfundzehn, Bernhard Stadelmann
Korrektorat: elfundzehn, Melanie Gerber
ISBN 978-3-905769-71-5

Dank an Peter Masshardt für aufmerksamen Faktencheck und Gegenlesen.

Besuchen Sie uns im Internet: www.elfundzehn.ch

elfundzehn wird vom Bundesamt für Kultur
für die Jahre 2021–2024 unterstützt.

MARCO SOLARI

Unverzichtbares Tessin

elfundzehn

INHALT

PROLOG

Eine innige Beziehung 11
Ein freiheitsliebender Brückenbauer 14
Zu diesem Buch 16
Vorwort Alain Berset · Der zukunftsfreudige Tessiner Geist 20
Vorwort ad personam Dölf Ogi · Un uomo al servizio del paese 21

MARCO SOLARI: ERINNERUNGEN, ERZÄHLUNGEN, ERLEBNISSE

Fern der Heimat 25
Tschingg 31
Primo amore 37
Der wahre Fortschritt 45
«Wir haben alle gesündigt.» 49
Lektionen fürs Leben 57
Zwischen Norden und Süden 61
Der Calimero-Komplex 64
Ds Horu schreibt keine Briefe 68
Nächtliche Erleuchtung 71
Ein ehrliches Tessin-Bild 75
Borromini statt Boccalino 83
Ein Freiheitskämpfer wird gefeiert 93
Die Luftbrücke 101
Ein Sammler aus Leidenschaft 112
«Glücklich die Völker, die keine Diktatur kennen!» 116
Michela 119
Begegnungen in historischer Stätte 125
Ein helvetisches Lehrstück 130
Aus dem Nein wurde ein Ja 135
Erbsenzähler, Zeitungsenten und schlaflose Nächte 137

Ein Zelt als Ikone 141
«Sie kommen jetzt zur Migros!» 161
Futterneid und ein Kaffee am Sonntag 170
Fest der politischen Hoffnung 181
Stetige Unrast 188
Die rote Linie 195
Sex and Crime 199
Die Hüter der Wahrheit 203
Der letzte Akt 217
Der Zauberberg 227
Dante – ein Schweizer Freiheitsheld 231
Als Vorbild dienen 235
... ausser man tut es! 239
Der Streckenwärter von Silenen 243
Giù le mani! 245
Es begann mit einem Interview 251
Liberi e svizzeri 255
Die schwarzen Segel 267
Der letzte dunkle Punkt 273

EPILOG

Nachwort Ignazio Cassis: Die italienisch träumende Schweiz 278
Post scriptum: Grazie 281

BEILAGE

Essays und Reden von Pascal Couchepin, Ruth Dreifuss, Moritz Leuenberger, Doris Leuthard, Johann Schneider-Ammann, Kaspar Villiger, Marco Baschera, Raphaël Brunschwig, Anna Fazioli, Elia Frapolli, Michele Guerra, Greta Gysin, Patrick Lardi, Mario Timbal und Denise Tonella.

PROLOG

EINE INNIGE BEZIEHUNG

Vier gewinnt! Für die Schweiz gilt dies in besonderem Mass. Denn unser Land ist wie ein Tisch, der von vier Standbeinen getragen wird. Bricht eines weg, ist er nicht mehr funktionstüchtig. Deshalb ist das Tessin für die Schweiz unverzichtbar, wie es der Titel des vorliegenden Buches von Marco Solari postuliert. Ohne Schweiz kein Tessin. Ohne Tessin keine Schweiz.

Als gebürtiger Berner lernte ich das Tessin, wie viele Deutschschweizer meiner Generation, im Militärdienst kennen. Neben vielen schönen habe ich auch schmerzhafte Erinnerungen an diese Zeit – im wahrsten Sinne des Wortes. Es geschah während eines WK im Jahre 1960. Unfall. Schädelbruch. Nacken- und Wirbelprobleme. Zur Rehabilitation schickte mich die Militärversicherung in die *Clinica di riabilitazione* in Novaggio im Malcantone. Das passte mir gar nicht in den Kram, denn ich wäre lieber in eine Rehaklinik im Engadin verlegt worden. Entsprechend missmutig trat ich in Novaggio in Erscheinung. Meine schlechte Laune bekam auch eine Röntgenassistentin zu spüren. Tags darauf erklärte mir ein Assistenzarzt, dass ich unter den Mitarbeitenden *das* Gesprächsthema sei: «Frau Casella beklagte sich, dass du unausstehlich seist. Wenn ich dir einen Rat geben darf, mein lieber Jean-Pierre: Lade sie zu einem Kaffee ein und zeige dich von einer besseren Seite.» So lernte ich die Frau kennen und lieben, die bis zu ihrem Tod im Jahre 2015 an meiner Seite war.

Anna Maria Casella war eine Tessinerin, die kompromisslos für ihre Heimat einstand. Ihre *Italianità* vertrat sie mit viel Inbrunst, Charme und Stolz. Selbstverständlich färbte dies auch auf mich ab. Meine innige Beziehung – man könnte auch sagen: Liebe – zur italienischen Schweiz war und ist durch meine Frau und ihre Familie geprägt. So wie die *Italianità* für mich persönlich eine Bereicherung darstellt, bildet sie für die Schweiz einen unschätzbaren Mehrwert. Denn ohne das Tessin wäre die Schweiz keine Willensnation mehr, sondern ein bipolarer Staat wie beispielsweise Belgien, wo sich zwei

Sprachgruppen permanent aneinander reiben respektive sich gegenseitig blockieren würden.

Mit dem Tessin hatte ich nicht nur privat, sondern im Laufe meiner Karriere auch beruflich viele Berührungspunkte. Da war zum einen das Militär, wo ich als Regimentskommandant in der Festungsbrigade 23 für das Bedretto-Tal zuständig war. Zum anderen war es mir als Direktor des Bundesamtes für Industrie, Gewerbe und Arbeit (BIGA) ein grosses Anliegen, dass die unter der Abwanderung der jungen Bevölkerung leidenden Täler, insbesondere die Tessiner *Valli*, nicht zu alpinen Brachen verkamen. Mit dem Investitionshilfegesetz für Bergregionen gelang es uns, der Bergbevölkerung mittels gezielt geförderten Projekten neue Perspektiven zu eröffnen. Ein weiterer Schwerpunkt meiner Tätigkeit waren die fünf Jahre andauernden Verhandlungen mit Italien, die im Dezember 1978 in einem Abkommen über den finanziellen Ausgleich bei der Arbeitslosenversicherung der Grenzgänger mündeten. Dabei arbeitete ich eng mit Guido Solari zusammen, dem Direktor des Bundesamtes für Ausländerfragen. Sein Sohn Marco machte damals als junger, umtriebiger Direktor des Tessiner Tourismusvereins auf sich aufmerksam. Unsere Wege kreuzten sich Ende der 1980er-Jahre: Im Nationalrat setzte ich mich dafür ein, dass der Bundesbeitrag für die 700-Jahr-Feier der Eidgenossenschaft um zehn Millionen Franken auf insgesamt 65 Millionen Franken erhöht wurde. Als Delegierter des Bundesrates sorgte Marco Solari dann dafür, dass die Jubiläumsfeierlichkeiten trotz des Künstler-Boykotts ein grosser Erfolg wurden.

Aus meiner Bewunderung für Marco Solari, dem «Mister Ticino» par excellence, habe ich nie einen Hehl gemacht. Er ist eine der treibenden Kräfte hinter dem erstaunlichen Transformationsprozess, den die italienische Schweiz in den letzten fünfzig Jahren durchgemacht hat. Beschränkte sich die Rolle des Tessins lange Zeit darauf, die Sonnenstube der Schweiz zu sein, eine exotische Schönheit, die man nördlich der Alpen zwar mochte, aber weder verstand noch ernst nahm, so hat es sich in ein dynamisches, innovatives und überraschungsreiches «Labor der Schweiz» verwandelt, wie das Wirtschaftsmagazin *Bilanz* vor einigen Jahren schrieb. Marco Solari hat diesen Wandel nicht nur mitgeprägt, sondern auch stets besonnen analysiert und den Deutschschweizern und den Romands die Besonderheiten seiner Heimat und die Befindlichkeiten der Tessiner Bevölkerung immer wieder anschaulich und treffend erklärt. Ich habe ihn denn auch ermuntert, seine Erfahrungen, Erlebnisse und Erinnerungen an denkwürdige Ereignisse in einem Buch aufzuarbeiten, im Wissen, dass das vorliegende Œuvre auch meine verstorbene Ehefrau mit Freude und Stolz erfüllt hätte.

Getreu dem patriotischen Tessiner Leitmotiv «*Liberi e svizzeri*» hat sich Marco Solari jedoch nicht nur für das Tessin, sondern gleichermassen auch für die liberalen Werte eingesetzt, auf denen der Wohlstand der Schweiz beruht. Es war daher naheliegend, dass die von mir gegründete Stiftung ihn mit dem Bonny-Preis für die Freiheit auszeichnete. Die Laudatio, die mein Freund Beat Brechbühl im Jahre 2019 im Namen des Stiftungsrates hielt, bringt die Verdienste von Marco Solari wunderbar auf den Punkt. Sie verdient es denn auch, auf den folgenden Seiten – in gekürzter Fassung – als Einleitung wiedergegeben zu werden.

Jean-Pierre Bonny, im Mai 2023

EIN FREIHEITSLIEBENDER BRÜCKENBAUER

Nein, Marco Solari gehört nicht einer Minderheit an; es sei denn, liberale, weisse Männer, die ab und zu in ein Flugzeug steigen, seien heute schon eine Minderheit. Trotzdem hat er den Bonny-Preis für die Freiheit verdient. Nein, Marco Solari passt irgendwie nicht in diese Zeit der kontrafaktischen und hysterischen Übertreibungen, denn er steht für Ehrlichkeit und Konsistenz des Wortes. Darum hat er den Preis verdient. Nein, Marco Solari hatte nie ein politisches Mandat inne, dennoch hat er mehr für den Föderalismus und die Kohäsion unseres Landes getan als mancher Politiker in Amt und Würden – nicht nur, aber auch als Delegierter für die 700-Jahr-Feier der Eidgenossenschaft. Darum hat er den Preis verdient.

Seit dem Anfang seiner beruflichen Karriere war Marco Solari immer an der Spitze – an der Spitze von Organisationen, von Unternehmen und von Events. Er leitete ab 1972 den Tessiner Fremdenverkehrsverein und war ab 1992, nach seinem Mandat als Chef der 700-Jahr-Feier der Eidgenossenschaft, in der Konzernleitung des Migros-Genossenschaftsbundes tätig – ein Gremium, das weitaus träger und konzilianter tönt, als es bereits damals war. Dies, weil Gottlieb Duttweiler ein ebenso kompliziertes wie konfliktförderndes System erschaffen hatte, das erlaubte, jeden Beschluss in ein nächsthöheres Gremium zur erneuten Beurteilung zu hieven. Für einen Generaldirektor wie Marco Solari war das zwar belastend, weil er sich immer wieder neu durchsetzen musste, gab ihm aber auch die Chance, sich zu profilieren mit der Überzeugungskraft der Sprache. 1997 wurde er stellvertretender Konzernchef bei Ringier, einem Familienunternehmen, geprägt von starken Persönlichkeiten, in dem Entscheidungen oft direkter gefällt werden, als es die Organigramme vorsehen. Ab 2000 präsidierte er das Locarno Film Festival, eine emotionale Angelegenheit mit offenen Strukturen. Wenn man Verbindendes zwischen so unterschiedlichen Branchen wie Tourismus, Detailhandel, Verlagswesen und Kultur finden will, dann vielleicht dies: Marco Solari scheint das Komplexe, ja das systematisch Unmögliche anzuziehen

Politisch gesteuerte Touristiker und genossenschaftlich organisierte Detailhändler gehören bekanntlich zu den anspruchsvolleren Organisationen – von Journalisten und künstlerischen Direktoren ganz zu schweigen. Aus allen vier Tätigkeiten kristallisiert sich das Führungsprinzip der charismatischen Motivation heraus, für das Marco Solari steht und das den Stiftungsrat – gerade heute in der Zeit der strukturierten Prozesse und der Digitalisierung – überzeugt: Leadership durch Motivation, durch das Sophistische, durch die Kraft der Sprache. Ja, darum verdient Marco Solari diesen Preis.

Die Sprache ist, um mit Novalis zu sprechen, Ausdruck des Geistes. Und geistreich ist er, dieser Preisträger. Mit seinem humanistischen Weltbild und dem humboldtschen Wissen hat er etwas von einem Renaissance-Menschen. Seiner Prägung als *Liberalone*, etwas, was einem im Tessin in die Wiege gelegt wird (oder eben nicht), folgte die Einsicht, dass es nicht nur Freiheiten, sondern auch Verpflichtungen gegenüber dem Gemeinwesen gibt. Und daraus beinahe syllogistisch das Einschlagen der Offizierslaufbahn in Thun. Und daraus wiederum das gleichermassen dialektisch wie rebellisch anmutende Studium der Sozialwissenschaften in Genf.

Nach den Lehrjahren folgte die Rückkehr in die Heimat seines Vaters, nicht ins Tessin, nein, in die damals 250 *Repubbliche indipendenti*, welche das Tessin ausmachten, um aus der mikrokosmischen Vielfalt eine Einheit der touristischen Vermarktung zu destillieren. Um später in Locarno das von Politik und Wirtschaft autonomste Festival der Welt zu schaffen, wie er es selbst nennt; er, der kein Kultur-Schaffender ist, aber Freiraum für die Kultur schafft. Und Verständigung zwischen italienischer und deutscher Schweiz. Er, der tragfähige Brücken baut, hohe Berge überwindet und dicke Bretter bohrt, um Sprachregionen und Kulturen zu verbinden – unermüdlich und ausgestattet mit dem Kompass der *Libertà*, des freiheitlichen Gedankenguts, des freien Sinnigen und des freien Sinnlichen.

Marco Solari stellt den Menschen ins Zentrum. Er baut auf seine menschliche Intuition. Er schenkt und erhält Vertrauen. Und er weist damit einen freiheitlichen Weg in die Zukunft. Darum geht der Bonny-Preis für die Freiheit an diesen charismatischen Vertrauensseligen und freiheitsliebenden Brückenbauer.

Dr. Beat Brechbühl, Vizepräsident Bonny-Stiftung für die Freiheit, im August 2019

ZU DIESEM BUCH

«*Servir et disparaître!* Das Motto der Berner Patrizier ist für mich Gebot. Mit der 76. Ausgabe des Filmfestivals von Locarno, die im August 2023 stattfand, ist der Zeitpunkt gekommen, einer jüngeren Generation Platz zu machen. Eine solche Stabsübergabe ist immer auch ein guter Moment für eine Bilanz respektive einen Blick zurück.» So oder ähnlich hätte der Einstieg zu diesem Buch erfolgen können. Vorgetragen in der Ich-Form von Marco Solari. Doch gegen einen solchen Auftakt sträubte er sich. *«No, caro mio, non va bene!* Das klingt zu sehr nach einer Biografie», meinte er. Das Buch solle sich nicht um ihn drehen, sondern ums Tessin: «Wenn es in meinem Leben einen roten Faden gibt, dann meine Liebe zum Tessin und zur *Italianità*. Dieses Engagement soll zum Ausdruck kommen.» Auf den kommenden Seiten würde eh schon viel zu viel O-Ton von Marco Solari folgen. Da käme es für die Leserinnen und Leser einer Überdosis gleich, wenn er auch noch bei der Einleitung zu Wort komme. Und überhaupt: Bereits der Prolog von Jean-Pierre Bonny und die Laudatio von Beat Brechbühl auf den vorangegangenen Seiten seien viel zu viel des Guten *(«Troppe, troppe lodi!»).*

Was soll man darauf entgegnen? Ich versuchte es mit folgender Argumentation: «Lob und Leistung stehen in enger Korrelation. Die Anerkennung, die du erfährst, hast du dir im Laufe deines Lebens hart erarbeitet. Ehre, wem Ehre gebührt! Die Laudatio von Beat Brechbühl bildet einen wunderbaren Einstieg für diejenigen Leser, denen der Name Marco Solari zwar ein Begriff ist, die mit deiner Biografie aber nicht im Detail vertraut sind.» Tatsächlich sind der Werdegang und der Leistungsausweis von Marco Solari aussergewöhnlich. Nicht von ungefähr wurde er für sein Lebenswerk nicht nur mit dem Preis der Bonny-Stiftung, sondern auch mit dem Tourismus-Milestone ausgezeichnet; die Oertli-Stiftung wiederum ehrte ihn für seine Brückenbauer-Qualitäten zwischen Norden und Süden, und Italien verlieh ihm für seine Verdienste um die *Italianità* einen der höchsten Orden, die das Land für ausländische Bürger bereithält. Auf der Alpennordseite wird Marco

Oben: Auf Kurs: Omar Gisler (links) und Marco Solari auf dem Luganersee.

Unten: Marco Solari beim Studium von Akten und Aufzeichnungen.

Solari häufig als «Mister Ticino» bezeichnet – ebenfalls ein Ehrentitel, der Bände über sein Engagement für den Südkanton spricht.

Den Wandel von der romantisierten, peripheren Sonnenstube zu einer dynamischen, gut erreichbaren Region zwischen den Metropolen Mailand und Zürich, die ihre Stärken selbstbewusst zum Ausdruck bringt, hat Marco Solari auf vielen Ebenen mitgestaltet. Als feinfühliger und pointierter Kommentator wurde er zudem immer wieder um Analysen und Einschätzungen gebeten, weil insbesondere in der Deutschschweiz viele Leute – nicht zuletzt auch aus sprachlichen Gründen – Mühe bekunden, die Vorgänge in der italienischen Schweiz zu verstehen und einzuordnen. Doch was bleibt? Zahlreiche Weggefährten, allen voran Jean-Pierre Bonny, forderten ihn auf, seine Erlebnisse, Erinnerungen und Erkenntnisse in einem Buch zu veröffentlichen und so für die Nachwelt zu dokumentieren. Für mich war es Freude und Ehre, ihn bei diesem Vorhaben unterstützen zu dürfen.

Wenn man das Tessin verstehen will, muss man seine Geschichte kennen. Niemand weiss das besser als Marco Solari. Deshalb hat er grossen Wert darauf gelegt, persönliche Reminiszenzen mit historischen Begebenheiten zu verknüpfen, beispielsweise bei der Familiengeschichte der Solaris, die eng mit der Emigration verbunden ist, bei der touristischen Kampagne «*Terra d'artisti*», die das kulturelle Erbe thematisierte, bei der 700-Jahr-Feier der Eidgenossenschaft, deren Auftakt in den historischen Mauern des Castelgrande von Bellinzona stattfand oder dem Filmfestival von Locarno, dessen künstlerische Unabhängigkeit auf die liberale Tradition des Tessins zurückzuführen ist, die bis in die Zeiten Napoleons zurückreicht.

Zudem pochte Marco Solari im Stile eines Gastgebers darauf, auch andere Stimmen zu Wort kommen zu lassen. Amtierende und ehemalige Bundesräte wie Alain Berset, Adolf Ogi und Ignazio Cassis erklärten sich denn auch sofort bereit, Vor- beziehungsweise Nachworte zu verfassen, und auch Kaspar Villiger, Pascal Couchepin, Ruth Dreifuss, Doris Leuthard und Johann Schneider-Ammann lieferten nach spontaner Zusage Beiträge, in denen sie erklären, weshalb das Tessin aus ihrer Sicht für die Schweiz unverzichtbar ist. Eine Plattform wollte Marco Solari auch Vertretern der jüngeren Tessiner Generation bieten. Denn ihnen obliege es, das Tessin weiterzuentwickeln. Stillstand dürfe sich der Kanton nicht erlauben: «Vom Tessin muss eine permanente kulturelle, faustische Unruhe ausgehen. Nur so kann es seiner Rolle als dritter im Bunde wahrnehmen und mit seiner *Italianità* zum selbstbewussten Taktgeber des Landes avancieren.»

Unruhig war in den vergangenen Monaten auch Marco Solari. «*Ecco*, jetzt weisst du alles über mich und mein Leben, oder?», vergewisserte er sich Mitte April, nachdem wir mal wieder stundenlang die Köpfe zusammengesteckt hatten. Es war mehr eine Feststellung als eine Frage. Und mit Blick auf die zahlreichen Fotoalben, die auf dem Tisch in seinem Wohnzimmer verstreut waren, ergänzte er: «Die bleiben hier, bis das Buch gedruckt ist. Michela wird dir jederzeit Zugang verschaffen, sollte mir etwas passieren.» «Du bist fit wie ein Turnschuh. Was soll dir schon passieren?», entgegnete ich. «Wenn sich jemand Sorgen um seine Gesundheit machen muss, dann ich. Denn die Aufgabe, aus all diesen Dokumenten, Erinnerungen und Beiträgen innert kurzer Zeit ein Buch zu verfassen, ist mit ziemlich viel Stress und Hektik verbunden.»

Marco Solari nahm diesen Einwand mit seinem typischen Lächeln zur Kenntnis und machte sein Boot startklar, um zum Mittagessen ins nächstgelegene Restaurant am See zu gelangen. Vor, während und nach dem Essen erzählte er weiter. Stundenlang und unermüdlich. Hier eine Anekdote, da eine Story. Und stets die Ermahnung: «Das müssen wir im Buch unbedingt ebenfalls erwähnen. Denkst du, dass wir das schaffen?» Meine Antwort – «*No, è impossibile*, das sprengt den Rahmen» – überhörte er geflissentlich. Zu gross war der Wunsch, all den unzähligen Personen, denen er im Laufe seines Lebens begegnet war («die mich allesamt bereichert haben»), die Würdigung zukommen zu lassen, die sie verdienen. Am Ende galt es, die zusammengetragenen Inhalte zu kürzen. Das Streichkonzert war eine schmerzhafte, aber unumgängliche Übung. Das Ergebnis in Form dieses Buches liegt vor Ihnen.

Die Erlebnisse, Erfahrungen und Erinnerungen von Marco Solari habe ich nach bestem Wissen und Gewissen wiedergegeben. Ein grosses Augenmerk legte ich auf den Lesefluss, sodass auch jemand, der mit der Biografie von Marco Solari nicht vertraut ist, seinen Werdegang und sein Wirken nachvollziehen kann. Er selber betonte stets (es sei sicherheitshalber nochmals erwähnt!), dass nicht seine Person, sondern die Metamorphose des Tessins im Zentrum stehen müsse. Diesem Wunsch bin ich so weit wie möglich nachgekommen. Die Betonung liegt dabei auf der Relativierung «so weit wie möglich». Denn wenn man über eine Person berichtet, kann man deren private Ansichten und Erlebnisse nicht vollständig ausblenden. Schon gar nicht, wenn es sich um eine so verdienstvolle Persönlichkeit wie Marco Solari handelt.

Omar Gisler, im Juni 2023

VORWORT
DER ZUKUNFTSFREUDIGE TESSINER GEIST

Das Tessin hat in den letzten Jahrzehnten einen bemerkenswerten Aufschwung erlebt. Es ist von einer Grenzregion, lange etwas vernachlässigt und als «Sonnenstube» verniedlicht, zu einem zukunftsträchtigen Standort der IT- und Biotechindustrie geworden. Aber die Transformation geht tiefer, als es Stichworte wie NEAT, Universität und LAC Lugano vermuten lassen. Das Tessin ist, um Marco Solari zu zitieren, «von der Peripherie in eine neue Zentralität» gerückt.

In vielen seiner Funktionen, vor allem aber als langjähriger Präsident des Filmfestivals Locarno, hat Marco Solari diesen Bewusstseinswandel massgeblich mitgeprägt. Unermüdlich auf der strategischen und operativen Ebene. Unbeirrbar, was seine Vision des Tessins als eines kulturellen Raums angeht, dessen doppelte Randlage zwischen der Deutschschweiz und der Lombardei keine Hypothek, sondern eine Chance ist, um das Verständnis zwischen Nord- und Südeuropa zu fördern. Das Tessin ist, so gesehen, viel mehr als ein Standort; es ist ein geistiger Ort.

Das Filmfestival Locarno ist nicht einfach eine Facette dieses neuen Tessiner Selbstbewusstseins. Es ist vielmehr die *Triebfeder des Aufschwungs*. Ein selbstbewusster, dynamischer, vorwärtsdrängender Kanton Tessin bereichert auch die Schweiz als Ganzes.

Das Filmfestival Locarno hat dem Tessin vorgelebt, welches Potenzial in ihm steckt. Und es hat so bewiesen, dass Kreativität unteilbar ist. Sie pflanzt sich fort, von einem Bereich zum nächsten, von der Kultur über die Wissenschaft zur Wirtschaft, sie blüht und lässt erblühen.

Dieser zukunftsfreudige Tessiner Geist wird weiterwirken, auch wenn der langjährige Präsident des Festivals nun abgetreten ist. Das beweist, wie viel Marco Solari mit seinem Engagement erreicht hat.

Alain Berset, Bundespräsident

VORWORT AD PERSONAM
UN UOMO AL SERVIZIO DEL PAESE

Marco Solari ist eine herausragende Persönlichkeit. Sein unabhängiger Geist, sein scharfer analytischer Verstand und sein globaler Weitblick zeichnen ihn ebenso aus wie sein Mut, sein Pflichtbewusstsein und sein Idealismus. In ihm vereinen sich politischer Sachverstand und ein Gespür für das Machbare mit wachem Intellekt und reicher kultureller Schaffenskraft. Er ist ein begnadeter Redner und ein feinsinniger Denker zugleich.

In seiner beruflichen Laufbahn hat Marco Solari zahlreiche öffentliche und unternehmerische Ämter und Funktionen nicht nur wahrgenommen, sondern sie auch mit grösster Gewissenhaftigkeit erfüllt. Ob als Tourismus-Präsident, Verwaltungsdelegierter des Migros-Genossenschaftsbundes, als stv. Konzernchef bei Ringier oder als Präsident des Locarno Film Festival: Er hinterliess jeweils bleibende Spuren. Unvergessen ist den Menschen in der Schweiz vor allem sein beherztes Handeln 1991 als Retter der 700-Jahr-Feier unserer Eidgenossenschaft.

Marco Solari geniesst in weiten Kreisen Respekt und Anerkennung. Er ist über unser Land hinaus geschätzt und hat viel dafür getan, um das Ansehen der Schweiz im Ausland zu stärken. Der Zusammenhalt der Schweiz mit den vier Sprachen und vier Kulturen ist ihm eine Herzensangelegenheit. Für Kultur, Wirtschaft und Gesellschaft bleibt er als treffend analysierender Beobachter aktueller Entwicklungen und Ereignisse ein gefragter Ratgeber. Seine Stimme und Deutungskompetenz werden im ganzen Land geschätzt.

Marco Solaris höchster Anspruch ist die Menschlichkeit. Diese Menschlichkeit beinhaltet für ihn Gerechtigkeit, Gradlinigkeit und Solidarität. – Du, lieber Marco, du erfüllst dies alles als Mensch. *Grazie per il tuo impegno al servizio della Svizzera!*

Dölf Ogi, alt Bundesrat

MARCO SOLARI:
ERINNERUNGEN, ERZÄHLUNGEN, ERLEBNISSE

STEMMA ANTIQVVM
CARONENSIS GENTIS SOLARIÆ_SÆCVLO XV. CÆLATVM
QVIPPE EX INCVNABVLIS_CELEBERRIMÆ ARTIFICVM_FAMILIÆ SOLARIORVM (S?
QVI ILLA ÆTATE VENETIIS FLORVERVNT
OPVS MIRIFICVM_SPECTANDVM POSVIMVS
INEVNTE A.D. MDCCCXCII

FERN DER HEIMAT

Emigration ist eine Beerdigung, nach der das Leben weitergeht. Diese Erfahrung haben Generationen von Tessinern gemacht, denen in Anbetracht der Armut und Not, die in der italienischen Schweiz während Jahrhunderten herrschten, nichts anderes übrigblieb, als ihr Glück in der Fremde zu suchen. Emigration bedeutet Abschied, Trennung, Trauer, Verlust und Melancholie. «Ein so armes Dorf wie unseres – und du kannst dir nicht vorstellen, wie viele Erinnerungen es im Herzen eines Menschen zurücklässt», beschreibt Plinio Martini in seinem Roman *«Nicht Anfang und nicht Ende»* dieses bittere Gefühl. «Wir Auswanderer trugen unser Heimweh wie eine Krankheit in uns herum. Ich begann zu begreifen, dass das Glück aus einem Nichts besteht und dass ich just dieses Nichts, das den Menschen glücklich macht, verloren hatte.»

Martinis Schilderung, die sich aufs Maggia-Tal bezieht, trifft auf fast alle Dörfer in der italienischen Schweiz zu. Auch auf Carona, hoch über dem Luganersee gelegen, woher die Solaris ursprünglich stammen. Als «Wunder» bezeichnete der Autor André Beerli in seinem 1973 erschienenen Reiseführer *«Unbekannte Schweiz: Tessin. 32 Reisevorschläge»* Carona, das Besucher aufgrund seiner idyllischen Lage und seines pittoresken Ortsbildes bis heute verzückt. Von Schönheit allein wird man jedoch nicht satt. Da die landwirtschaftlichen Erträge selten ausreichten, um all die hungrigen Mäuler zu stopfen, waren die meisten Mitglieder der einheimischen Familien wie die Aprile, Casella, Scala und Solari gezwungen, ihr Glück in der Fremde zu suchen, wo sie vorab als Baumeister, Maurer, Stuckateure, Steinmetze und Maler tätig waren.

«Während langer Jahrhunderte stiegen junge Menschen mit gesegneten Händen, und von der Wiege an in künstlerischer Tradition aufgewachsen, aus den Hügeln von Carona ins Unterland hinab und liessen in dem nahen Italien bei einem Meister, der oftmals der ältere Bruder, ein Onkel oder gar der Vater sein mochte, ihre angeborene Formbegabung ausbilden und schleifen», schreibt Beerli mit patheti-

Das Familienwappen der Solari aus Carona.

schen Worten. «Um den Ruhm Caronas zu ermessen, müsste man eine Reise durch ganz Europa unternehmen, von Como nach Mailand, von Venedig nach Rom und Palermo, von Genua bis nach Sevilla, von Krakau bis nach Moskau.»

Beginnen wir in Mailand, wo 1386 der Grundstein für den Bau des Doms gelegt wurde. Dieses Meisterwerk gotischer Architekturkunst trieben die Solari aus Carona während Generationen in leitender Stellung voran. Guiniforte Solari war als Hofarchitekt der Mailänder Herzöge nicht nur für den Dom, sondern auch für den Bau des städtischen Krankenhauses verantwortlich, das aufgrund seiner Grösse ehrfürchtig *Ca' Granda* genannt wird und heute die Universität beherbergt. Sein Sohn Pietro Antonio Solari trat zunächst in seine Fussstapfen, ehe er dem Lockruf von Zar Iwan dem Grossen folgte und 1488 nach Moskau auswanderte. Dort baute er den Kreml zu einer Festung aus. Sieben der zwanzig Kreml-Türme und die Mauern mit den Zinnen errichtete er, ebenso den Facettenpalast. Aus einem Brief des Herzogs von Mailand vom 22. November 1493 geht hervor, dass Pietro Antonio Solari «*in partibus Rossie*» – also irgendwo in Russland – unverheiratet und kinderlos verschieden sei. Am Spasskij-Turm erinnert bis heute eine Inschrift daran, dass es *Petrus Antonius Solarius* gewesen ist, der das Bauwerk errichtet hat, das mittlerweile zum UNESCO-Weltkulturerbe zählt.

Das Familienwappen der Solari ziert ein Turm, flankiert von zwei Löwen und überwacht von einem Engel. Es hat durchaus programmatischen Charakter. Vertrauen in Gott (respektive die Schutzengel) und

Historische Stadtansicht von Algier. Das ehemalige osmanische Piratennest wurde 1830 französische Kolonie.

in die eigenen Fähigkeiten als Baumeister sowie Mut und Entschlossenheit: Mit dieser Einstellung haben im Laufe der Jahrhunderte viele Solari ihrem Geburtsort den Rücken gekehrt. Mein Ururgrossvater Giuseppe Solari (1804–1872), dessen Vater früh verstorben war, entschloss sich im Alter von 28 Jahren zur Emigration. Während viele Tessiner ihr Glück damals in der Neuen Welt suchten, überquerten Giuseppe und sein zwei Jahre jüngerer Bruder Piero 1832 lediglich das Mittelmeer. Die Franzosen hatten gerade das Piratennest Algier erobert und benötigten nun Baumeister, die den Ort als Militärstützpunkt befestigten. Zehn Jahre war Giuseppe im Baugewerbe in Algier tätig, ehe er 1842 ins Tessin zurückkehrte. In Casoro bei Barbengo, am Ufer des Luganersees, erwarb er mit seinen Ersparnissen ein Grundstück, auf dem er ein grosses Haus errichtete. *Il Palazzo* nannten es die Dorfbewohner. Die Handschrift des Festungsbaumeisters erkennt man an den Details. Die Mauern sind fast so dick wie die Bastionen von Algier. In ihrem Innern enthalten sie Sand. Eine raffinierte Lösung. Denn im Winter speichert der Sand die Warme, während er im Sommer die Hitze abwendet, sodass es im Innern angenehm kühl ist, wie in einer Kirche. Auf der Fassade brachte Giuseppe Solari eine eigenartige Sonnenuhr an. Als geographische Bezugspunkte führte er unter anderem die Inseln Elba und St. Helena auf. Es handelt sich um eine Hommage an Napoleon Bonaparte, der mit seiner Mediationsakte von 1803 der über dreihundert Jahre währenden Herrschaft der eidgenössischen Vögte ein Ende setzte und die *Repubblica e Cantone Ticino* aus der Taufe hob.

Sonnenuhr an der Fassade des Hauses in Casoro, welche Mittag anzeigt, inkl. auf den Verbannungsinseln Napoleons (Elba und St. Helena).

Bei der Kantonsgründung waren Not und Elend allgegenwärtig. Der Berner Aufklärer Karl Viktor von Bonstetten, der 1795 die ennetbirgischen Vogteien inspizierte, war erschüttert von den Zuständen, die er im Tessin vorfand. In solch elendiglichen Hütten würde keine Deutschschweizer Sau leben wollen, rapportierte er. Sein Fazit: «In diesen italienischen Thälern stimmen Natur, Sitten und Gesetze zur Zerstörung des Menschengeschlechts oder wenigstens zu seinem Unglück zusammen. Im ganzen Amt ist nichts für die Armen gethan.» Bis weit ins 19. Jahrhundert hinein steckten weite Teile dieser Landschaft noch im tiefsten Mittelalter. Eine schlechte Ernte oder eine Dürre genügten, um die Bevölkerung ins Elend zu stürzen, wie etwa 1817, als die Leute wegen einer Hungersnot gezwungen waren, Kräuter, Gras, Mehl aus Buchenrinde, Reblaub und Nussschalen zu essen, um zu überleben.

Dass spätestens mit der Gründung des Bundesstaates im Jahre 1848, als das Tessin mit Stefano Franscini seinen ersten Bundesrat erhielt, die Weichen Richtung Fortschritt und Aufschwung gestellt wurden, zeigt sich auch an der Familiengeschichte der Solari. War Giuseppe noch zur Emigration gezwungen gewesen, so konnte sein Sohn Costantino als erster Tessiner ein Studium an der ETH Zürich als Ingenieur abschliessen. Doch das Schicksal meinte es nicht gut mit ihm; er starb bereits 1865 im Alter von erst 24 Jahren. Sein Bruder Severo, mein Urgrossvater, studierte Medizin und machte sich als «Arzt der Armen» einen Namen. Obwohl er als Mediziner ein gefragter Mann war, verdiente er kaum Geld, was mit seiner intrinsischen Motivation zusammenhing, den Leuten unentgeltlich zu helfen. Im Winter lebte und praktizierte er in Mailand, im Sommer in seinem Elternhaus in Casoro. Wenn es im italienischen Dorf Brusimpiano auf der gegenüberliegenden Seite des Luganersees einen Notfall gab, entfachten die Dorfbewohner jeweils ein Feuer. Severo Solari bestieg dann in Casoro seine Barke, ruderte über den See, behandelte den Patienten und kehrte mit ein paar Eiern oder Fischen als Entgelt zurück. Verheiratet war er mit Madleine Scala, mit der er vier Söhne zeugte:

- Napoleone (1878–1935) war als Anwalt in Mailand unter anderem für das Schweizer Konsulat tätig.
- Renato (1879–1945) kehrte nach Algier zurück, wo er zusammen mit seiner Frau Louisette Revelin ein grosses Landgut erwarb. Seine Nachkommen – meine Cousins – wurden nach der Revolution von den Algeriern vertrieben. Nach der Enteignung durch Staatschef Houari Boumedienne ging das Landgut in Staatsbesitz über.

• Mario Severo (1880–1958), mein Grossvater, lebte ebenfalls lange Zeit auf dem Gut seines Bruders in Algier und heiratete Rita Beretta (1892–1972), eine Patrizierin von Lugano.
• Nino (1887–1972), der Nachzügler, heiratete Noemi, eine Isella aus Morcote, und war als erfolgreicher Hotelier in Genua tätig.

Meine Grossmutter Rita stammte aus einer Veterinärsfamilie. Sowohl ihr Vater als auch ihr Grossvater waren in der Region Lugano als Tierärzte tätig gewesen, was ein nicht ungefährliches Metier war. Sie wurde früh Halbwaise, als ihr Vater in Muzzano von einem Pferd getreten wurde und seinen Verletzungen erlag, und wuchs in sehr ärmlichen Verhältnissen auf. Ihre Mutter musste Zimmer vermieten, um über die Runden zu kommen. *Nonna* Rita hatte zwar nie studiert (für Frauen war das damals ausgeschlossen), aber sie war hochintellektuell und stark am Weltgeschehen interessiert. Als tiefgläubige Katholikin und eher konservativ veranlagt, hatte sie das Heu oft nicht auf derselben Bühne wie mein Grossvater, der ein überzeugter Freisinniger war. Das zeigte sich exemplarisch während des Zweiten Weltkrieges, als meine Grosseltern (wie im übrigen viele Luganeser und Locarneser Familien) italienische Flüchtlinge aufnahmen. Einer von ihnen war der katholisch-konservative Giovanni Battista Migliori, der im September 1943

Portraits von Severo Solari (genannt «il medico buono») und seiner Frau Madleine.

in die Schweiz flüchtete und nach dem Krieg zu den Gründern der *Democrazia Cristiana* zählte. Von 1946 bis 1948 war er Präsident der Provinz Mailand, später wurde er dreimal in die Abgeordnetenkammer gewählt. Mein Grossvater war nicht gerade erfreut ob den christlich-konservativen Reden, die Migliori bei uns zu Hause in Casoro jeweils hielt, und machte keinen Hehl daraus, dass er lieber einen Liberalen im Haus gehabt hätte.

Dass sich meine Grossmutter durchgesetzt hatte, war jedoch nicht weiter erstaunlich. Denn das Tessin war und ist ein Matriarchat. Dies ist eine Folge der Emigration: Während die Männer auswanderten, um in der Fremde ein Auskommen zu finden, blieben die Frauen und Kinder alleine zurück. «Zu meiner Zeit pflegten von Cavergno alljährlich drei, vier Burschen oder mehr auszuwandern», schreibt Plinio Martini. «Das Dorf wurde immer magerer, wie ein Mensch, der einen Bandwurm hat. Wir merkten es in der Kirche an den Lücken in den Sitzreihen. Die Männer litten draussen in der Welt an Heimweh, die Mädchen sassen daheim und wurde alte Jungfern.»

Die Briefe, die die Männer, teilweise in einem unbeholfenen Italienisch, aus Amerika, Australien oder Algerien an ihre zurückgebliebenen Familien schrieben, legen ein herzbrechendes Zeugnis von diesen Familienschicksalen ab. In diesen Briefen respektive in der Emigration steckt einer der wichtigsten Schlüssel zum Verständnis des Tessins. Auch ich entwickelte in meiner Kindheit- und Jugend eine Fernbeziehung zum Tessin; auf der Alpennordseite wurden Italien und die italienische Schweiz für mich zu Orten der Sehnsucht.

TSCHINGG

28. Dezember 1944. Mein Geburtstag. Am Tag der unschuldigen Kinder kam ich im Engeriedspital in Bern auf die Welt und wurde nach katholischem Ritus getauft. Was heute kaum eine Randnotiz wert wäre, nämlich die Konfession, war damals ein Thema, über das in den Familien meiner Eltern hitzig diskutiert wurde. Für meine Tessiner Grossmutter Rita, eine Erzkatholikin, waren die Protestanten ein rotes Tuch. Sie wollte unter keinen Umständen, dass mein Vater Guido die Tochter eines protestantischen Lehrers und Schriftstellers heiratete. Kennengelernt hatten sich die beiden in der Ka-We-De, der Freizeitanlage im Dählhölzli in Bern, die im Sommer als Wellenbad und im Winter als Kunsteisbahn genutzt wurde. Mein Vater war damals Jus-Student, und um seine grosse Liebe heiraten zu dürfen, musste er seine ganze Kraft aufbieten, um sich gegen seine Mutter durchzusetzen. Dass ihm dieses Kunststück gelang, ist insofern bemerkenswert, als das Tessin eben ein Matriarchat war.

Meine Mutter Willetrud erbrachte aus Liebe zwei grosse Opfer: Zum einen trat sie zum Katholizismus über, zum anderen sprach sie mit mir und meinem vier Jahre jüngeren Bruder Renzo stets Italienisch, das sie im Radio und in Büchern gelernt hatte. Sie kam damit dem Willen meines Vaters nach, der so sicherstellen wollte, dass wir in Bern die *Italianità* in all ihren Facetten pflegten. Meine Mutter war eine liebe und herzensgute Person, vielseitig interessiert, von der Astronomie über Literatur bis hin zum Schach, wo sie es bis zur Schweizer Vizemeisterin brachte. Vor allem aber war sie sehr pflichtbewusst. Das einte sie mit meinem Vater, dem Bundesbeamten, der bei der Fremdenpolizei Karriere machen sollte.

Obwohl in Bern geboren, sprach ich anfangs nur schlecht Deutsch. Ich spürte stets, dass ich anders war. Den Kindergarten im Pestalozzi-Schulhaus empfand ich als kleines Gefängnis. Ich war ein äusserst lebhaftes Kind. Ruhig auf dem Boden im Kreis zu sitzen, war nicht mein Ding. Frau Balsiger, eine sehr erfahrene Kindergärtnerin, erlaubte mir

daher, dass ich alle fünfzehn Minuten aufstehen und dreimal um den Kreis herumrennen durfte. Den anderen Kindern verbot sie diese Bewegungstherapie mit dem Hinweis: «Marco darf das, er ist halt ein Tessiner.» Auf der Strasse wurde mir meine Andersartigkeit brutaler vor Augen geführt. Etwa, als ich mit meinem Velo vom Fischermätteli, wo wir wohnten, in die Länggasse fuhr. Durch den Tessiner Wimpel an meinem Fahrrad fühlten sich ein paar Bandenchefs provoziert. «Wohin willst du, Tschingg?», wollten sie wissen. Als ich schwieg, rissen sie die Flagge weg und liessen mich gehen. Auf meine Reaktion bin ich heute noch stolz: Mit meinen wenigen Ersparnissen kaufte ich am nächsten Tag zwei Tessiner Flaggen, befestigte sie an meinem Velo und radelte so die Länggasse entlang. Niemand stoppte mich.

Meine *Italianità* verteidige ich bis heute mit einer Vehemenz, die viele überrascht und die man mir vielleicht nicht zutraut. Das hängt mit den Erfahrungen meiner Kindheit zusammen, die ich vorwiegend in Gesellschaft von Gastarbeitern aus Norditalien und im Kreise der Tessiner Diaspora in Bern verbracht habe. Die Vereinigung *Pro Ticino* war unser Bezugspunkt. Im Café de la Paix in der Schauplatzgasse wiederum trafen sich an den Samstagnachmittagen jeweils Tessiner Studenten und Professoren, Beamte und Nationalräte, selbst Bundesrat Giuseppe Lepori schaute öfter mal vorbei. Hätte es den Begriff «Parallelgesellschaft» damals schon gegeben, man hätte ihn wohl auf die Tessiner angewandt. Wir galten als Exoten.

Familienzusammenkünfte: Bei der Taufe von Marco Solari im April 1945 vor der katholischen Dreifaltigkeitskirche in Bern mit der protestantischen Familie; rechts die Tessiner Familie mit Urgrossmutter Madleine Scala und Urenkelin Nicla im Sommer 1943 in Casoro am Luganersee.

Links: Willetrud Joss war Schweizer Vizemeisterin im Schachspiel.

Rechte Seite, oben: Hochzeitsfeier von Guido Solari und Willetrud Joss 1942 in Bern mit den beiden Familien.

Rechte Seite, Mitte: Hochzeitsfoto von Willetrud und Guido Solari.

Rechte Seite, unten: Guido Solari spricht in Bern vor der Pro Ticino anlässlich der 150-Jahr-Feier des Kantons Tessin.

Rechte Seite, rechts: Mutter Willetrud mit ihrem Sohn Marco 1946 auf dem Casinoplatz in Bern.

Identitätsstiftend war für uns nicht zuletzt der Sport. Wenn der FC Lugano, Schweizer Meister der Jahre 1938, 1941 und 1949, im Wankdorf gegen die Young Boys oder im Neufeld gegen den FC Bern spielte oder wenn der HC Ambrì Piotta auf der Ka-We-De gastierte, dann waren das Festtage für die Exil-Tessiner. Da mein Onkel Piero Beretta als Sportjournalist für den *Corriere del Ticino* schrieb (er hatte dort 1927 die Sportberichterstattung eingeführt), erhielten wir immer wieder Gratistickets für die Spiele. Meine eindrücklichste Erinnerung bleibt jedoch der Formel-1-Ring im Bremgartenwald. Mit Ferrari und Alfa Romeo, mit Farina, Fangio und Ascari kam nebst der *Velocità* – der Geschwindigkeit – auch die *Italianità* voll zum Tragen. Zumindest bis am 11. Juni 1955, als nach dem schrecklichen Unglück in Le Mans, das über achtzig Todesopfer gefordert hatte, Autorennen in der Schweiz verboten wurden.

Meine Jugend war stark durch die Sehnsucht nach dem Süden geprägt. Selbstverständlich nicht wie für die italienischen Gastarbeiter, die sich am Samstag und Sonntag im alten Bahnhof in Bern versam-

Schweizerische Lebensversicherungs- und Rentenanstalt

melten. Die melancholischen Blicke, mit denen sie die Züge Richtung Brig und Domodossola bedachten, werde ich nie vergessen. Bern war für mich Schule, Alltag, Pflicht. Das Tessin und die Ferien bei meinem Onkel und bei meiner Tante in San Pellegrino Terme hingegen waren Lichtblicke, pure Lebensfreude, südliche *Dolcezza di vita*.

Gleichzeitig hatten meine Mutter und mein Grossvater in mir aber auch die Liebe zur nordischen, zur deutschen Kultur geweckt. Diese zwiespältigen Gefühle führten schliesslich zur ersten Rebellion. Als ich zwölf war, beschloss ich, mich der väterlichen Order zu widersetzen und mit meiner Mutter nicht mehr Italienisch, sondern Berndeutsch zu sprechen. Mein jüngerer Bruder Renzo, der spätere Neurologe, der 1986 tragisch an einem Hirntumor sterben sollte, zog tapfer mit. Unser Vater insistierte, um uns umzustimmen. Doch wir gaben nicht nach, es war unsere kulturelle Revolution, und so blieb ihm nichts anderes übrig, als die Situation zu akzeptieren. Nicht nur für meine Mutter, sondern auch für mich war diese Rebellion eine Befreiung. Ich hatte nun, im wahrsten Sinne des Wortes, eine Muttersprache und wurde definitiv zum Träger zweier Kulturen.

Die *Italofilia* – die Italien-Sehnsucht, die Liebe zum *Belpaese* – bewahrte ich mein ganzes Leben lang. Als mich der italienische Staatspräsident Sergio Mattarella 2017 zum *Grande Ufficiale* der Republik Italiens ernannte und den *Ordine della Stella* verlieh, eine der höchsten Auszeichnungen, die Italien einer ausländischen Person überreicht, begründete er dies, weil man bei mir eine tiefe, ehrliche Beziehung zu Italien spüre.

PRIMO AMORE

Wer seine Ferien im Grand Hotel di San Pellegrino Terme in Italien verbringen konnte, gehörte zweifellos zu den Privilegierten dieser Welt. Für mich wurde dieses Juwel von einem Hotel zu einer zweiten Heimat. Fotos aus dem Familienalbum zeigen, wie ich im Sommer 1946 im Alter von anderthalb Jahren erstmals mit meinen Eltern in diesem Kurort in der Valle Brembana bei Bergamo weilte. In Europa herrschte damals seit einem Jahr Frieden. Italien war durch den Bruderkrieg zwischen Faschisten und Partisanen in zwei Lager gespalten, die sich zaghaft zu versöhnen begannen. Nach und nach nahm auch der Tourismus wieder Fahrt auf. Die Menschen sehnten sich nach Leichtigkeit und ein wenig Sorglosigkeit. Unterhaltung und Amüsement waren angesagt – vor allem in den Sommermonaten.

Geführt wurde das Grand Hotel di San Pellegrino von meiner Tante Ancilla, Cousine meiner Grossmutter Rita und ebenfalls eine Beretta, und Onkel Arturo, einem neapolitanischen Hotelfachmann. Ohne diese familiären Bande hätte sich mein Vater als einfacher Bundesbeamter einen Aufenthalt in einem solch exklusiven Ort nie und nimmer leisten können. Die Zugfahrt von Bern über Lugano nach Mailand und schliesslich mit der kleinen, romantischen Brembana-Bahn (wir reisten selbstverständlich auf allen Streckenabschnitten in der 3. Klasse) stellte im wahrsten Sinne des Wortes eine Reise in eine andere Welt dar: Vom eher kargen, strengen Berner Alltag ins *Paese di Cuccagna,* wie die Italiener das Schlaraffenland nennen. Zu Hause gab es zum Dessert höchstens ein einziges *Güetzi,* im Grand Hotel erwartete uns ein ganzes Büffet voller *Dolci.* Täglich stand ein mehrgängiges Menü auf der Karte. Fleisch fehlte nie, ebenso wenig frische Früchte. Die mythisierte Welt des Südens – im Grand Hotel di San Pellegrino wurde sie für mich zur Realität.

Mit seinen vier Stockwerken, der 128 Meter langen, reich verzierten Fassade und der prägnanten Kuppel ist das am Fluss Brembo gelegene Jugendstilgebäude bis heute ein Wahrzeichen des Kurortes, der durch sein Mineralwasser weltbekannt ist. Als Vorbild diente den Architekten der 1883 abgebrochene Tuilerien-Palast in Paris, wo lange Zeit die französischen Könige und Kaiser residiert hatten. Das Grand Hotel di San Pellegrino Terme wurde auf Anhieb ein *Place to be* in Italien. Bei der Eröffnung im Jahre 1906 gab sich sogar Königin Margherita von Savoyen die Ehre. Man sagt, dass die luxuriöse Ausstattung der 130 Zimmer – alle mit elektrischem Licht, Telefon und fliessendem Wasser ausgestattet – selbst italienische Adelige vor Neid erblassen liess.

Dieser Luxus kontrastierte auf bizarre Weise mit der Armut, die damals in Italien, aber auch im Tessin herrschte. Noch 1950 ergab eine Untersuchung des Kantons in allen 256 Gemeinden, dass lediglich zehn Prozent der 21000 inspizierten Wohnungen über eine Dusche oder Badewanne verfügten. Man kann sich daher gut vorstellen, in welch ärmlichen Verhältnissen Giuseppina Luvini, die Mutter von Ancilla, nach dem frühen Tod ihres Mannes lebte. Als Witwe musste sie sehr hart arbeiten, um ihre Familie über die Runden zu bringen. Es gelang ihr schliesslich, ein Hotel in Stresa am Lago Maggiore zu eröffnen. Ihre Tochter erlernte so das Gastgewerbe respektive die Kunst der Gastfreundschaft von der Pike auf. Fleiss, Disziplin und Verzicht (sie trank ihr Leben lang keinen Alkohol) zeichneten sie ebenso aus wie ihre Eloquenz, Herzlichkeit und ihr Savoir-faire. Bei einer Hotelier-Versammlung in Neapel lernte sie Arturo Schisano kennen, der schon bald ihr Ehemann werden sollte. Er war ebenfalls von klein auf im Gastgewerbe tätig gewesen und entwickelte mit der Zeit ein unglaubliches Gespür für die Bedürfnisse und Wünsche seiner Gäste. 1936 übernahmen die beiden in San Pellegrino Terme die Leitung des Grand Hotel.

So gut das Geschäft während des Faschismus lief, so schwierig wurde es während des Zweiten Weltkrieges. Mussolini rief im September 1943 die Republik von Salò aus, einen faschistischen Marionettenstaat unter der militärischen Schirmherrschaft des Naziregimes, und liess das Grand Hotel durch das Ministerium für Landwirtschaft beschlagnahmen. Gegen Ende des Krieges marschierten die kommunistischen Partisanen ein, die vermuteten, dass mein Onkel und meine Tante in den weitläufigen Kellergewölben Wertsachen und Raubgut der Faschisten versteckt hätten. Da sie nachweisen konnten, dass ihre Beziehungen zum Regime gezwungenermassen erfolgt waren, stand nach dem Krieg einer Renaissance des touristischen Betriebes nichts im Wege.

Das Grand Hotel spricht Bände über die Entwicklung des Tourismus. Zu Beginn, also während der Belle Époque, waren es Gäste aus

Oben: Ferien im Grand Hotel di San Pellegrino: Onkel Arturo Schisano empfängt Marco Solari und seine Mutter.

Unten: Der kleine Marco schliesst rasch Freundschaft mit seinem vierbeinigen Spielgefährten.

Adel, Aristokratie und Bürgertum, die sich oft monatelang für Kuraufenthalte in San Pellegrino aufhielten. Ins Gästebuch trugen sich später unter anderen die italienische Königin Elena mit Prinz Umberto und Prinzessin Maria Francesca ein, ferner findet man darin die Namen von Angehörigen von König Faruk aus Ägypten oder der russischen Zarenfamilie. Auch General Luigi Cadorna weilte nach dem Ersten Weltkrieg hier, verbittert und voller Groll, denn der König hatte ihn nach der schmachvollen Niederlage von Caporetto gegen die Österreicher (hervorragend beschrieben in Hemingways Roman «*Farewell to arms*») desavouiert und durch General Armando Diaz ersetzt, der Italien zum Sieg über die Habsburger führte und eines der berühmtesten Kriegscommuniqués aller Zeiten unterzeichnen durfte: *«La Guerra contro l'Austria e Ungheria è vinta. I resti di quello che fu uno dei più potenti eserciti del mondo risalgono in disordine e senza speranza le valli che avevano discese con orgogliosa sicurezza.»* («Der Krieg gegen Österreich-Ungarn ist gewonnen. Der Rest von dem, was einst eines der mächtigsten Heere der Welt war, zieht ungeordnet und hoffnungslos die Täler hoch, von wo sie mit stolzer Sicherheit hergekommen sind.»)

Die Sitten und Gebräuche, aber auch das Auftreten dieser noblen Gäste erinnerten in vielen Aspekten noch an das längst vergangene 19. Jahrhundert. Nach dem Zweiten Weltkrieg änderte sich die Zusammensetzung der Gästeschaft. Nun traf man Unternehmer und Industrielle, hauptsächlich Angehörige der lombardischen Oberschicht, die im Zuges des Wirtschaftsbooms zu Geld und Wohlstand kamen. Oft stiessen die Ehemänner erst am Freitagabend zur Familie, die die ganze Woche im Hotel in San Pellegrino verbracht hatte. Betreut von Rezeptionistinnen, Zimmermädchen, Kellnern, Sommeliers und Liftiers. Und mittendrin war ich, der kleine Schweizer, der dieses Welttheater in Miniatur staunend verfolgte. Die Persönlichkeiten, die ich im Laufe der Jahre während meinen Sommerferien kennenlernte, haben mir viel beigebracht. Sie hatten Zeit und Musse für Konversation. Für mich waren ihre Erzählungen oftmals gelebte Geschichte und Lektionen fürs Leben. Ich erinnere mich an ...

... den U-Boot-Admiral, der mir seine Kriegserlebnisse schilderte, etwa die Rettung auf hoher See durch die Matrosen, die sie kurz zuvor noch torpediert hatten;

... den erfolgreichen Industriellen, ein Patron wie aus Bilderbuch, der mir erklärte, dass der Erfolg eines Unternehmens stets vom Einsatz der Personen und der Führung abhängt – und nicht von Organigrammen;

... den Schriftsteller, der mir die grossartige Mittelmeerkultur näherbrachte, Geschichte und Gegenwart, griechische Mythen und römische Sagen, aber auch italienische Schriftsteller wie Petrarca, Boccaccio, Leopardi, Manzoni und natürlich Dante, den grössten aller abendländischen Dichter.

Meine bedingungslose Liebe zu Italien hat ihren Ursprung zweifellos in San Pellegrino. Hier reifte mit den Jahren auch meine Überzeugung, dass unser Land sich diese Mittelmeerkultur vermehrt zu eigen machen muss, wenn es seine Stärken voll ausspielen will. Das Tessin, die italienische Schweiz, ist dabei als Vermittlerin geradezu prädestiniert. Wie fruchtbar die Symbiose zwischen *Elvezia* und *Italia* sein kann, bewiesen mein Onkel und meine Tante, das Italoschweizer Direktorenpaar. Sie leiteten das Grand Hotel mit Schweizer Präzision und italienischer Herzlichkeit. Ihre Rollen und Aufgaben waren genau definiert. Onkel Arturo war der Manager; er kümmerte sich um die Administration und zeigte sich nur zu bestimmten Zeiten in der Öffentlichkeit, etwa für den Kaffee oder zum Apéro, hiess die Gäste bei der Ankunft willkommen und verabschiedete sie vor der Abreise. Tante

Imposantes Gebäude aus der Belle Epoque: Das Grand Hotel di San Pellegrino Terme.

Ancilla wiederum war für die Public Relations zuständig; sie las den Gästen jeden Wunsch von den Lippen ab und sorgte dafür, dass sie sich rund um die Uhr wohl fühlten.

Gemeinsam machten sie das Hotel zu einem Ort, in dem sich Menschen vernetzten. Dass sie sich dabei in den höchsten Sphären der italienischen Gesellschaft bewegten, wurde mir erst nach und nach bewusst. Über den «Flurfunk» erfuhr man jeweils rasch von der Ankunft eines besonders prominenten Gastes. Das Gästebuch liest sich wie das *Who is who* der italienischen Kulturszene. Eugenio Montale. Salvatore Quasimodo. Italo Calvino. Giuseppe Ungaretti. Den sizilianischen Adeligen Giuseppe Tomasi di Lampedusa wiederum soll das berühmte Dreieck mit den Eckpunkten Thermalbäder, Kasino und Grand Hotel zu seinem 1958 posthum erschienenen Roman *«Der Leopard»* (ital. *Il Gattopardo*) inspiriert haben. Die autobiographisch gefärbte Geschichte über den allmählichen Machtverlust einer sizilianischen Adelsfamilie avancierte zu einem modernen Klassiker der italienischen Literatur, und die Erkenntnis «Es muss sich alles ändern, damit alles so bleibt, wie es ist» wird heute noch gerne bei Seminaren zum Thema Change-Management zitiert. Fakt ist, dass Tomasi in den Fünfzigerjahren einen Cousin ans Literaturfestival nach San Pellegrino begleitete, im Grand Hotel abstieg und im Garten des Hotels an seinen Papieren arbeitete.

Neben Künstlern und Literaten waren auch häufig Sportler zu Gast. Das italienische Nationalteam bereitete sich hier auf die WM 1962 vor. Inter Mailand unter dem legendären Trainer-Guru Helenio Herrera, der mit seiner *Catenaccio*-Taktik 1964 und 1965 den Europapokal der Landesmeister gewann, absolvierte sein Sommertrainingslager jeweils in San Pellegrino. Die Spieler schwärmten von der Trainingsanlage gleich neben dem schier endlosen Park, von einem Rasen, der besser sei als jener im San Siro. Für mich war es natürlich ein Abenteuer, meine Sommerferien in einem solchen Umfeld verbringen zu dürfen. Und selbstverständlich lag ich nicht nur auf der faulen Haut, sondern packte mit an. Als ich den Inter-Spielern einmal verbotenerweise zusätzliches Obst brachte, tobte Herrera und drohte mit sofortiger Abreise. Und er meinte das ernst! Tante Ancilla meisterte auch diese Situation mit ihrem Charisma und ihrer Herzlichkeit. Von ihr lernte ich auch, dass ein Hotel mehr ist als nur ein Gebäude, nämlich ein Ort des Austausches, wo soziale Kontakte geknüpft und Menschen zusammengeführt werden. Durch diese Vernetzung können neue Initiativen entstehen, gesellschaftliche und politische Debatten angestossen und eine hohe Wert-

Stilvoll: Impressionen
aus dem Grand Hotel
di San Pellegrino.

schöpfung für eine ganze Region herbeigeführt werden. Zudem wurde mir von Tante Ancilla, die selbst keine Kinder hatte, täglich vor Augen geführt, was die Seele des Tourismus ausmacht. Ohne ein Lächeln, ein nettes Wort, eine freundliche Geste, ohne Menschlichkeit und Empathie ... ist Tourismus nichts weiter als eine ökonomische Transaktion. Diese Erkenntnis wurde zu meinem Credo, zur Basis meines Verständnisses von Tourismus.

Gleichzeitig lernte ich auch die Schattenseiten des Hotelbetriebes kennen. Als Onkel Arturo 1970 starb, waren die Zeichen des Niedergangs des Grand Hotels bereits sichtbar. Tante Ancilla versuchte zwar mit der Kraft der Verzweiflung, sich dagegen zu stemmen. Doch die filigranen Verzierungen der Fassaden begannen immer mehr zu bröckeln. Lifte funktionierten nicht mehr einwandfrei. An den Tapeten bildeten sich Risse. Küche und Böden mussten modernisiert werden. Die einst innovative Infrastruktur kam immer mehr in die Jahre und entsprach nicht mehr den modernen Bedürfnissen. Es gab viel Investitionsbedarf, aber immer weniger Einnahmen, zumal sich auch die Urlaubsgewohnheiten änderten. Dank den Autobahnen avancierte das Mittelmeer nun zur neuen Sommerdestination der Mailänder Oberschicht. Es kam, wie es kommen musste. Je länger, je mehr – nicht zuletzt auch durch das Alter meiner Tante bedingt – nahm das Personal das Heft in die Hand. Ein Desaster. 1978 schloss das Grand Hotel seine Pforten und erlitt somit dasselbe Schicksal wie viele Traditionshäuser in der dritten Generation. In seinem letzten Betriebsjahr diente es noch als Filmset für den Film «*Primo Amore*» von Dino Risi mit Ugo Tognazzi, Ornella Muti und Mario del Monaco. Das traurige Endzeitambiente des Hotels wurde somit auch filmisch dokumentiert.

Für mich war das Grand Hotel di San Pellegrino prägend. Dass ich eine Karriere im Tourismus einschlug, hat zweifellos mit den Erlebnissen während den vielen langen Sommerferien zu tun. Mein Onkel und meine Tante, die mit einem typisch Schweizerischen Wertesystem und viel Professionalität ein wichtiges Kapitel in der Geschichte von San Pellegrino geschrieben haben, haben mich tief beeindruckt. Hotelier ist ein Beruf, in dem man viel gibt. Und Geben kann Lebenszweck sein.

DER WAHRE FORTSCHRITT

«Die Kirche ist nur die unvollkommene Form, in der das Reich Gottes auf Erden in die äussere Erscheinung tritt, die menschliche und deshalb mangelhafte Organisation, die jenem Gottesgedanken gegeben wird, und diese Kirche muss sich auseinanderlegen in verschiedene Sonderkirchen, je nach der religiösen Eigenart der verschiedenen christlichen Völker. Je mehr sich die Kirchen auseinanderfalten, je mehr kann sich das Reich Gottes zusammenschliessen, und so führt gerade die äussere Zersplitterung der Kirche zur innern, zur wahren Union, sowie auch erst die Verästelung und Verzweigung des Baumes die schöne Rundung, die Krone, die Einheit bildet.» – Diese Passagen stammen aus dem Werk *«Die Vereinigung christlicher Kirchen»*, das die «Haager Gesellschaft zur Verteidigung der christlichen Religion» 1877 mit einer Auszeichnung prämierte. Verfasst hat die Schrift Gottlieb Joss, der Pfarrer von Herzogenbuchsee, mein Urgrossvater mütterlicherseits. Er glaubte an die Zukunft von Nationalkirchen, da jede Nation ihr besonderes religiöses Charisma habe. Schon damals monierten jedoch Rezensenten, dass die Wege der Gegenwart nicht entfernt auf dieses Ziel hinweisen würden. Nichtsdestotrotz, so die freisinnige *NZZ*, sei die Abhandlung nicht nur für Theologen interessant, sondern «auch für gebildete Laien durchaus geniessbar und empfehlenswert».

Mein Urgrossvater, der eine Basler Aristokratin namens Louise Lindner Courvoisier geehelicht hatte, war nach seinen Studien an den Universitäten Basel und Heidelberg längere Zeit als Pfarrer in Saanen aktiv. Später siedelte er nach Herzogenbuchsee über, wo er nicht nur als Seelsorger tätig war, sondern auch an der Sekundarschule unterrichtete. 1900 ernannte ihn der Berner Regierungsrat zum Professor der praktischen Theologie an der bernischen Hochschule. Nebst theologischen Abhandlungen publizierte er auch Schriften über das *«Sektenwesen im Kanton Bern»* sowie zwei geschichtliche Werke. In den *«Erinnerungen an den Sonderbundsfeldzug»* schilderte er auf schlichte, aber lebendige Weise die Erlebnisse seines Vaters, eines bescheidenen Schmiedemeisters im Berner Oberland, der den Feldzug mitgemacht hatte. Und mit den *«Briefen von Jeremias Gotthelf an Amtsrichter Burkhalter»* lieferte er einen wertvollen Beitrag zur Vervollständigung der umfangreichen Literatur über den Schriftsteller.

Sein Sohn Hermann, mein Grossvater, schlug einen ähnlichen Werdegang ein. Nach dem Gymnasium in Bern erwarb er sich an den Universitäten von Basel und Bern das Sekundarlehrer- und Gymnasiallehrerpatent und promovierte 1918 mit einer Dissertation über *«Arnold Ludwig Hermann Heerens politische Theorien»*. Er heiratete mit Adele Rufer eine Gärtnerstochter aus Schönbühl, einem Dorf vor den Toren Berns. Sie hatten drei Kinder: Adelheid, Willetrud (meine Mutter) und Hans. Ab 1919 bis zu seiner Pensionierung unterrichtete mein Grossvater an der Knabensekundarschule der Stadt Bern. Nach heutigen Massstäben war er für diesen Job total überqualifiziert. «Gestützt auf sein umfangreiches Wissen hätte ihm zweifellos eine rein wissenschaftliche Laufbahn gebührt und zugesagt, und es ist vielleicht die Tragik seines Lebens, dass es ihm versagt war, diesen Weg zu gehen», konnte man im April 1952 im Nachruf im *Bund* über ihn lesen. «Infolge seiner in sich gekehrten, zurückhaltenden, jeden äusserlichen Zwang und militärischen Drill abholden Wesensart war es für ihn oft eine besonders schwere Aufgabe, die noch unreifen, von jugendlichem Übermut erfüllten Schüler für seine Gedankengänge zu begeistern. Höhen und Tiefen des Lehrerberufs, Erfolg und Misserfolg, Freuden und Leiden, Dank und Undank hat der Lehrer Dr. Hermann Joss durchgekostet.»

Neben Griechisch und Latein beherrschte er auch die modernen Kultursprachen, inklusive ein wenig Russisch. Seine breite Allgemeinbildung war das Rüstzeug, das ihn befähigte, in seine Lieblingsgebiete – Geschichtsphilosophie und Psychologie – vorzustossen. Er publizierte eine ganze Reihe von psychologischen Abhandlungen über *«Die Grundbedürfnisse des menschlichen Seelenlebens»*, *«Die Ich-Kreise und das Gewissen»*, über *«Besonderheiten des menschlichen Gruppenlebens»* und umfassende Arbeiten wie *«Der Wille»*, *«Das Unglück und seine Bekämpfung»* oder *«Der wahre Fortschritt»*. In letzterem Werk griff er Themen auf, die – wenn wohl unter anderen Schlagworten zusammengefasst – auch heute noch aktuell sind, etwa *«die Bedrohung von Erholung und Schlaf durch den modernen Nervenraubbau»*, *«die Enttäuschungen und Entartungen im Geschlechtsleben»* oder *«die Übersteigerung der Staatsmacht gegenüber der Freiheit des Einzelnen»*. Sein Hauptwerk, eine Abhandlung über die schreckliche doppelte Prädestinationstheorie von Johannes Calvin, liess er unvollendet zurück.

Auszug aus den Notizbüchern von Hermann Joss, der die Prädestinationstheorie Calvins verwarf.

1.-10

Der Altmensch

3. Kapitel

Kritik der Calvinischen Ansichten. (Fortsetzung)

Calvin fährt dann fort: „denn auch die Bekehrung ist ein Geschenk Gottes, die er nicht allen ohne Unterschied gibt, sondern nur welchen er will." Offenbar will er sagen, auch der Nicht-Erkennen [?] in der Bekehrung sei auch ein Geschenk Gottes, sodass man also nur durch die Gnade zu den Auserwählten unterkommen [?] wird, niemals durch eigenes Verdienst.

Nachdem Calvin nicht müde wird die vollständige Verderbtheit des Menschen zu betonen und auf seine Schuld und Sündhaftigkeit hinzuweisen, kommt er auf den Gedanken, dass eigentlich an allem Elend doch in erster Linie unser aller Vater Adam schuld sei. Dass wir jetzt unfähig seien etwas Gutes zu

vermag [?], hingegen [?] [illegible] seine ganze Wesen ein, alles Gute und alles Glück ist allein ein göttliches Gnadengeschenk. Ganz gewiss zeugt diese Haltung von einem tiefen religiösen Empfinden.
Nun ist die Frage: „Lässt sich dieses religiöse Empfinden mit der Behauptung der Unfreiheit des Menschen nicht vereinigen." Calvin erklärt [illegible]: „Nein" (Chrysostomus [?] die Willensfreiheit zuwiesst [?] auf Adam vor dem Fall, um [illegible] sie auch ihm noch abzuerkennen).
Andere wie Pelagius, Erasmus behaupten „doch", ja die Willensfreiheit müsse sogar angenommen werden, sonst kann man die Schuld auch nicht anerkennen.
Das sind verschiedene Ansichten, es sind nicht nur bloße Spielereien sondern ernste Betrachtungen über ernste Probleme.
Calvin verdammt alle Lehren, die den seinigen widersprechen. Er weist nur Paulus [?] zum Zeugen an, aber erstens lassen sich die Stellen in den Paulinischen Briefen manchmal mühelos auch anders deuten, wie

(von Augustin und Calvin benutzt, denn beide [illegible] bis auf denselben)

21

Russell bemerkt,x) und zweitens ist Paulus kein systematischer Denker. Calvin aber ist ein solcher.
Ich will nun nicht diese oder jene religiösen Grundansichten bekämpfen, wie ich es schon oben bemerkt habe. Aber das mache ich Calvin zum ~~Vorwurf~~ Vorwurf, dass er [illegible] in seinem Hauptwerk (Institutio) mit Vernunft und Logik uns alle zu seinen ~~Ansichten~~ von der Richtigkeit seiner Ansichten überzeugen will, und dann, wenn er sich nicht selber nicht mehr zu helfen weiss, diese Vernunft und Logik einfach abschüttelt und verachtet.
6. II. 1952 [?] Calvin sagt: „Er (der Mensch) besitzt vielmehr eine Überzeugung [?] von dem, was er doch nicht begreift, und begreift es mit einer Gewissheit, denn Kraft über menschliche entstehende Gedanken weit hinausgeht." — Als Ausdruck religiöser Gefühle sind solche Aussprüche zu achten, aber nicht [illegible] Erkenntnis zu fordern und mit Begriffen

x) B. Russell: History of Western Philosophy. S. 384 „One is persuaded, at the end, not that St. Paul believed what Augustine deduces, but that, taking certain texts in isolation, they do imply just what he says they do."

Meine Erinnerung an meinen Grossvater ist vor allem musikalischer Natur, denn er war auch ein begnadeter Klavierspieler, der seiner Zuhörerschaft die Stücke anekdotenreich erläuterte. Da er Thomas Mann hochachtete, liebte er insbesondere die Stelle im *«Doktor Faustus»,* wo der Klavierlehrer Wendell Kretzschmar, Dom-Organist in der fiktiven Kleinstadt Kaisersaschern, der Frage nachgeht, warum Beethoven in seinem legendären Pianosonat Nr. 32 op. 111 auf einen dritten Satz verzichtet. Antwort: «Weil nach dem genialen zweiten Satz keine Steigerung mehr möglich war». «Zuletzt wirft immer die Kunst den Schein der Kunst ab», lässt Thomas Mann den stotternden Kretzschmar ausrufen. Ein Ausruf, der er auch von meinem Grossvater hätte stammen können, der am 4. April 1952 im Alter von 65 Jahren durch einen Herzschlag aus dem Leben gerissen wurde.

Noch kurz vor seinem Tod hatte er im Schachklub Bern, dessen ältestes Mitglied er damals war, eine Blitzpartie gespielt. Dem Verein war er 1912 beigetreten. Seit 1928 gehörte er der schweizerischen Meisterklasse an und beteiligte sich an allen Schweizer Meisterturnieren, letztmals 1948 in Bern. In einem Turnierbericht wurde er als «ein Granitberg an Gestalt und Wetterfestigkeit in Blitz und Donner» beschrieben. Er legte seine Partien mehr auf Sicherheit an und liess meistens den Kombinationsstil vermissen. Dadurch kam er immer wieder in schwierige Stellungen, sorgte gerade aber dann hier mit seinen beispiellosen Rettungskünsten für Furore, beispielsweise am Schweizerischen Schachturnier in Winterthur 1931, wo er mit 6 Remis, 1 Gewinnpartie und nur einem Verlust den 3. Rang belegte. Applaus erntete er für einen unorthodoxen Gegenangriff aus einer prekären Verteidigungsstellung heraus. Der *Bund* berichtete folgendermassen über diesen epischen Schlagabtausch mit dem Mathematiklehrer Voellmy aus Basel:

30. . . . f7—f6 ! 31. Td3—é3 f6 x é5 32. Té3 x é5 Ta8—d8 33. Dg2—é2 Tf8—f6 34. Kg1—h2? (in bereits schwieriger Lage der entscheidende Fehler) Sé7—c6 35. g4—g5 Tf6 x f4 36. Té5 x é6 Tf4—f2+ !! Dieser Zug ist schrecklich stark. Schlägt Weiß den Turm, so folgt Dg6 x é6 mit Springergewinn d6. Weicht der König aus, schlägt Schwarz die Dame und fängt nach Té6 x g6 mit Kg8—h7 den Turm ab! Der Basler gab daher auf. Ein sehenswerter Kurzschluß.

«WIR HABEN ALLE GESÜNDIGT.»

Im Oktober 1979 begab sich mein Vater «in die Höhle des Löwen», wie der Italien-Korrespondent der *Neuen Zürcher Zeitung* die Teilnahme an einer Podiumsdiskussion über die «Fremdarbeiterfrage» in Lecce umschrieb. Auch knapp ein Jahrzehnt nach der Schwarzenbach-Initiative stiessen viele Italiener in der Schweiz noch immer auf unverhohlenen Fremdenhass, wurden als Arbeitskräfte ausgebeutet und als Menschen ausgegrenzt. Kein Wunder, war die Stimmung bei dem Symposium in Lecce emotionsgeladen. Während die italienischen Gewerkschaften eine Aufhebung des Saisonnierstatuts forderten, berichtete der Bürgermeister einer kleinen apulischen Gemeinde über die Nöte mit den Heimkehrern, von denen viele weder materiell noch sozial und psychisch in der Lage seien, sich eine neue Existenz aufzubauen. Wie es sich für einen Schweizer Beamten gehörte, stellte mein Vater den helvetischen Standpunkt sachlich dar und korrigierte einige Falschmeldungen und weit verbreitete Irrtümer. Er führte aus, dass der Grossteil der Italiener, die in der Schweiz fast die Hälfte der Ausländer ausmachten, bereits über eine Niederlassungsbewilligung verfügte und somit den schwierigen provisorischen Status überwunden hatte. Das neue Ausländergesetz, gegen das die italienischen Gewerkschaften heftige Einwände erhoben, pries er als ein neues Mittel der Integration.

Wie nicht anders zu erwarten, blieben die Fronten verhärtet. «Wichtig war die Debatte in Lecce jedoch als Versuch, ohne Vorurteile und ohne Emotionen einen direkten Dialog inmitten des Auswanderungslandes zu führen», resümierte die *NZZ*. «Die Schweizer Seite erfuhr, wie der Abbau des Ausländerbestandes und die erzwungene Rückkehr von Italienern mit Härten verbunden war und wie Missverständnisse noch immer das Verhältnis belasten; den Italienern ihrerseits wurden die Probleme der massiven Ausländerpräsenz deutlich gemacht, die sich inzwischen entschärft haben, aber trotzdem noch in die Regelung bilateraler Fragen hineinspielen.»

Laut dem *Historischen Lexikon der Schweiz* bekleidete mein Vater «eine Schlüsselposition in der Bundesverwaltung, als die Migrationspolitik international umstritten war und auch intern kontrovers diskutiert wurde». 42 Jahre lang stand er im Dienste der «Fremdenpolizei», wie die Behörde hiess, ehe sie in Bundesamt für Ausländerfragen umbenannt wurde. So umstritten die Institution, so respektiert war mein Vater. «Nie wurden Farbbeutel gegen ihn geschmissen. Nie wurde ihm mit Bomben gedroht», wunderte sich die *Weltwoche,* als mein Vater 1981 in den Ruhestand trat. Die Berner Tageszeitung *Der Bund* würdigte ihn bei der Pensionierung mit folgenden Worten: «Der Persönlichkeit Solaris entsprach es, dass er seit jeher für die oft schwierige Lage der Ausländer grosses Verständnis zeigte und sich immer wieder dafür einsetzte, dass im Einzelfall auch die menschlichen Anliegen des Gesuchstellers mitberücksichtigt werden.»

Diese Haltung beruhte darauf, dass mein Vater wusste, was fremd sein bedeutet. Geboren wurde er am 19. Oktober 1916, also mitten während des Ersten Weltkrieges, in Lugano, wo sein Vater Mario als Beamter im städtischen Betreibungs- und Konkursamt tätig war. 1922 wanderte die Familie nach Algier aus. Renato Solari, der Bruder meines Grossvaters, besass dort vor den Toren der Stadt ein weitläufiges Landgut, wo Wein, Honig und Olivenöl produziert wurden. Für Frauen war das Leben in Nordafrika jedoch kein Honigschlecken. Gerade meine intellektuell und kulturell interessierte Grossmutter Rita litt unter Heimweh, vermisste Vorträge, Lesezirkel und den Austausch mit anderen Personen. Die Kindheit als Auslandschweizer hat meinen Vater geprägt. So konnte er sich später in der Schweiz gut in die Situation der Ausländer versetzen und ihre Gefühle nachempfinden. Über Genua kehrte die Familie schliesslich 1931 zurück ins Tessin. Mein Vater besuchte das Gymnasium in Lugano. Sein Onkel Napoleone, der in Mailand als Anwalt unter anderem auch für das Schweizer Konsulat arbeitete, verstarb 1935 und hinterliess ihm eine Summe, die für sein Studium gedacht war. So konnte er sich in jenem Jahr an der Universität Bern einschreiben, die damals als die beste Ausbildungsstätte für Juristen galt. Bemerkenswert ist, dass mein Vater mit sehr bescheidenen Deutschkenntnissen nach Bern ging, sich dort aber rasch zurechtfand.

Nach dem Jurastudium trat er 1939 als Sachbearbeiter in der Abteilung Emigrantenbüro in den Dienst des Bundes. Die Arbeit war nicht befriedigend, da es sich ausschliesslich um Kontrolltätigkeiten handelte: «Wir haben praktisch nur Verweigerungen machen können. Wir haben alle gesündigt. Wirklich alle. Nicht nur die Regierung und die Spit-

Drei Generationen auf einem Bild: Marco Solari mit seinem Vater Guido und seinem Grossvater Mario in Parco Ciani in Lugano.

ze der Armee, sondern jeder einzelne Mensch. Noch heute haben wir ein Schuldgefühl», gab er später unverhohlen zu. Den Aktivdienst hatte er als Unteroffizier geleistet. In der Aspirantenschule verletzte ihn ein ausschlagendes Pferd so schwer am Bein, dass er die Schule nicht abschliessen konnte. Die Phase der Rekonvaleszenz nutzte er, um 1942 den Doktortitel in Rechtswissenschaften zu erwerben.

Nach dem Krieg begann der Aufschwung – für die Wirtschaft, aber auch für meinen Vater. Er wollte nicht mehr zurück ins Tessin, um dort Anwalt zu werden. Stattdessen schickte ihn der Bundesrat nach Italien, ausgestattet mit einer Vollmacht. Er hatte den Auftrag erhalten, die Visumsdienste unserer Vertretungen in Norditalien neu zu ordnen und Massnahmen für eine speditive Erledigung der unzähligen Gesuche in die Wege zu leiten. Der legendäre Generalkonsul Franco Brenni, der in den Kriegsjahren zwischen 1942 und 1945 das Generalkonsulat in Mailand geleitet hatte, war ihm dabei ein wertvoller Mentor. Das Anliegen war dringlich. Denn die Schweizer Wirtschaft lechzte nach Arbeitskräften, und vor den Konsulaten in Mailand, Venedig und Genua standen sie zu Tausenden Schlange, um ein Arbeitsvisum zu erhalten. «Diese schwierige und verantwortungsvolle Aufgabe, die viel Organisationstalent und eine reiche fachliche Erfahrung erheischte, löste Dr. Solari innert kürzester Zeit in bewunderungswürdiger Weise», lobte *Der Bund*.

Ich habe meinen Vater als sehr pflichtbewusst und streng, aber stets als gerecht und korrekt erlebt. Er selbst sah sich als Diener des Staates. Über seine Arbeit sprach er privat selten, obwohl er natürlich stolz war, dass er 1948 vom Bundesrat zum 2. Adjunkt und 1957 zum 1. Adjunkt befördert wurde. Zitieren wir nochmals den *Bund*: «Schon damals war deutlich erkennbar, dass vor allem er geeignet war, für die immer häufiger auftretenden Probleme, die sich aus der Anwesenheit einer grossen Zahl von italienischen Arbeitnehmern ergaben, praktikable Lösungen aufzuzeigen.» Lösungen für diese Probleme wurden an bilateralen Verhandlungen besprochen, an denen mein Vater als Delegierter teilnahm. Mitunter waren es Dialoge unter Tauben. Im Familienkreis erzählte er, dass die Gespräche kurz vor dem Abbruch gestanden hatten, als er die Situation mit einem Dante-Zitat rettete – *«Tu proverai si come sa di sale lo pane altrui»* («Du wirst erfahren, wie das Brot der anderen nach Salz schmeckt») – und erklärte: «Wir sind uns in der Schweiz der wirtschaftlichen und sozialen Not in Italien sehr wohl bewusst.»

Nicht zuletzt dank Dante schlossen also die Schweizer und die italienische Regierung am 10. August 1964 nach zehnjährigen Verhand-

Bundesrat Kurt Furgler bedankt sich bei Guido Solari für vierzig Jahre im Dienst der Eidgenossenschaft.

IL CAPO
DEL DIPARTIMENTO FEDERALE
DI GIUSTIZIA E POLIZIA

3003 Berna, il 20 agosto 1979

Signor Dott. Guido Solari
Eigerweg 15

3038 Kirchlindach

Egregio, caro Dottor Solari,

Oggi, 40 anni or son, Ella entrava al servizio della Confederazione! Colgo la felice occasione e La ringrazio, vivamente, della straordinaria fedeltà e lealtà e della Sua opera infaticabile, al servizio del Dipartimento federale di giustizia e polizia, durante tutti gli scorsi anni. Ella ha seguito e diretto poi - e tuttora egregiamente dirige - le sorti della Polizia federale degli stranieri, portando a compimento, fra l'altro, la poderosa fatica della legge sugli stranieri. La gratificazione per anzianità di servizio che a giusto titolo Le compete, è soltanto un segno della riconoscenza a Lei dovuta. Spero sentitamente che l'efficacia e il vigore ai quali sempre s'è improntata la Sua attività, abbiamo ad accompagnarLa ognora nel compimento anche dei compiti futuri.

Nè vorrei mancare, nella presente fausta circostanza, di sottolineare quanto apprezzi il tratto umanissimo e signorile insieme che contraddistingue il Suo intervento, quanto m'è di conforto il carattere conciliante e discreto della Sua presenza.

Voglia gradire, egregio e caro Dottore, con le mie vive felicitazioni, i migliori auguri di salute, prosperità e benessere.

Con animo grato

Kurt Furgler

lungen ein Abkommen, welches das Ziel hatte, «die Aufenthaltsbedingungen der italienischen Arbeitskräfte in der Schweiz zu verbessern». Es enthielt drei Neuerungen: die rechtliche Gleichstellung italienischer und schweizerischer Arbeitnehmer und damit auch die Gewährung von Arbeitslosengeld; das Recht auf einen Wechsel von Arbeitsplatz und Wohnsitz nach fünf Jahren ununterbrochenen Aufenthalts in der Schweiz; die Verringerung der Wartezeit für den Familiennachzug von Migranten mit Jahresvertrag von drei Jahren auf achtzehn Monate. In der Öffentlichkeit löste dieses Abkommen hitzige Diskussionen aus und führte zur ersten (später zurückgezogenen) Überfremdungsinitiative. Bundesrat Hans Schaffner, der das Abkommen mitgestaltet hatte, entgegnete auf die Kritik: «Man kann den ausländischen Arbeitnehmern nicht den Zölibat auferlegen. Die Trennung der Familien kann nicht die Lösung sein. Wir machen uns etwas vor, wenn wir meinen, nur die aktive, im Berufsleben stehende Bevölkerung aus Italien abrufen zu können und die Familien, Frauen, Kinder und Alte, im Herkunftsland lassen zu können.»

Ähnlich argumentierte auch mein Vater, der 1971 zum stellvertretenden Direktor der Eidgenössischen Fremdenpolizei befördert wurde. In jenen Jahren diskutierte die Schweiz über die Überfremdungs-Initiative des Zürcher Nationalrats James Schwarzenbach, eine der umstrittensten Abstimmungen in der Schweizer Geschichte des 20. Jahrhunderts. Die Vorlage war radikal. Sie verlangte, dass der Ausländeranteil in der Schweiz maximal zehn Prozent betragen dürfe. Wäre sie angenommen worden, hätten 350 000 Arbeiterinnen und Arbeiter ihre Koffer packen und heimfahren müssen. Das Volksbegehren wurde im Juni 1970 mit 54 Prozent Nein-Stimmen verworfen. Aber 46 Prozent der Urnengänger – damals noch ausschliesslich Männer – stimmten für die Initiative. Auch der Kanton Bern nahm sie an. Ein solches Ergebnis hatte in dieser Form niemand erwartet: Denn der Bundesrat, sämtliche Parteien, die Arbeitgeberorganisationen, Gewerkschaften und auch die Kirchen hatten das Ansinnen abgelehnt.

Nach dieser denkwürdigen Abstimmung hat mein Vater als Direktor der Fremdenpolizei das neue Ausländergesetz massgeblich mitgestaltet. Die Rechtsstellung der Ausländer, unter anderem im Bereich der politischen Tätigkeit, wurde darin wesentlich liberaler gehandhabt. «Eine vernünftige Ausländerpolitik berücksichtigt die Interessen der Wirtschaft», pflegte mein Vater zu sagen, «aber auch die menschlichen Erfordernisse der Ausländer. Wir haben nie vergessen, dass es um Menschen geht.» Diesen Standpunkt vertrat er sowohl bei öffentlichen

Gutes Einvernehmen: Der Gewerkschaftsbund bedankt sich bei Guido Solari für die gute Zusammenarbeit.

Schweizerischer Gewerkschaftsbund
SGB USS
Union syndicale suisse
Unione sindacale svizzera

3007 Bern, Monbijoustrasse 61
✆ 031 45 56 66 67

Briefpostadresse:
Postfach 64, 3000 Bern 23
Telegramm:
Sindicalunion Bern
Telex: 33 299 synun

Adresse pour les lettres:
Case postale 64, 3000 Berne 23
Télégramme:
Sindicalunion Berne
Telex: 33 299 synun

Herrn
Dr. Guido Solari
Bundesamt für Ausländerfragen
Bundeshaus

3003 Bern

Unsere Ref.: / Notre ref.: 1.527 Ihre Ref.: / Votre ref.: Bern, den / Berne, le 30. Oktober 1981

Betrifft: / Concerne:

Sehr geehrter Herr Dr. Solari,

Wie wir vernehmen, können Sie heute in den wohlverdienten Ruhestand treten. Es ist uns ein Anliegen zu betonen, wie sehr wir die korrekte Zusammenarbeit mit Ihnen geschätzt haben. Ihre Tätigkeit im Bundesamt für Ausländerfragen war stets auch geprägt von viel menschlichem Verständnis für die Probleme der Arbeitnehmer.

Wir möchten Ihnen deshalb bei dieser Gelegenheit aufrichtig danken für alles, was Sie in Ihrer Amtszeit für die Verbesserung der Bedingungen der ausländischen Arbeitnehmer und das bessere Verständnis zwischen Schweizern und Ausländern getan haben. Unseren Dank verbinden wir mit guten Wünschen für eine erholsame Ruhestandszeit und verbleiben

mit freundlichen Grüssen

SCHWEIZERISCHER GEWERKSCHAFTSBUND

K. Aeschbach

Karl Aeschbach

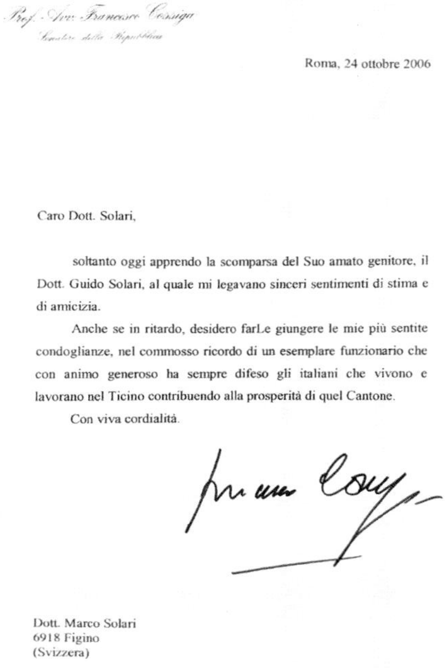

Prof. Avv. Francesco Cossiga
Senatore della Repubblica

Roma, 24 ottobre 2006

Caro Dott. Solari,

soltanto oggi apprendo la scomparsa del Suo amato genitore, il Dott. Guido Solari, al quale mi legavano sinceri sentimenti di stima e di amicizia.

Anche se in ritardo, desidero farLe giungere le mie più sentite condoglianze, nel commosso ricordo di un esemplare funzionario che con animo generoso ha sempre difeso gli italiani che vivono e lavorano nel Ticino contribuendo alla prosperità di quel Cantone.

Con viva cordialità.

Dott. Marco Solari
6918 Figino
(Svizzera)

Kondolenzschreiben des ehemaligen italienischen Staatspräsidenten Francesco Cossiga an Marco Solari zum Tod von dessen Vater.

als auch bei privaten Auftritten. So waren beispielsweise Jean-Pierre Bonny, der damalige Chef des Bundesamtes für Industrie, Gewerbe und Arbeit, und seine Frau Anna Maria Casella oftmals zum Abendessen bei uns zu Gast. Auch der Austausch mit dem italienischen Botschafter war sehr rege. Im kleinen Kreis, fernab vom offiziellen Protokoll, wurden Kompromisse und Lösungen erarbeitet. Die Erfolge des «Tessiner Beamten Guido Solari» wurden auch auf der Alpensüdseite wahrgenommen und führten zu einer Annäherung des Tessins an Bundesbern. In Italien genoss mein Vater ebenfalls grossen Respekt. Podiumsauftritte wie in Lecce waren für ihn denn auch kein Gang in die «Höhle des Löwen», wie es die *NZZ* insinuierte. Er sah darin vielmehr eine Chance, den Dialog zu pflegen und Brücken zu bauen.

Als mein Vater im Oktober 2006 verstarb, erhielt ich einige Tage später ein in Rom aufgegebenes Beileidsschreiben mit folgendem Inhalt: «Erst heute habe ich erfahren, dass ihr geliebter Vater verstorben ist, mit dem mich ein echtes Gefühl der Hochachtung und Freundschaft verband. Ich kondoliere Ihnen von Herzen und halte die Erinnerung an einen beispielhaften Beamten hoch, der die im Tessin lebenden und arbeitenden Italiener, die zum Wohlstand dieses Kantons beigetragen haben, stets grossherzig verteidigt hat.» Unterzeichnet war das Schreiben von Francesco Cossiga, dem ehemaligen italienischen Staatspräsidenten.

LEKTIONEN FÜRS LEBEN

1966 flogen zwischen meinem Vater und mir die Fetzen. Während ich auf Freiheit und Unabhängigkeit drängte, wollte er nicht wahrhaben, dass die elterliche Behütungsphase der Vergangenheit angehörte. Nachdem ich drei Semester lang an der Universität in Bern studiert hatte, teilte ich meinen Eltern mit, dass ich mein Studium der Sozialwissenschaften in Mailand fortsetzen würde. Diese Absicht brach meiner Mutter das Herz. Sie fürchtete die grosse Distanz, die uns fortan trennen würde. Mein Vater wiederum war kategorisch: «Wenn du das Elternhaus verlassen willst, dann muss du selber für dich aufkommen.» Die Auseinandersetzung war überaus heftig. 1966 rebellierte man (noch) nicht. Doch ich war entschlossen und nahm die Konsequenzen auf mich. Meiner Mutter zuliebe zog ich jedoch nicht nach Mailand, sondern nach Genf. So konnte ich meine Französisch-Kenntnisse perfektionieren und lernte *en passant* die Romandie kennen, wobei ich allerdings schon bald die Erfahrung machte, dass es die *Romandi*e gar nicht gibt, denn zu heterogen ist das Gebiet westlich des Röstigrabens, als dass man all die unterschiedlichen Kantone und Regionen über einen Leisten schlagen könnte (Freiburg ist nicht Neuchâtel, Waadt nicht Genf und Wallis schon gar nicht Jura).

Meinen Lebensunterhalt bestritt ich als Reiseführer. Mit dieser Tätigkeit hatte ich bereits in Bern begonnen. Als 14-Jähriger verdiente ich als Kofferträger am Bahnhof ein Taschengeld. Später führte ich Touristen durch die Bundeshauptstadt und auf das Jungfraujoch. Es folgten Gruppenreisen nach Paris und Asien, organisiert durch das Reisebüro Kuoni, das auf meine Dienste setzte. Auf Reisen lernt man Menschen am besten kennen, sagt man. Das stimmt. Anfangs fühlte ich mich beispielsweise von den extrovertierten Personen angezogen. Ich machte jedoch rasch die Erfahrung, dass diese bei der ersten Schwierigkeit zu einer Belastung werden. Die Introvertierten, die man am Anfang vielleicht übersieht, sind hingegen diejenigen, auf die man in einer Konfliktsituation bauen kann. Als Gruppenleiter lernt man auch, auf die

Leute zuzugehen, ihnen eine Freude zu bereiten, und man entwickelt das Gespür, wann es an der Zeit ist, zu schweigen. Eine weitere wichtige Erkenntnis: Man kann die Menschen in zwei Gruppen aufteilen – diejenigen, die geben, und diejenigen, die nehmen. *Tertium non datur.*

Zu solchen Einsichten kam ich als Reiseführer, wo ich eine Art Feldforschung betreiben konnte, während ich gleichzeitig an der Universität Genf Sozialwissenschaften studierte. Es waren wunderbare Zeiten, konnte ich doch das Angenehme mit dem Nützlichen verbinden. Auf meine Abschlussprüfung beispielsweise habe ich mich in Jerusalem vorbereitet, auf einem Hotelbalkon mit Blick auf das Mandelbaum Tor, den ehemaligen Kontrollpunkt zwischen dem israelischen und dem jordanischen Sektor Jerusalems. Meine Gruppe hatte ich derweil lokalen Führern anvertraut. Obwohl es sich um vertrauenswürdige und verlässliche Einheimische handelte, wäre ich von meinem Arbeitgeber für meine Delegationskünste wohl kaum mit Lob überschüttet worden, wenn dies ruchbar geworden wäre. In Thailand wiederum schwitzte ich bei tropischen Temperaturen in den Archiven und Bibliotheken, um den Erwartungen meines Professors Jean-François Bergier gerecht zu werden. Meine Lizentiatsarbeit, die sich mit der politischen Öffnung Siams unter König Mongkut, Rama IV, Mitte des 19. Jahrhunderts beschäftigte, wurde von Bergier gelobt ... Aber auf ein Doktorat, wie von ihm gewünscht, wollte ich mich nicht einlassen. Zu gross war mein Drang nach Freiheit.

Mein Studium war allerdings kein Selbstläufer gewesen – im Gegenteil. Wegen meinen vielen Ausland-Reisen war ich mit dem Lernstoff oft in Verzug. Meinen Kommilitonen bin ich bis heute dankbar, dass sie mir Kopien ihrer Vorlesungsnotizen mit Kuoni-Charterflügen ins Ausland nachschickten. Wenn ich in Genf weilte, verbrachte ich unzählige Stunden mit autodidaktischem Studium. Während ich meine Wissenslücken schloss, stiegen meine Kommilitonen auf die Barrikaden. Die 1968er-Unruhen nahm ich jedoch kaum wahr. Dies rief einmal einen Polizisten auf den Plan, der mich beim Eingang in die Universitätsbibliothek abfing, da er sich von mir offenbar Insiderwissen über die Studentenverbindungen erhoffte. Mit den Worten «*Inspecteur, je ne suis pas un mouchard!*» («Ich bin kein Spitzel!») wies ich ihn in die Schranken. Apropos Bespitzelung: Die Fichen-Affäre sollte 1991 einen dunklen Schatten auf die 700-Jahr-Feier der Eidgenossenschaft werfen, für die ich als Delegierter des Bundesrates die Verantwortung trug. Sie war mit ein Grund, weshalb sich viele Intellektuelle und Kunstschaffende vom Staat abwandten und das helvetische Jubiläumsjahr boy-

Dienst fürs Vaterland: Marco Solari als Oberleutnant in Stans, am Tag der Bekanntmachung seiner Wahl zum Delegierten des Bundesrates für die 700-Jahr-Feier der Eidgenossenschaft.

kottierten. Beim Blick in die Akte, die der Geheimdienst über mich angelegt hatte, stellte ich fest, dass sämtliche Reisen, insbesondere diejenigen nach Osteuropa, die ich als Reisebegleiter getätigt hatte, fein säuberlich dokumentiert waren. Auch das ist Schweizer Präzision!

Ganz offensichtlich nicht bemerkt haben die Observateure jedoch die Phase, in der ich damit liebäugelte, das Uni-Studium abzubrechen und mich stattdessen an der Hotelfachschule in Lausanne einzuschreiben. Allerdings fehlte mir das Geld dazu, und da die Hotelfachschule mit einem Fulltime-Studium verbunden gewesen wäre, hätte ich meine Nebenjobs in der Reisebranche allein schon aus Zeitgründen aufgeben müssen. Zudem hatte ich meinen Eltern versprochen, das Studium an der Universität mit einem Abschlussdiplom zu beenden. Die mahnenden Worte meines Vaters beim Abschied vom Elternhaus – «Man soll nie leichtfertig etwas aufgeben, das man begonnen hat!» – hatte ich trotz der Rebellion stets im Kopf.

In der Rekruten- und Offiziersschule bei den mechanisierten und leichten Truppen in Thun verfestigte sich diese Einstellung. Beim

100-Kilometer-Marsch loteten wir die physischen und psychischen Grenzen unserer Leistungsfähigkeit aus. Raffiniert waren die psychologischen Tricks, welche der Führungsstab einsetze. Indem er beispielsweise gegen Ende des Marsches eine Karte im Massstab 1:50 000 mit den Quadraten der 1:25 000-Karte vertauschte, sodass die Distanz schliesslich doppelt so gross war wie angenommen. Oder als man das Zielband überschritten zu haben glaubte, sich erschöpft hinfallen liess und der Instruktor eiskalt sagte: «Weshalb lässt ihr euch so gehen? Das ist das Band einer privaten Sportveranstaltung. Das Ziel ist 500 Meter weiter entfernt!» Kameraden, die diese letzten 500 Meter nicht mehr schafften, wurden von ihren Kollegen ins Ziel geschleppt. Unterstützung für die Schwächsten: eine typisch helvetische Wesensart.

Vom damals hochverehrten Oberst i Gst Morier habe ich eine weitere Lektion fürs Leben gelernt. «Jede überwundene Schwierigkeit, vor der ihr Furcht hattet oder dachtet, sie nicht meistern zu können, wie eben ein 100-Kilometer-Marsch, ist ein Sieg. Davor werdet ihr nie mehr Angst haben.» Er sollte mit dieser Erkenntnis recht haben.

ZWISCHEN NORDEN UND SÜDEN

«Zwei Seelen wohnen ...» Mit diesen berühmten Worten bringt Goethes melancholischer Doktor Faust sein tragisches Dilemma auf den Punkt. Er fühlt sich zerrissen zwischen den beiden Grossmächten seiner inneren Welt, zwischen seinem Streben nach dem Gefühl einer erhabenen Rationalität und seinem Drang zu körperlichen Freuden und Sinnlichkeit. Was Rationalität und Emotionalität auf seelischer Ebene, entspricht in der Geografie Norden und Süden. Es handelt sich um zwei Antagonisten, die sich wie Wasser und Öl verhalten: Sie können sich einander annähern, parallel existieren – aber sie lassen sich nicht vermischen.

Über diese Inkompatibilität habe ich zeitlebens viel nachgedacht und intensive Diskussionen geführt. Beispielsweise mit Paolo Baratta, dem langjährigen Präsidenten der Biennale von Venedig, mehrmaligen italienischen Minister und grossartigen Intellektuellen. Wir sind uns einig, dass sich Norden und Süden anziehen, einander immer wieder suchen, sich manchmal sogar überlappen ... aber sie sind niemals deckungsgleich und verschmelzen niemals zu einer Einheit. Sie können sich höchstens ergänzen. Denn sie sind zu unterschiedlich. Hüben und drüben ist alles anders. Wirklich alles! Die Werteskala und ihre Prioritäten. Die Auffassungen über Familie, über Freundschaft, über das Leben. Die Sprachen unterscheiden sich in Satzaufbau, Wortwahl, Rhythmus und Melodie. Im täglichen Leben sind die einen strenger, die anderen fantasiereicher, die einen pragmatischer, die anderen polemischer. Beide haben die Stärke ihrer Schwächen und die Schwäche ihrer Stärken. Wann wird Anpassungsfähigkeit zu Opportunismus? Wann verwandelt sich Pflichtausübung in Sturheit? Wo hört die Improvisationskunst auf und beginnt der Mangel an strukturellem Denken?

Die Beziehungen zwischen Norden und Süden sind seit jeher intensiv. Im Mittelalter waren sie hauptsächlich kommerzieller Natur, als Händler ihre Güter von den Mittelmeerhäfen, insbesondere von Venedig, über die Alpen zu den Marktplätzen des Nordens transportierten. Denselben Weg, aber in umgekehrter Richtung, nahmen die Eroberer, deren Feldzüge bis nach Sizilien führten, sowie die Studenten und Pilger, die es nach Bologna (die älteste Universitätsstadt Europas) respektive nach Rom, ins Zentrum der Christenheit, zog. Im Laufe der Zeit kam dann bei den Gelehrten die Faszination für das klassische Altertum auf. So rückten die Mittelmeerkulturen ins Blickfeld: Ägypten, Rom, Griechenland und seine Mythen sowie das Heilige Land als Ursprung unserer Religionen.

Kulturell bedingte Italien-Reisen begannen früh. Einer der ersten war Ende des 16. Jahrhunderts der französische Humanist und Philosoph Michel de Montaigne. Wegen eines Nierenleidens beschritt er eine Route entlang von Heilbädern (er machte auch im Tagsatzungsort Baden – eine römische Gründung! – Halt, wo ihm die Ratsherren von Zürich die Aufwartung machten), ehe er über Innsbruck und den Brenner nach Venedig und Rom gelangte. Seinen Spuren folgten der Schriftsteller Gotthold Ephraim Lessing (als Begleiter des braunschweigischen Prinzen Leopold), der Archäologe Johann Joachim Winckelmann sowie die Lichtgestalt Goethe, der die *Vedute di Roma* von Giovanni Battista Piranesi, eine fortlaufende Serie von Radierungen römischer Sehenswürdigkeiten, bis ins letzte Detail studiert hatte ... Sie alle waren fasziniert von der Antike und der mysteriösen Kraft der Ruinen.

Gegen Ende des 18. Jahrhunderts gehörte dann die Grand Tour in den Süden zum Bildungsprogramm von nordischen Intellektuellen und jungen Aristokraten. Während William Turner das Licht des Südens in unvergleichlichen Aquarellen auf Leinwand bannte, avancierten Henrik Ibsens *«Gespenster»* («Die Sonne! Die Sonne!») zum Urschrei des Ausbrechens aus den rigiden Konventionen. Der Drang nach Süden erfasste zahlreiche Künstler und Intellektuelle wie Samuel Butler, den feinsinnigen Schriftsteller, der die Leventina beschrieb, Franz Kafka (der bei der Ausfahrt mit dem Zug aus dem Gotthard-Tunnel notierte: «Plötzliches Italien!»), François-René de Chateaubriand, Friedrich Nietzsche oder Thomas Mann, der im Frühjahr 1933 in Lugano entschied, nicht mehr nach Deutschland zurückzukehren.

Den umgekehrten Weg schlugen ungezählte italienische Migranten ein, allen voran Bauarbeiter, die auf der Suche nach Arbeit in die industrialisierten Zentren des Nordens emigrierten. Spätestens ihre Kinder wurden Träger zweier Identitäten. So wie das bei mir der Fall ist: Vater Tessiner Katholik, Mutter Berner Protestantin, Italienisch und Deutsch – seit meiner Kindheit verspüre ich diese Bipolarität. Norden und Süden. Mein Leben lang habe ich nach Antworten gesucht, worin die Unterschiede zwischen diesen beiden Hemisphären bestehen und wie man sie am besten erklären kann. Fündig wurde ich schliesslich bei Goethe.

In Faust II, im dritten Akt, liefert Goethe eine geniale Erklärung für den Dualismus zwischen Norden und Süden. Nachdem der Teufel Faust mit Gretchen, der liebsten und reinsten aller Frauen, in Versuchung geführt hat, versucht er es mit Helena, der höchsten Schönheit. Er verbindet das bukolische Arkadien des goldenen Zeitalters mit dem Mittelalter. Die beiden heiraten auf dem Peloponnes, unweit des alten Sparta, zur Zeit der Kreuzzüge und zeugen einen Sohn, Euphorion, einen ungestümen Knaben, der die Freiheit so sehr liebt, dass er glaubt, fliegen zu können, dabei jedoch zu Tode stürzt. Auf diese Episode folgt Helenas verzweifelter Ausspruch, gleichzeitig die Abschiedsworte an Faust: «Ein altes Wort bewahrt sich leider auch an mir, dass Glück und Schönheit dauerhaft sich nicht vereint.» Helena entschwindet. Ihr Kleid und ihr Schleier verwandeln sich in eine Wolke, auf der Faust davonschwebt, ins Nichts. Ist dies nicht auch die Bestätigung, dass Rationalität und Glück (klassische Schönheit), also Norden und Süden, nicht koexistieren können? Man kann immer wieder versuchen, diese Einheiten in Europa zusammenzuführen, doch vermischen lassen sie sich nicht.

Der Süden, *il Belpaese*, übte in meiner Kindheit und Jugend eine unglaubliche Anziehungskraft auf mich aus. Das ist auch heute noch so. War es zu Beginn überwiegend eine Schwärmerei, so sollte ich als Direktor der *Ente Ticinese per il Turismo* (ETT), des Tessiner Fremdenverkehrsvereins, nach und nach feststellen, dass alles selbstverständlich viel komplexer ist.

DER CALIMERO-KOMPLEX

Nachdem ich die Universität in Genf und die Offiziersschule in Thun abgeschlossen hatte, war es für mich ein naheliegender Schritt, in der Tourismus-Branche Fuss zu fassen. Die Ferienerlebnisse im Grand Hotel di San Pellegrino hatten mich ebenso geprägt wie die Erfahrungen als Touristenführer in Asien, Afrika und Amerika. Die Firma Kuoni, mit der ich bereits als Student zusammengearbeitet hatte, nahm mich unter Vertrag und entsandte mich mit meiner ersten Frau Costanza Devoto, einer intelligenten Argentinierin, die ich an der Uni kennengelernt hatte, nach Spanien. Zuerst zogen wir nach Palma de Mallorca. Dort kam 1971 unser erster Sohn, Luca, auf die Welt. Im Pass von Giacomo, unserem zweiten Sohn, ist als Geburtsort Las Palmas de Gran Canaria angegeben, weil wir in der Zwischenzeit auf die Kanarischen Inseln übergesiedelt waren, wohin mich Kuoni als Troubleshooter geschickt hatte. Dort erreichte mich ein Anruf, der mein Leben verändern sollte.

Völlig unerwartet meldete sich im April 1972 Gastone Luvini, der Präsident des Tessiner Appellationsgerichtes (der später auch als Präsident der Schweizerischen Verkehrszentrale, der Vorgängerorganisation von Schweiz Tourismus, amtieren sollte). Er erzählte mir von der Reorganisation der Tourismusbranche im Tessin. Anstelle der über fünfzig Ortsvereine habe man gut ein Dutzend regionale Einheiten geschaffen, dazu eine zentrale Koordinationsstelle, der *Ente Ticinese per il Turismo*, kurz ETT. Ziel sei es, einen ganzheitlichen Auftritt zu gestalten, die Bedürfnisse der Täler und Städte unter einen Hut zu bringen und das Tessin mit seinem vielfältigen Angebot im In- und Ausland als Feriendestination zu vermarkten. Es gebe drei festangestellte Mitarbeitende. Der Sitz der ETT befände sich im Palazzo Cervia in Bellinzona. Nun suche man noch einen Direktor. Ich solle mich doch bewerben, forderte Luvini mich auf.

Ich war skeptisch. Konnte ich dem Tessin wirklich nützlich sein? Konnte ich etwas verändern? Oder war es eine Beamtenlaufbahn mit

festen Hierarchien, wie ich sie von meinem Vater kannte, worauf ich keine grosse Lust hatte? Zu diesen Zweifeln gesellten sich die Fakten: Das Tessin lag geografisch total im Abseits. Peripherie. Provinz. Es gab keine Autobahn. Keine Flugverbindung. Im Winter war der Gotthard-Pass geschlossen, fünf Monate lang musste man das Auto in Göschenen und Airolo auf die Bahn verladen. Politisch betrieben die Tessiner eine Nabelschau: Für sie zählte, was sich zwischen Chiasso und Airolo abspielte. In der Bundesverwaltung war das Tessin kaum präsent, ein Netzwerk auf der Alpennordseite so gut wie inexistent. Mentalitätsmässig spürte man immer noch die Nachwehen der Untertanenschaft als Ennetbirgische Vogtei: Man duckte sich weg, machte oft den Bückling, da man weder Selbstbewusstsein noch eine kulturelle Resistenz entwickelt hatte. Irgendwie erinnerte mich der Kanton an die italienische Zeichentrickfigur *Calimero*, das Küken, das in Asche fiel und, da pechschwarz, von der Mutter nicht mehr wiedererkannt wird, von Künstlerpech und endlosen Schwierigkeiten begleitet wird und sich mit dem stets gleichen Lamento – «Das ist doch ungerecht!» – über das Schicksal beklagt.

Auch wirtschaftlich war das Tessin äusserst schwach entwickelt, was nicht zuletzt eine Folge der Bergzuschläge der Gotthardbahn und später der SBB war, die dazu geführt hatten, dass der Kanton lange Zeit landwirtschaftlich geprägt blieb, weil jegliche Industrialisierung durch die hohen Transportkosten von vornherein ausgeschlos-

Costanza Devoto mit den Söhnen Luca und Giacomo.

sen war. Es gab nur die Granit- und Tabakindustrie, die Baubranche und vor allem Jobs beim Staat: Armee, SBB, Post, Schulen, Gesundheitswesen, Zoll. Es ist symptomatisch, dass der Rechenschaftsbericht des kantonalen Volkswirtschaftsdepartementes im Jahre 1960 der Landwirtschaft 120 Seiten widmete, Industrie, Handel, Tourismus und Handwerk hingegen bloss zwölf Seiten. Acht Jahre später musste der Bericht eingestehen, dass die Landwirtschaft «unabwendbar im Niedergang» war und nur noch drei Prozent der aktiven Bevölkerung beschäftigte.

In eine veritable Krise schlitterte auch der Tourismus. Die Statistiken wiesen für 1972 Besucherrückgänge bis zu zehn Prozent auf, wobei bereits das Vorjahr einen beträchtlichen Gästeschwund gegenüber den Spitzen von 1970 gebracht hatte. Die Ursachen waren vielfältig: Badeverbote aufgrund der schlechten Wasserqualität in den Flüssen und Seen; verstopfte Strassen und verschmutzte Luft in den touristischen Zentren; eine veraltete Hotellerie. Zudem bekam das Tessin die Folgen der Globalisierung zu spüren: Durch Billigflüge – wie beispielsweise die legendären Universal-Charterflüge nach Mallorca – erschlossen sich Urlaubern neue Destinationen.

Was sprach dafür, das Abenteuer zu wagen? Eigentlich nur meine Liebe zu dieser Scholle Erde, mein verklärtes Tessin-Bild, das hauptsächlich auf schönen Kindheitserinnerungen beruhte. Doch für mich war das Grund genug. Also verfasste ich meine Bewerbung und schickte die Unterlagen per Post nach Bellinzona. Ich tat dies im Glauben, im Auswahlverfahren chancenlos zu sein, da sich eine Heerschar von Kandidaten für diese Stelle bewerben würde. Doch es kam anders. Ich erhielt ein Aufgebot für ein Vorstellungsgespräch und bekam den Job. Später erfuhr ich, dass exakt zwei Bewerbungen eingegangen waren, inklusive meine. Es war übrigens das erste und einzige Mal in meinem Leben, dass ich mich um eine Stelle bewarb, denn fortan wurden mir, ich sage es nicht ohne Stolz, die Aufgaben angetragen.

Marco Solari mit seinem Förderer und Mentor Gastone Luvini in Monte Carlo.

DS HORU SCHREIBT KEINE BRIEFE

Lerne von den Besten: Getreu diesem Motto begann ich, mich mit meinen Amtskollegen zu vernetzen, kaum hatte ich am 1. Januar 1973 meinen Job als Direktor der ETT angetreten. Eine meiner ersten Reisen führte mich mit der Centovalli-Bahn von Locarno nach Domodossala und von dort über Brig weiter nach Zermatt. Es war eine kalte, sternenklare Nacht mit Vollmond, als mich Constant Cachin, der legendäre Kurdirektor von Zermatt, nach dem Abendessen nach draussen führte. «Schau ds Hore, wie schön es ist», sagte er mit Blick auf das Wahrzeichen des Ortes. «Das Matterhorn aber, mein lieber Marco, das Matterhorn schreibt keine Briefe!» Pointierter und philosophischer kann man die Funktion des touristischen Verantwortlichen einer Destination nicht auf den Punkt bringen.

Das Matterhorn wurde 1865 erstmals bestiegen, zeitgleich mit dem Beginn des modernen Tourismus in der Schweiz. Die ersten Kurdirektoren waren Entertainer. Sie hatten in erster Linie dafür zu sorgen, dass sich die Gäste vor allem am Abend gut unterhalten fühlten. Daneben betrieben sie noch ein wenig Kundenwerbung als bescheidene Ergänzung zur professionellen nationalen Werbung der anfangs des 20. Jahrhunderts verstaatlichten SBB und der im Ersten Weltkrieg gegründeten Schweizer Verkehrszentrale. In den meisten Fremdenverkehrsorten fehlten allerdings die Ressourcen für PR-Aktivitäten. Das Marketingverständnis war denn auch nur schwach ausgeprägt, und die Funktion des Kurdirektors wurde vielerorts belächelt. Paul Valentin, der von 1952 bis 1982 ein Vierteljahrhundert lang die Geschicke Gstaads prägte, nahm das nicht hin und verfasste ein Buch, ein flammendes Plädoyer mit dem Titel *«Auch Kurdirektor ist ein Beruf»*.

Zaghaft professionalisierte sich die Gilde der «Logiernächtehändler, Ferienmacher und Allround-Unterhalter», um Paul Valentins Untertitel zu zitieren. Die Generation der Unterhalter und spontanen Produktgestalter machte nach und nach den Marketing-Fachleuten Platz. André Willi aus Villars versuchte, die Verkehrsdirektoren mit den Worten «*Vous êtes des Grandseigneurs!*» zu motivieren. «*Oui, mais sans sous*», hielt man ihm aus unseren Reihen entgegen. Noch war der Beruf nicht überall anerkannt und er war schlecht, ja miserabel, bezahlt. Der Verband der Schweizer Kur- und Verkehrsdirektoren unter der Führung des Berner Verkehrsdirektors Ernst Hegner (dessen Präsidium ich später übernahm) engagierte sich denn auch in erster Linie für die Rechte und das Ansehen seiner Mitglieder. Als der Adelbodener Kurdirektor Fred Rubi, ein ehemaliger Skirennfahrer und promovierter Ökonom, 1967 in den Nationalrat und Jahrzehnte später der Kandersteger Verkehrsdirektor Adolf Ogi in den Bundesrat gewählt wurden, begann man dieses touristische Amt etwas ernster zu nehmen.

«Stammvater» dieser Generation von Kurdirektoren war sicherlich Raymond Jaussi in Montreux, dem auch das Montreux Jazz-Festival zu verdanken ist. Er war eine ebenso schillernde Persönlichkeit wie Hans Peter Danuser aus St. Moritz, der nie ohne sein Alphorn in der Welt herumreiste. Das Bild des Luzerner Kurdirektors Kurt Illi mit Regenschirm auf dem Kamel sorgte bei der arabischen Kundschaft für Furore. Mit ihm begann man auch im Fernen Osten vom Brand «Lucerne» zu sprechen. Eugenio Foglia wiederum, der Verkehrsdirektor von Lugano, hatte oft seine Gitarre dabei. Diese Spezialisten beschränkten sich nicht nur auf das Marketing, sondern gestalteten und prägten zu Hause das Produkt respektive das touristische Angebot ihrer Stadt oder Region.

Als Direktor der ETT gehörte ich, wie mein Freund Eugenio Foglia in Lugano, wie Luigi Bonalumi in Locarno, Luciano Bohrer in Ascona, Valerio Valsangiacomo in Mendrisio oder Giancarlo Piemontesi in Tenero, dieser Generation an. Als ich 1997 auf Vorschlag der freisinnigen Staatsrätin Marina Masoni zum Präsidenten von Ticino Turismo ernannt wurde, war bereits eine neue Generation von Direktoren – oder CEO, wie sie nun genannt werden – am Ruder. Es handelt sich um die Generation der gut ausgebildeten Spezialisten, die an universitären Lehrgängen gelernt haben, die touristischen und ökonomischen Zusammenhänge wissenschaftlich zu analysieren und zu begreifen. Ein Universitätsabschluss – ein *Master in International Tourism* – ist mittlerweile selbst in kleineren Orten und Regionen eine Grundvoraussetzung für eine Wahl zum Destination-Manager. Doch bei allen Veränderungen, ein Prinzip gilt nach wie vor: «Ds Horu schreibt keine Briefe!»

NÄCHTLICHE ERLEUCHTUNG

Bei meiner Arbeit als Direktor der ETT gelangte ich rasch zu zwei Erkenntnissen. Erstens: Das Tessin, das ich seit meiner Kindheit im Kopf hatte, existierte nicht. Zweitens: Das Tessin war nicht nur aus geografischer Sicht Peripherie, sondern befand sich auch mental in einer Art Selbstfindungsphase. Der stolze, selbstbewusste Blick zurück – im Tessin erfolgte er erst zaghaft ab den 1960er-Jahren. Damals begannen diverse Intellektuelle und Schriftsteller, sich mit der Migration zu befassen, der grossen Tragödie der Tessiner Geschichte, die vor keiner Familie Halt machte.

Plinio Martini revidierte mit seinen Erzählungen über das Leben im Maggiatal die klischierten Tessin-Bilder und schrieb 1970 mit *«Nicht Anfang und nicht Ende»* einen «der erstaunlichsten Romane, die in der Schweiz je geschrieben wurden» *(NZZ)*. Der Lehrer Giovanni Orelli aus dem Bedrettotal begann 1965 mit dem Roman *«Der lange Winter»*, eine Parabel über die Abwanderung aus den Bergregionen, seine literarische Karriere, die mit dem grossen Schillerpreis gewürdigt wurde. Der Lehrer und Kunsthistoriker Virgilio Gilardoni wiederum gründete 1960 die Zeitschrift *Archivio storico ticinese* und machte sich mit den auch auf Deutsch übersetzten Bänden «Die Kunstdenkmäler des Kantons Tessin» einen Namen als eine «der markantesten Persönlichkeiten im kulturellen Leben des Tessins nach dem Zweiten Weltkrieg» *(Historisches Lexikon der Schweiz)*. Obwohl er in bürgerlichen Kreisen aufgrund seiner kommunistischen Ansichten nicht gerne gesehen war, schätzte ich den Austausch mit Virgilio Gilardoni sehr.

Ebenfalls stark geprägt haben mich die Diskussionen mit Piero Bianconi, dem Gymnasiallehrer und Schriftsteller, der sich intensiv mit der Tessiner Kunstgeschichte beschäftigte und eine Biografie über Francesco Borromini verfasste. Sein zentrales Werk war der *«Albero genealogico»*, der auch in deutscher Übersetzung erschienene *«Stammbaum»*, in welchem er mit aussergewöhnlicher Stilsicherheit eine Familien- und Emigrantengeschichte, und zwar jene seiner Vorfahren, in Form einer dokumentarischen Chronik darstellte. Er schildert, wie das Verzasca-Tal dem

Lugano by night: Blick vom Monte Brè auf die Stadt.

Energiehunger der modernen Gesellschaft zum Opfer fällt, wie die Fluten des Stausees Besitz ergreifen von der Landschaft, in der er sich verwurzelt fühlte. In diesem Buch erkannten viele Tessiner ihre eigene Geschichte.

Bianconi war ein notorischer Pessimist und Melancholiker. Den «Verdacht, die Dinge seien stets im Begriff, sich zum Schlechten zu wenden», wurde er zeitlebens nicht los, und anhand der Entwicklung, die das Tessin nahm, fühlte er sich in seiner Ansicht stets bestätigt. Vermeintliche Fehlentwicklungen prangerte er mit äusserster Konsequenz an. Er schrieb an gegen die Brutalität des Fortschrittes, gegen die Verkennung oder Vermarktung traditioneller Identitätswerte sowie gegen die Banalisierung kultureller Beziehungen zwischen den Landesteilen. Vor allem richtete er seinen Sarkasmus gegen das sich ständig wiederholende Attentat auf die Umwelt durch das, was er die «Mythomanie des Wohlstandes und der Verkehrserschliessung» nannte. «Es ist eine Welt, in der einem die Lust am Leben vergeht», klagte er. Was ihm blieb, war die Erinnerung an eine Vergangenheit, von der er nicht wusste, ob sie wirklich besser war: Das Leben in den kleinen, an die steilen Talhänge geklebten Dörfer im Verzasca-Tal, wo seine Grossmutter im Winter gehungert und seine Mutter vor Kälte gezittert hat, von wo sein Onkel als einer von vielen nach Amerika ausgewandert ist, weil das Dorf seine Bewohner nicht ernähren konnte.

Als Tourismusdirektor bekam auch ich von Bianconi mein Fett weg. Nachdem er mich in einem Artikel in der Zeitung *Eco di Locarno* das erste Mal ins Visier genommen hatte, beschloss ich, bei ihm vorzusprechen. Es ist ein Charakterzug von mir, dass ich stets den Dialog mit den Menschen suche, die das Heu nicht auf derselben Bühne haben wie ich. Zum einen versuche ich, ihre Ansichten zu verstehen, zum anderen geht es natürlich auch darum, das Gegenüber vom eigenen Standpunkt zu überzeugen, und ja, ich gebe es zu, ihn zu erobern. Der 1899 geborene Bianconi hätte mein Grossvater sein können. Er erzählte gerne und schätzte es, wenn ihm die junge Generation zuhörte. Zudem spürte er, dass er einen Suchenden vor sich hatte. Ich war fasziniert von ihm und seiner Persönlichkeit, und er überreichte mir zum Abschied einige seiner Schriften. Unser Wiedersehen fand einige Zeit später anlässlich der Eröffnung eines Museums in Locarno statt. «Ah, da kommt unser Touristiker», empfing er mich mit seinem gewohnt spöttischen Unterton. Er habe irgendwo gelesen, dass ich mich für Dante Alighieri interessiere, sagte er und stellte mich mit folgender Frage auf die Probe: «Mit wie vielen P hat der am Tor des Läuterungsberges Wache haltende Engel Dante gezeichnet?» Da ich mich in Bern – im Gegensatz zu den Schülern, die im Tessin das *Liceo* besuchten – nur autodidaktisch mit der

Virgilio Gilardoni, Giovanni Orelli, Piero Bianconi und Plinio Martini: Vier Autoren, die das Tessin mit ihren Werken geprägt haben.

«*Divina Commedia*» beschäftigt hatte und das *Purgatorio* (Fegefeuer), im Gegensatz zum *Inferno*, etwas gar oberflächlich gelesen hatte, war ich nicht sehr sattelfest. «Sieben», sagte ich dennoch voller Inbrunst. Bianconi murmelte etwas von «Examen bestanden», und seitdem war ich bei ihm trotz meiner touristischen Funktion so akzeptiert, dass er mich sogar zu seiner Geburtstagsfeier einlud.

Wie sehr mein idealisiertes, verklärtes Tessin-Bild von der Realität entfernt war, erfuhr ich bereits in den ersten Wochen meiner Tätigkeit als ETT-Direktor, und zwar bei einer abendlichen Tafelrunde, an der auch der Historiker und Gewerkschafter Ezio Canonica anwesend war. Da er eine Panne an seinem Auto hatte, chauffierte ich ihn nach Hause in die Valcolla. Er hatte gespürt, dass ich ein junger, komplett desorientierter Idealist war. Während der Fahrt sagte er plötzlich: «Halt mal.» Ich stoppte am Strassenrand, und wir stiegen aus. Es war dunkel, und zu unseren Füssen lag Lugano in einem Lichtermeer. «*Che bello*!», sagte ich. Er aber meinte: «Du ahnst nicht, wie viel Hass, Boshaftigkeit und Gier sich hinter diesen Lichtern verbergen.»

Was mir Canonica damals vor Augen führen wollte, formulierte Giovanni Orelli in seinem Roman *«Monopoly»* folgendermassen: «Der wahre Bewohner der Stadt ist das Geld.» Und weiter im Text: «Im Übrigen leert sich das Stadtzentrum sofort nach Geschäftsschluss. Die Männer von Rang, die Mittelsmänner, die Chefs der internationalen Schmugglerringe, die Importeure fremder Gelder, die dem Fiskus ihres Ursprungslandes entzogen wurden – alle diese tüchtigen Leute haben ihre Villa an den Berghängen über der Stadt.»

Tatsächlich entwickelte sich der Finanzplatz Lugano nach Zürich und Genf zum drittgrössten der Schweiz. Die 1960er- und 1970er-Jahre waren die eigentlichen Boomjahre. Tausende von Italienern karrten damals ihr Vermögen aus Angst vor den Kommunisten oder dem einheimischen Fiskus ins Tessin. Die Inflation der *Lira* war ein weiterer Grund, die Ersparnisse in harten Schweizer Franken anzulegen. Die Ruhe und die politische Stabilität in der Schweiz waren für Lugano direkt verwertbares Kapital. «Hier gibt es», um nochmals Orellis *«Monopoly»* zu zitieren, «keine Streiks, keine Volksbewegungen, keinen Krieg, keine Gewalt, keine Entführungen, keine Hitzköpfe, keinerlei Unordnung».

Zwischen 1945 und 1985 stieg die Anzahl der Bankangestellten von 780 auf 8349 an, was einer Zunahme um fast tausend Prozent entspricht. Dass in diesem Umfeld Staatsanwälte wie Carla del Ponte, Paolo Bernasconi und Dick Marty, aussergewöhnliche Persönlichkeiten, die konsequent jede kriminelle Machenschaft verfolgten, zu national bekannten «Mafiajägern» avancierten, lag in der Natur der Sache. Nichtsdestotrotz war und ist Lugano als seriöser, kundenorientierter und qualitativ hochstehender Finanzplatz bekannt. Der Mehrwert, den er für das Tessin generiert, ist unschätzbar – nicht zuletzt auch für die Kultur. Ohne das grosszügige Sponsoring durch die Banken und deren Stiftungen wären viele kulturelle Aktivitäten wie Ausstellungen, Museen, Buchprojekte oder Events im Tessin niemals realisiert worden.

Man mag mir, wie Canonica es tat, eine gewisse Naivität unterstellen, oder Idealismus. Das gehört zu meinen Wesenszügen wie die Tatsache, dass ich lieber Brücken als Mauern baue, dass ich gerne vermittle und vernetze. In den Diskussionen mit den Tessiner Intellektuellen unterschiedlichster Gesinnung gelangte ich zur rasch zur Erkenntnis, dass wir im Tourismus eine ehrliche Werbung machen mussten. Das Tessin so zeigen, wie es ist. Das bedeutet: Wo viel Licht ist, ist auch Schatten.

EIN EHRLICHES TESSIN-BILD

Zu Beginn der 1970er-Jahre brachen im Tessiner Tourismus die Gästezahlen ein. Die Gründe waren vielschichtig. Zwar war die Alpensüdseite als Feriendestination nach wie vor beliebt. Aber das Tessin hatte Konkurrenz erhalten. Durch die Massenmobilisierung und den Ausbau der Autobahnen avancierten Italien und die Mittelmeerstrände nach und nach zu gut erreichbaren Alternativen. Zudem landeten die ersten Charterflüge auf den balearischen und griechischen Inseln. Die Briefträger verteilten nun zunehmend Postkarten mit Feriengrüssen aus Rimini, Mallorca und Heraklion. Während die Urlauber die neue Angebotsvielfalt schätzten, taten sich hierzulande viele Hoteliers schwer damit, die neue Realität zu akzeptieren. Sie waren in einer Gastgeber-Mentalität verhaftet, wo die Gäste sich der Hausordnung unterwarfen und vor der Abreise bereits den Aufenthalt für das Folgejahr buchten. Manche Hoteliers betrachteten einen Gast, der abends auswärts dinierte, als Verräter. Und Werbung in eigener Sache zu machen, empfanden sie als stil- und würdelos.

Wir mussten bei der ETT also viel Überzeugungsarbeit leisten, um unsere Strategie breit abstützen zu können. In einem ersten Schritt begannen wir, den Schweizer Markt intensiver zu bearbeiten. Wichtige Partner waren die Reisebüros wie beispielsweise Hotelplan. Dieses Unternehmen war von Migros-Gründer Gottlieb Duttweiler 1935 ins Leben gerufen worden, um Menschen aus einfachen Verhältnissen mit preisgünstigen All-inclusive-Angeboten Ferien zu ermöglichen. Das Tessin war die erste Destination gewesen, die Hotelplan ins Angebot aufnahm. Wir knüpften an diese Tradition an und lancierten zusammen mit diversen Hoteliers neue Pauschalangebote. «Tessin heiter», lautete das Motto. Auch bei Kuoni und Danzas setzte sich die Erkenntnis durch, dass die Heimat in Zeiten der Ölkrise touristisch in den Fokus gerückt werden muss, was zur Folge hatte, dass auch diese Reiseanbieter das Tessin prominenter zu vermarkten begannen.

Von zentraler Bedeutung blieb für uns darüber hinaus auch der deutsche Markt. Uns spielte in die Karten, dass das Tessin in Deutschland ein Synonym für Ferienparadies war. Spätestens seit Lys Assia 1958 mit ihrem Ohrwurm «O Giorgio – ein Weekend mit dir in Ascona» die deutsche Hitparade erobert hatte, befiel die ganze Nation eine kollektive Sehnsucht nach dem Lago Maggiore. Nicht nur Kaufhauskönig Helmut Horten erwarb im Tessin Immobilien, sondern auch Show-Stars wie Peter Alexander, Caterina Valente, Freddy Quinn oder Peter Kraus. Selbst im Wahlkampf war das Tessin gegenwärtig, etwa auf dem berühmt gewordenen Plakat mit dem ironisch gemeinten Slogan «Deutsche Arbeiter! Die SPD will euch eure Villen im Tessin wegnehmen» von 1972. Auf den Strassen wimmelte es derweil von Mittelklassewagen der Marke Opel Ascona, von denen in den 1970er- und 1980er-Jahren über 3,6 Millionen Einheiten produziert wurden.

Die Folgen der Massenmobilisierung bekam das Tessin hautnah zu spüren: Lärm, Benzingestank, verstopfte Strassen und das Fehlen von Fussgängerzonen störten die Besucher am stärksten. Dies war das Ergebnis einer repräsentativen Gästebefragung, die wir im Frühjahr 1975 als erste Fremdenverkehrsregion der Schweiz durchgeführt hatten, zusammen mit der Hochschule St. Gallen. Eher überrascht hat uns, dass lediglich bloss je ein Fünftel der über 3000 befragten Hotel- und Campinggäste angaben, dass der Verschmutzungsgrad der Seen ihr Ferienerlebnis beträchtlich bis sehr stark beeinträchtigt habe. Denn die

Oben: Info-Stand der ETT in den 1970er-Jahren.

Rechte Seite: Ehrliche Werbung: Der selbstkritische Prospekt «Licht und Schatten unserer Sonne», eine Sensation, die es bis in die *New York Times* schaffte.

«Non c'è idea che non porti in sè la sua possibile confutazione», diceva Proust. Anche la nostra idea di turismo e di ospitalità offre certamente il fianco a obiezioni. Ne siamo coscienti. Per questo motivo abbiamo voluto tentare di anticipare qualche facile critica e di far risparmiare al turista qualche spiacevolezza, rivelando in maniera scanzonata certe zone d'ombra presenti sulla mappa del nostro soleggiato Cantone.
Poiché parlare di turismo oggi vuol dire sovente correre il rischio di fare un discorso trionfalistico, rimanere abbacinati più dalla portata quantitativa che non da quella qualitativa del fenomeno.
Il fatto è che il Canton Ticino vive un «boom» turistico quantitativo. Finora è forse riuscito a salvare certe sue qualità: purtroppo non sempre e ovunque.
Abbiamo quindi pensato di offrire al turista anche un «prospetto alternativo» dove vengono anticipate certe nostre carenze, dove la lealtà ci obbliga a «messe in guardia», ad avvertimenti.
Lo scopo è quindi di aiutare il turista, nonché quello di salvaguardare certe caratteristiche del nostro Cantone: antiche, di costume, di simpatia, di rustica urbanità.
Quindi riteniamo sia utile conoscere, capire e magari tollerare anche certune delle «zone d'ombra» di cui abbiamo accennato poc'anzi.
Speriamo che l'opuscolo assolva oggettivamente i suoi scopi, sia funzionale e vi eviti noie... senza annoiarvi.

TICINO

Chiese - musei

«Non trasformare la casa di mio Padre in un mercato», dice San Giovanni. All'opportuna massima, qua e là, in Ticino, si potrebbe aggiungere:..., «ma non chiuderla a chi intende visitarla, oppure facilitagli la visita». Ma, purtroppo, non sempre è semplice visitare certe chiese: sono chiuse ed è difficile trovare un responsabile permanente con la chiave o un accompagnatore. Perciò, prima di intraprendere la visita, specialmente di chiese fuori mano, informatevi presso la parrocchia o il Municipio del villaggio dove sorge la chiesa. Chi ha interessi culturali e curiosità etnografiche ha di che soddisfarle in questo settore.
Benché il nostro sia un Cantone originariamente povero, il suo passato artistico è ricco. Disgraziatamente molte testimonianze artigianali e artistiche di tale passato sono andate disperse per ignoranza, oppure razziate da antiquari e commercianti con pochi scrupoli.
Oggi, si sa, c'è una rivalutazione generale dei musei. Anche in Ticino si tenta di trasformarli da «cimiteri delle arti», come li definiva Lamartine, in luoghi vivi d'incontri. Ma, attenzione.
L'appellativo di «museo» affibbiato a certe improvvisate raccolte vallerane (un rastrello, una rocca e due roncole) è, a dir poco, pomposo.

Divertimenti, manifestazioni, night-club

Il Ticino in estate è pieno di divertimenti e di musica, soprattutto di quella meno ufficiale; mentre l'autunno si presenta con un pentagramma ricco di raffinatezze.
Farà bene il turista a tenere d'occhio, in qualsiasi momento dell'anno, la pagina degli spettacoli (cinema, teatro e concerti) dei giornali.
Quando la sera scende, il Ticino assume caratteristiche sommesse, perfino nei centri più animati. Le insegne luminose sono generalmente contenute. Tutto questo non vuol però dire serate noiose, almeno durante l'alta stagione. Secondo un umorista inglese «La vita sarebbe abbastanza divertente se non ci fossero i divertimenti».
A volte costa effettivamente fatica individuare quelli giusti.
Cinema o teatro? Ballo o passeggiata? Concerto classico o rock? Insomma, il classico imbarazzo della scelta. Ma..., soltanto nei mesi estivi o in quelli a ridosso dell'estate. Poi il settore divertimenti, con rare eccezioni, cade in una specie di letargo.
Per quel che riguarda i «Night Club», anche da noi la formula che funziona è quella della discoteca. Ma non mancano i locali per nottambuli dalle tempie tendenti

Il clima

Iniziamo dal bel tempo. Beh, diciamolo pure: anche in Ticino, come in quasi tutti i paesi, il tempo è imprevedibile.
A dire il vero il sole ci è piuttosto amico: le statistiche meteorologiche lo garantiscono, ma noi ve le risparmiamo. Capita però, ad esempio in maggio o in giugno, che la pioggia cada insistente ed abbondante.
Però è possibile evitare parzialmente le sorprese, snobbare la pioggia e godere il suo ticchettio fra stradicciole e sentieri o lungo i laghi, prevedendo per i periodi più instabili un abbigliamento opportuno.
L'ira di Giove sembra scatenarsi in Ticino durante certi temporali estivi, a volte impressionanti. Specialmente nelle valli e lungo le fasce lacuali il diapason del rotolare dei tuoni e della pioggia a cascate può raggiungere toni da orchestra filarmonica.
Ticino bianco. Non è lo slogan di un nuovo detersivo, ma una realtà non poi tanto singolare o bizzarra in inverno. La neve cade a volte molto abbondante su tutto il Cantone, umiliando persino certe regioni a Nord delle Alpi. Quindi non lasciatevi prendere di sorpresa dal «fenomeno bianco». Agli automobilisti in viaggio in Ticino, fra novembre e aprile, l'equipaggiamento invernale sarà un motivo di sicurezza in più.
Insomma: il sole vi attende in Ticino, ma non dimenticate l'impermeabile, l'ombrello e d'inverno gli sci.

Popolazione e italianità

Non si può parlare di Airolo, o di Chiasso, nello stesso modo.
Così è per Locarno, Lugano e Bellinzona.
Le sfumature e le differenze fra i distretti ticinesi e i ticinesi stessi sono già nelle cose, nelle idee, nei dialetti: con poche fermate di treno si passa dagli abeti e le betulle alle palme e alle piante di banane. Con ciò si intende dire che il Ticino è abbastanza variato, anche nel carattere della sua popolazione e negli approcci ch'essa ha con il turismo.
In Ticino il clima (non solo quello atmosferico, ma anche quello spirituale e culturale) è italiano: la neutralità è invece genuinamente svizzera.
Ma l'italianità ticinese (molto discussa) si è fatta qua e là alquanto rara o è stata piuttosto maltrattata negli ultimi tempi.
Il ticinese in questo campo è stato forse troppo duttile e arrendevole e ha troppo spesso abdicato a favore di altri idiomi relegando la propria lingua.
«Il primo bene di un popolo è la sua dignità», ha detto qualcuno che se ne intendeva. Della dignità di molti ticinesi fa parte anche il dialetto: un linguaggio che il turista, anche quando non lo afferra o lo trova astruso, è tenuto a rispettare, poi-

Mezzi di trasporto pubblici e taxi

Sono tanti i nostri mezzi di trasporto che, forse, si potrebbe, attraverso la loro fitta e ottima rete di servizi, raggiunger fin'anche un compromesso..., se la situazione lo richiedesse. Periferia e centro delle città costituiscono una efficace ragnatela di collegamenti, ma attenzione: orario, puntualità e orologio marciano a braccetto. Ed è quasi un assioma: tram, bus e treni, si sa, partono sempre in ritardo quando noi siamo puntuali, e appena ritardiamo sono puntualissimi.
In Ticino può accadere che la colpa di una lunga attesa non sia da addebitare a voi, bensì al precario coordinamento fra l'arrivo dei treni e la partenza di certi autobus e convogli ferroviari. Questa arruffata situazione è particolarmente ricorrente nei collegamenti con qualche valle.
Quanto ai laghi ticinesi invitano a gite in battello, ma attenzione.
Non sempre le compagnie di navigazione offrono facilitazioni. È il caso per esempio della Società di navigazione Lago Maggiore (SNLM) che non accetta l'abbonamento per mezzi biglietti e l'abbonamento generale.
I taxi: un capitolo caro (in tutti i sensi) ai turisti che intendono usufruire di questo mezzo di trasporto. I tassisti ticinesi sono cordiali e solerti con il cliente. Attenzione però ai tassisti improvvisati abusivi. Esigete sempre che ci sia il tassametro e che sia funzionante quando entrate in un taxi; eviterete antipatiche discussioni.

Folclore

Anche in Ticino si assiste al «revival» del folclore nei suoi vari aspetti: dai canti popolari fertili di poesia, alle antiche ballate, dalle favole alle leggende, dal recupero di valori messi in disparte dal processo di industrializzazione alla riscoperta di usanze relegate ai margini della vita o dei centri.
Ma attenzione. Accanto a tutte queste lodevoli iniziative c'è un'altra realtà: quella del recupero commerciale e consumista di suggestioni «genuine»; dove ogni stimolo viene mistificato e tradotto essenzialmente in «moda» e profitto. Poi c'è un folclore che potremmo definire raccogliticcio. È quello dei boccalini e degli zoccoletti ormai sfoggiati più che altro per la gioia dei turisti. Magari qualcuno vuole continuare ad illudersi che per il ticinese sia consuetudine passeggiare con la gerla e il rastrello. Beh, anche le illusioni possono contribuire ad abbellire una vacanza.
Disgraziatamente anche in Ticino il patrimonio folcloristico si è assottigliato considerevolmente e l'usura continua. Ma il folclore – come tentiamo di fare con queste poche righe – può anche inserirsi in un discorso di autocritica dei valori e dei modelli di comportamento della società attuale, può essere l'occasione per un ripensamento sul rapporto città-campagna. Ma questo, ovviamente, è un discorso poco «vacanziero».

anche agli sportivi è raccomandato di informarsi bene circa le caratteristiche meteorologiche e geografiche della regione in cui intendono praticare certe discipline. I laghi, ad esempio, sono in certi giorni disturbati da troppi motoscafi. I prezzi per praticare certi sport sono relativamente cari se paragonati a quelli richiesti nella Svizzera tedesca.

Mercati

Anche nel commercio è di moda la nostalgia. Il Ticino non sfugge alla regola, specialmente nell'ambito dei mercatini spuntati un po' ovunque nel Cantone negli ultimi anni.
La loro cornice è rimasta suppergiù quella storica, ma il quadro ha ormai tutti i colori del modernismo. Quindi non meravigliatevi se in certi mercati trovate la stessa paccottiglia o gli stessi oggetti «kitsch» che trovate a Zurigo, Francoforte, Amsterdam o Venezia. Però qualche mercato interessante anche nei grandi centri c'è, basta saperlo individuare.

Negozi - shopping

Restiamo in tema acquisti. Vi sarà facile constatare che per la varietà di boutiques, per i grandi magazzini, per la facilità delle vie di comunicazione, il Ticino può essere considerato, specialmente nei centri, un paradiso dello «shopping». Ma anche l'inferno se non si sa «scovare» la buona occasione e gli orari giusti. Non dimenticatelo: alle 18,30 le porte dei negozi chiudono. Uno strappo alla regola viene fatto durante l'estate solo ad Ascona e a Morcote dove è stato istituito, in forma provvisoria, l'orario prolungato.

Un ultimissimo suggerimento. Tentate di visitare calmamente il nostro Cantone e potrete assaporarlo veramente anche nei suoi aspetti più «difficili». Anche perché «viaggiando troppo in fretta si prendono gli abusi per le leggi del paese» (Voltaire).
Non ci resta che concludere con una parola tutta nostra, espressa col cuore:

GRAZIE.

Testo: Eros Costantini, Brissago
Disegni e impaginazione: Orio Galli, Castano
Stampa: Tipografia-offset Stazione SA, Locarno
Progetto: Ente Ticinese per il Turismo ©
Stampato su carta riciclata Bibe Polect 75

Comprensori e indirizzi degli enti turistici locali

Ascona e Losone 6612 Ascona, tel. 093 35 55 44	**Locarno e Valli** 6600 Locarno, tel. 093 31 86 33
Bellinzona e dintorni 6500 Bellinzona, tel. 092 25 21 31	**Lugano e dintorni** 6901 Lugano, tel. 091 21 46 64
Biasca e Riviera 6710 Biasca, tel. 092 72 13 81	**Malcantone** 6987 Caslano, tel. 091 71 29 86
Blenio 6716 Acquarossa, tel. 092 78 17 65	**Mendrisiotto e Basso Ceresio** 6850 Mendrisio, tel. 091 46 57 61
Brissago e Ronco s/Ascona 6614 Brissago, tel. 093 65 11 70	**Tenero e Valle Verzasca** 6598 Tenero, tel. 093 67 16 61
Ceresio 6815 Melide, tel. 091 68 63 83	**Vallemaggia** 6673 Maggia, tel. 093 87 18 85
Gambarogno 6574 Vira, tel. 093 61 18 66	**Valli di Lugano** 6950 Tesserete, tel. 091 91 18 88
Leventina 6760 Faido, tel. 094 38 16 16	

ENTE TICINESE PER IL TURISMO
CH-6500 Bellinzona
Piazza Nosetto
tel. 092 25 70 56

schlechte Wasserqualität und die draus resultierenden Badeverbote im Luganersee und im Lago Maggiore hatten auf der Alpennordseite hohe mediale Wellen geworfen. Viele Hoteliers reagierten, indem sie eigene Pools bauten – 1975 waren 150 Hotels mit Schwimmbädern ausgestattet. Die Wasserqualität war jedoch nicht bloss ein touristisches Problem. Insgesamt 900 Millionen Franken hat der Kanton Tessin zwischen 1972 und 1982 in den Ausbau der Kanalisation und von Kläranlagen gesteckt und so einen Kollaps des Ökosystems verhindert.

In unseren Marketingaktivitäten haben wir aus der Not eine Tugend gemacht. Stellen wir uns einmal vor, die Schweizerische Verkehrszentrale, wie Schweiz Tourismus damals hiess, hätte japanische Journalisten auf eine Medienreise in die Schweiz eingeladen und ihnen nicht das Jungfraujoch und die Kapellbrücke in Luzern, sondern eine Abwasserreinigungsanlage in einer Agglomeration gezeigt. Undenkbar! Genau das haben wir jedoch damals im Tessin gemacht. Wir organisierten Medienreisen, auf denen wir Journalisten aus der Deutschschweiz die Aktivitäten des Kantons im Bereich Gewässerschutz zeigten. Ehrlichkeit und Transparenz waren uns ein wichtiges Anliegen, ebenso der Kampf gegen die Zubetonierung der Landschaft. Hier bezog ich als Direktor der ETT klar Position, womit ich mir nicht nur Freunde schuf. Etwa als ich mich für den Erhalt der Naturlandschaft der *Bolle di Magadino* einsetzte, mich dezidiert gegen eine Ausweitung des Kalksteinabbaus im Mendrisiotto aussprach, um so eine Verschandelung des Monte Generoso zu verhindern, oder in den Tessiner und Deutschschweizer Medien gegen die geplante Urbanisierung von Dötra beim Lukmanier wetterte.

Ich hatte das Glück, bei der ETT mit dem späteren Bundesrat Flavio Cotti einen Präsidenten im Rücken zu haben, der unsere Aktivitäten nicht nur stützte, sondern auch unterstützte. Als Direktor des Tessiner Volkswirtschaftsdepartementes suchte auch er immer wieder den Kontakt mit den Journalisten, die von der Alpennordseite anreisten, um sich vor Ort ein Bild der Situation zu machen. «Das Steuer ist inzwischen, wie wir uns an einem Pressegespräch im Hotel Olivella in Morcote überzeugen konnten, gründlich herumgeworfen worden, und es dürfte auch nicht mehr aus der Hand gegeben werden», schrieb der Redaktor und Schriftsteller Otto Frauenlob am 4. Mai 1976 in einem ganzseitigen Beitrag im *Bund* mit dem Titel «Ferienland Tessin umweltschutzbewusst». Der Stolz der Tessiner auf ihre Leistungen im Gebiet des Gewässerschutzes sei berechtigt: «Die Wassergüte des Luganersees ist bereits an verschiedenen Stellen wieder gut geworden.»

Titelseiten der Ferienkataloge der drei grossen Reiseanbieter in den 1970er-Jahren. Mit der Zusammenarbeit mit den Schweizer Reisebüros knüpfte der ETT an die Tradition Duttweilers aus den 1930er-Jahren an.

Marco Solari mit dem Prinzen von Polignac bei einer PR-Veranstaltung in Monaco …

Die ehrliche und unverblümte Kommunikation mit den Journalisten erwies sich als formidables Marketinginstrument. Wir arbeiteten eng mit dem Büro Cortesi in Biel zusammen. Aber auch die Präsenz von Journalisten aus aller Herren Länder, die das Filmfestival von Locarno besuchten, nutzten wir für unsere Zwecke. Den französischen Filmkritiker Louis Marcorelles beispielsweise führte ich zwei Tage lang durchs Verzasca-Tal, was uns drei Artikel über das Tessin auf der Frontseite von *LeMonde* einbrachte. Gar in die *New York Times* schafften wir es mit dem Prospekt *Luci ed ombre del nostro sole*, in dem wir den Gästen unverhohlen erklärten, mit welchen Problemen und Besonderheiten sie im Tessin zu rechnen hatten. Die Aufzählung endete mit dem Hinweis, dass die 15 lokalen Informationsbüros gerne Tipps für einen unvergesslichen Aufenthalt geben, einfach nicht zwischen Freitagabend und Montagmorgen, weil die Schalter zu diesen Zeiten nicht besetzt sind.

Als 1980 der Gotthard-Strassentunnel eröffnet wurde, verzeichnete das Tessin fast vier Millionen Logiernächte in den Hotels. Diese Rekordzahl sollte nie mehr erreicht werden. Zum einen avancierte das Tessin dank der Autobahn vermehrt zu einem Transitkanton auf dem Weg ans Mittelmeer, zum anderen eröffnete die Globalisierung den Touristen immer weitere und exotischere Destinationen. Das war für uns kein Drama. Denn wir hatten dem Massentourismus längst abgeschworen

... und mit Journalisten auf einer Pressereise auf der Brücke von Lavertezzo im Verzasca-Tal.

und setzten stattdessen auf «Qualitätstourismus». Diesen Begriff haben wir 1975 eingeführt, was uns auf der Alpennordseite den Vorwurf einbrachte, wir seien elitär respektive im Tessin seien nur noch Gäste mit überdurchschnittlich hohem Ferienbudget willkommen. Als wir die Strategie eines qualitativ hochstehenden Angebots – in Abgrenzung zu dem der Kleinräumigkeit des Tessins entgegenstehenden Massentourismus – lancierten, legten wir den Begriff jedoch keineswegs ausschliesslich als ökonomische Grösse fest. Vielmehr sollte er Ausdruck sein für ein bestimmtes Bewusstsein und eine bestimmte Haltung. Wir setzten uns nicht mehr in erster Linie die Maximierung der Logiernächte zum Ziel, sondern betrachteten den Tourismus auch als Mittel zum Zweck: um die Lebensqualität der Bevölkerung zu erhöhen und die Natur und die Kulturlandschaft zu erhalten.

Eine Folge dieser Strategie war die Selbstbescheidung, die Einsicht, dass ein unlimitiertes Gästeaufkommen einerseits das harmonische Verhältnis zwischen den Besuchern und Einheimischen empfindlich stört; dass andererseits auch dem Gast wenig gedient ist, wenn Kapazitäten und Toleranz des Gastgebers überfordert werden. Tatsächlich befürchteten viele Einheimische ob dem boomenden Tourismus einen Identitätsverlust, einen Ausverkauf der Heimat, eine Germanisierung des Tessins. Wir waren uns bewusst, dass die Aufnahmefähigkeit nicht ins Übermass gesteigert werden durfte. Daher stellte sich der ETT entschieden hinter «alle Massnahmen, mit denen der Ausverkauf unserer wertvollsten Substanz, von Haus, Boden, Geschäft aufgehalten werden kann». Zudem pochten wir darauf, dass die *Italianità* auch im Gastgewerbe gelebt wird. Eine Speisekarte oder ein Rundschreiben in drei Sprachen ist in einem touristischen Kanton ein Akt der Höflichkeit, in zwei Sprachen hingegen servile Unterwürfigkeit. Gute Dienstleistungen zu erbringen, bedeutet im Übrigen in keinster Weise, ein Volk von Dienstboten zu sein. Wir propagierten daher einen Tourismus im Sinne von Kulturaustausch, bei dem die Begriffe «Reisen» und «Besuchen» auch «Kennenlernen» und «Verstehen» bedeuten.

Ist unsere Strategie des Qualitätstourismus aufgegangen? Überlassen wir das Urteil einer kritischen und neutralen Instanz. Der Journalist und Autor Livio Balz schrieb 1985 in der *Neuen Zürcher Zeitung*:

«Sei das nun im raumplanerischen, landschaftspflegerischen, gastronomischen oder, nicht zuletzt, in dem für die Bevölkerung wichtigen kulturellen Bereich: Überall mehren sich die Zeichen, dass die moralische Autorität der ETT grösser ist und weiter reicht, als man gemeinhin annehmen könnte. Selbst touristisch rücksichtslos ausgebeutete Zentren wie Ascona, deren Instanzen sich keinen Deut um Erhaltung und Pflege der *Italitanità* zu kümmern scheinen, sind nicht zu einer Art südalpiner Heidilands degeneriert worden; selbst da stösst man hinter der Seepromenade nicht auf gesichtslose Apartmentblöcke, Saloons, womöglich deutsch angeschriebene Wurstbuden oder Fastfood-Lokale. Und nicht wenig überrascht nimmt der Besucher zur Kenntnis, dass er sogar in überwiegend von Touristen frequentierten Lokalen und Geschäften je länger, je mehr auf italienisch nach seinen Wünschen gefragt wird oder man ihm den Merlot statt im untessinerischen *Boccalino* tatsächlich im *Tazzino*, der henkellosen Tasse, serviert – vor ein paar Jahren noch alles andere als üblich. Kleinigkeiten, mag man einwenden; aber der Teufel sitzt bekanntlich im Detail, und diese Details signalisieren die Neuorientierung gleichermassen wie zum Beispiel das erweiterte Repertoire der Sängerin Nella Martinetti; sie wagt es heute, dem Deutschschweizer Publikum auch die melancholischen Lieder der lombardischen Folklore vorzustellen, mit der sich das Tessin identifiziert. (...) Zieht man eine Zwischenbilanz, steht fest, dass Solari mit Unterstützung durch seine besten Verbündeten, den Weitsichtigen unter den Hoteliers nämlich, die Austarierung der divergierenden Interessen gelungen ist, mehr noch: dass er das Ansehen des Tessins weitherum zu mehren vermochte.»

BORROMINI STATT BOCCALINO

Das Tessin erlebte in der Nachkriegszeit einen Bauboom sondergleichen. «In diesem armen Kanton lassen sich immer mehr Fremde nieder und machen aus ihm ein wahres Babylon. Die Bodenspekulationen haben sich in letzter Zeit in unglaublicher Weise entwickelt», klagte die katholische Tageszeitung *Giornale del Popolo* 1960. Polemische Schlagworte wie «Germanisierung», «Ausverkauf der Heimat» oder «Identitätsverlust» kursierten bis weit in die 1980er-Jahre in den Medien. Während der Schriftsteller Piero Bianconi das «Loch am Gotthard wieder zumauern» wollte, rechneten andere aus, dass man im Tessin in 400 Jahren nur noch deutsch sprechen wird, sollte die Germanisierung im selben Tempo und Ausmass wie bisher voranschreiten. Mit diesem Lamento einher ging das Klagelied von der Verschandelung der Landschaft durch hässliche Immobilienprojekte. Tatsächlich avancierte nicht jeder Neubau zu einer Augenweide.

Es gibt aber auch Ausnahmen. In den 1970er-Jahren begehrte eine junge Generation von Tessiner Architekten gegen den Einheitsbrei auf. Der Doyen Alberto Camenzind, Tita Carloni, Rino Tami, Mario Botta, Luigi Snozzi, Flora Ruchat-Roncati, Aurelio Galfetti, Mario Campi und Livio Vacchini realisierten Bauten, die mit ihrer Umgebung in Kontakt traten. Mit der Ausstellung «*Tendenza*» an der ETH Zürich rückten sie 1978 auch in der Deutschschweiz in den Fokus. Der Publizist Dieter Bachmann prägte den Begriff «Architektur des Aufbegehrens», weil es sich um einen Protest gegen den mediokren Einheitsbrei der 1970er-Jahre handelte. Diese Architekten traten damit in die Fussstapfen ihrer Vorfahren. Denn das Tessin verfügt über eine grossartige Tradition an Baumeistern und Architekten, die in ganz Europa ihre Spuren hinterlassen haben. Einer der berühmtesten ist sicherlich das Barock-Genie Francesco Borromini, dessen melancholisches Konterfei ab 1976 die 100-Franken-Note zierte. Seine Werke faszinieren Rom-Besucher heute noch. Er hat die ewige Stadt ebenso geprägt wie Domenico Fontana, der unter anderem den Obelisken auf dem Petersplatz aufrichtete, und Carlo Maderno, der der Fassade des Petersdoms seine heutige Gestalt verlieh. Eine weitere herausragende Persönlichkeit ist Domenico Trezzini, der ab 1703 für Zar Peter den Grossen an der Newa-Mündung aus dem Nichts eine neue Hauptstadt erbaute – St. Petersburg. Aktenkundig sind Tausende solcher Baumeister, fast ausschliesslich aus dem Sottoceneri, die durch Emigration der Armut in ihren Dörfern entflohen und durch ihr handwerkliches Geschick europäische Kunstgeschichte schrieben.

Auf der Suche nach einer eigenen Identität, begannen sich in den 1960er- und 1970er-Jahren verschiedene Tessiner Intellektuelle für dieses historische Erbe zu interessieren. Sie förderte Namen wie Castelli, Radice, Paleari, Torriani, Pocobelli, Bianchi, Clerici, Catenazzi, Giorgioli, Neuroni und andere mehr ans Tageslicht, die, um nur in der Schweiz zu bleiben, in Altdorf, Luzern, Wettingen, Baden, Schaffhausen, St. Gallen und Einsiedeln den Schweizer Barock prägten. Auch in ihren Heimatdörfern hinterliessen diese Künstler Spuren, oft bescheiden versteckt. Damit man diese Trouvaillen findet, muss man sie suchen. Wer dies tut, wird mit aussergewöhnlichen Werken belohnt – zum Beispiel in Negrentino im Blenio-Tal oder in Ponte Capriasca im Hinterland von Lugano, wo sich die schönste Kopie respektive Interpretation des Abendmahls von Leonardo da Vinci befindet.

Bei der ETT begannen wir zu realisieren, dass das Erbe dieser *Magistri Comacini* genannten Baumeister unsere wahre Unique-Selling-Proposition ist. 1984 lancierten wir die Kampagne «*Terra d'artisti*», mit der wir radikal mit dem traditionellen, patriarchistischen Tessin-Bild bestehend aus *Zoccoli*, Maiskolben und *Boccalino* brachen. Herzstück bildete ein Plakat des Graphikers Orio Galli, auf dem ein spätgotisches Fresko der Kirche Santo Stefano in Miglieglia mit der *Casa Rotonda* in Stabio des Architekten Mario Botta verschmilzt. Es vereint Vergangenheit und Moderne, Architektur und Kultur. Den Slogan «*Terra d'artisti*» haben wir nicht einfach 1:1 übersetzt, sondern filigran auf Deutsch («Eine Wiege der Kunst»), Französisch («*Les arts au fil des siècles*») und Englisch («*The Artist's Palette*») adaptiert.

Das Plakat «Terra d'artisti» wurde vom Künstler und Grafiker Orio Galli geschaffen. Es vermischt die spätgotischen Fresken der Kirche Santo Stefano in Miglieglia mit der Casa Rotonda von Mario Botta in Stabio.

Für mich ist dieses Plakat bis heute dasjenige Sujet, welches das Tessin am treffendsten symbolisiert. Ein Geniestreich von Orio Galli, der weit mehr war als bloss ein Grafiker – nämlich ein Künstler. Er hat sowohl bei der ETT als später auch für das Filmfestival jahrzehntelang Plakate, Poster oder Broschüren gestaltet, die nicht nur Werbemittel, sondern eigentliche Kunstwerke waren. Es erstaunt daher nicht, dass ihm das M.A.X. Museum in Chiasso 2023 eine Ausstellung mit einem

Affresco del XVI secolo
Chiesa di S. Stefano a Miglieglia
Casa Rotonda a Stabio, 1981
Arch. Mario Botta
Svizzera italiana
Suisse méridionale
Südschweiz
Southern Switzerland
TICINO: TERRA D'ARTISTI

eindrücklichen Katalog widmete. Selbstverständlich wurde dabei auch *«Ticino – Terra d'artisti»* thematisiert.

Der Slogan bezog sich bei seiner Lancierung aber nicht nur auf die Vergangenheit, sondern auch auf die Gegenwart. Denn die Bauten von Botta und Co. wurden zu eigentlichen Touristenmagneten. Botta beispielsweise gelang mit dem Bau der Kirche Santa Maria degli Angeli auf dem Monte Tamaro ein Geniestreich, mit dem «das Panorama der Tessiner Schneegipfel noch an Vollkommenheit gewann», wie das deutsche Nachrichtenmagazin *Der Spiegel* schwärmte. Luigi Snozzi wiederum vereinigte in Monte Carasso bei Bellinzona Alt und Neu auf progressive Art, indem er ein heruntergekommenes Augustinerkloster aus dem 15. Jahrhundert restaurierte, die Dorfschule hineinsetzte und das Ganze mit einer Piazza ergänzte, die zum Zentrum des Dorflebens avancieren sollte. Und Aurelio Galfetti schaffte es, die Burgen von Bellinzona derart brillant zu restaurieren, dass die UNESCO diese von den Mailänder Herzögen errichtete Befestigungsanlage, die den Expansionsgelüsten der Eidgenossen einen Riegel schieben sollte, zum Weltkulturerbe erklärte.

Gleichzeitig erlebte Lugano dank Baron Hans Heinrich von Thyssen, der sich im Tessin niedergelassen hatte und seit 1950 Schweizer Staatsbürger war, einen enormen kulturellen Aufschwung. Er besass damals eine der grössten Kunstsammlungen der Welt und organisierte in der Villa Favorita spektakuläre Ausstellungen. So gelang ihm etwa das Kunststück, die Behörden der UdSSR zu einem Kulturaustausch zu bewegen: 1983 wurden in Moskau, Leningrad und Kiew 40 alte Meister aus der Thyssen-Sammlung gezeigt, während die gleiche Zahl an Impressionisten und Expressionisten aus russischem Besitz für lange Warteschlangen am Eingang der Villa Favorita sorgten.

Für Furore sorgte in Berlin, München, Wien und Zürich auch die Ausstellung «Brüste der Wahrheit», mit welcher der Berner Kurator Harald Szeemann ab 1978 den Monte Verità, den «Berg der Wahrheit» oberhalb von Ascona, ins kollektive Gedächtnis zurückbrachte und der aufkommenden grünen Bewegung eine historische Grundlage verlieh. Weitere Künstler wie der Clown Dimitri, der sich in Verscio ein Universum bestehend aus Theater und Schule aufbaute, oder Schriftsteller wie Max Frisch und Patricia Highsmith, die im Tessin Inspiration fanden, vervollständigen das Panorama der *Terra d'artisti*. Vor ihnen hatten bereits Künstler wie Jean Arp, Paul Klee, Ben Nicholson, Willy Guggenheim (alias Varlin), Marianne von Werefkin, Hans Purrmann, Hermann Hesse und viele andere mehr im Tessin Zuflucht gefunden.

Oben: Die Fassade des Petersdoms wurde von Carlo Maderno gestaltet.

Unten: Der Architekt Francesco Borromini (rechts) prägte das barocke Rom, unter anderem mit der Kirche Sant'Ivo.

IN HONOREM PRINCIPIS APOST PAVLVS V BVRGHESIVS ROMANVS PONT MAX AN MDCXII PONT VII

EQUES FRANCISCUS BORROMINIUS COMENSIS
HUIUS ECCLESIÆ ET CONUENTUS S.CAROLI AD QUATUOR
FONTES PRÆCLARISSIMUS ARCHITECTUS ATQUE
INSIGNIS BENEFACTOR OBYT ROMÆ 1667.

Es sind vor allem die Vertreter der mitteleuropäischen Kultur, die sich vom Tessin am meisten faszinieren liessen. Für sie beginnt hier der mythische Süden, Synonym für Freiheit und Fluchtmöglichkeit aus der starren Gesellschaft proustianischer Prägung.

Die Landschaft, das Klima, aber bestimmt auch die ästhetisch schöne, weil scheinbar so reine Armut, haben die Künstler angezogen. Sie haben dieses Paradies auf Erden gemalt, beschrieben und besungen. Schönheit kann aber nicht jungfräulich bleiben, und auf die Künstler folgten ... Touristen. Und noch mehr Touristen! Hesse beklagte sich kurz vor seinem Tod 1962, dass das «Märchentessin unserer guten Zeiten» verschwunden war: «Mit der Neuzeit und dem Aufschwung ist natürlich auch die Korruption gekommen, die Bauern um Montagnola haben ihr Land bis zu 35 und 40 Franken pro Meter hinauf taxiert, Spekulanten kaufen es und parzellieren und bauen ganze Siedlungen.» Hochkonjunktur herrschte nicht nur in der Bau- und Immobilienbranche, sondern auch im Tourismus. Nochmals Hesse: «Vor einigen Jahren war im Tessin noch Mittelalter, war hier noch Paradies. Jetzt ist das Tessin erobert von Berlin und Frankfurt, von Cook und Baedeker.»

Hesses Einschätzung ist zwar pointiert, aber im Grunde genommen nicht falsch. Das Tessin wurde im 19. Jahrhundert politisch erwachsen, nachdem es durch Napoleons Gnaden 1803 vom Untertanengebiet zum eigenständigen Kanton wurde. Die *Repubblica e Cantone Ticino* stand vor schier unlösbaren Herausforderungen. Die Liste der von der Kolonialpolitik der Landvögte hinterlassenen Altlasten war ellenlang. Die Strassen befanden sich in einem de facto unbefahrbaren Zustand, und das Unterrichtswesen durch die Dorfpfarrer war der Bezeichnung «Schule» nicht würdig. Der Analphabetismus war ebenso endemisch wie die Armut. Ebenso fehlte unter den verschiedenen Regionen ein Zusammengehörigkeitsgefühlt. Die Emigration, zuerst nur für jeweils einige Monate im Jahr in andere Länder Europas, dann aber nach Übersee, entzog den Familien, vor allem aber den Bergtälern, die notwendigen Arbeitskräfte. Erst der Bau der Gotthardbahn, den die Tessiner Politiker energisch forderten (der aber, daran sei *en passant* erinnert, von der katholischen Kirche angefeindet wurde, weil sie befürchtete, dass damit der Kulturkampf nach Italien exportiert würde), brachte eine Besserung. Mit der Eisenbahnrevolution begann aber auch die Verkitschung der Südschweiz. Für den Touristen aus dem Norden begann südlich des Gotthards das Land, wo die Zitronen und Kamelien blühen, wo ein immer fröhliches Volk die Fremden anlacht. Insbesondere die PR-Leute der Gotthardbahn haben die lombardische Kultur der Tessiner «*ad usum turistae*» manipuliert. Der Tessiner Historiker Virgilio Gilardoni war in seinem Urteil kategorisch: «Die religiöse und die ländliche cisalpine Folklore wurden von der Massenfolklore verdrängt.» Unsäglich lebensfrohe Winzer und fröhliche *Boccalino*- und *Zoccoli*-Fabrikanten repräsentierten das «gesunde, frische und lustige Naturvölkchen», wie es um 1900 in einem Lied von Rudolf Fastenrath besungen wird.

Der Wunsch, im Tessin eine Art Paradies auf Erden vorzufinden, führte zu einer Fremdenverkehrswerbung mit vielen falschen Klischees. So wurde auf den ersten Plakaten immer wieder der San Salvatore mit einer Rauchfahne gezeichnet, als ob es der Vesuv wäre; an den Ufern des Lago Maggiore wurden weitläufige Orangenhaine angesiedelt und die Tessinerin als verklärte Madonna und Hirtin dargestellt. Der Mythos des fröhlichen Volkes, der auf Plakaten von Hugo D'Alesi, Hans Schöllhorn oder Karl Hindenlang zelebriert wurde, prägte auch die 1930er- und 1940er-Jahre: In der Zeit der äusseren Bedrohung freute sich der Schweizer über sein politisch sauberes südliches Arkadien, während der Tessiner das irredentistische faschistische Italien ablehnte.

In der ersten Hälfte des 20. Jahrhunderts gab sich das Tessin dem nordischen Gast so, wie er es von ihm verlangte. Schliesslich war man auf die Einnahmen des Fremdenverkehrs angewiesen. Der Graphiker Daniele Buzzi prägte mit unverhohlener Genialität in seinen polychromen Darstellungen des Tessins das Bild des heilen, fröhlichen, sogar etwas selbstzufriedenen Südländers. Der Mitteleuropäer wollte Palmen und Kamelien, Winzerfeste und Pseudogrotti. Man kreierte sie. Deutschweizer Komponisten komponierten lustige Tessiner Lieder. Der Wunsch war Realität geworden.

Gegen Ende der 1960er-Jahre begann das Fröhlichvolk zu rebellieren. Nicht nur seine Intelligenzia bemerkte, dass der Tourismus auch eine soziokulturelle Bedrohung darstellen konnte. Als einer der ersten Kantone verabschiedete das Tessin ein Gesetz, das der ETT die Aufgabe zuwies, eine neue Strategie für die Entwicklung des Tourismus auszuarbeiten. Die masslose Wachstumseuphorie sollte einer Politik weichen, die darauf bedacht war, die Qualität des Angebots zu heben. Es ging dabei nicht einfach darum, einen elitären Tourismus zu fördern: Ein qualitativ hochstehendes Angebot sollte Leitmotiv für alle am Fremdenverkehr Beteiligten werden, für das Fünfsternhotel wie für die Familienpension, für den Campingplatz, für das öffentliche Lokal wie auch für das Transportunternehmen. Der aus Chiasso stammende Sprachwissenschaftler Ottavio Lurati, der an der Universität Basel lehrte, sprach in diesen Zusammenhang von der «Notwendigkeit der interkulturellen Erziehung des Tourismus».

Eine solche strategische Neuausrichtung verlangte auch eine neue Form der Werbung. Deshalb beschlossen wir die Abkehr von den verkitschten Stereotypen. «Es ist unsere Aufgabe, täglich dafür zu kämpfen, das verkehrte Bild des stets fröhlichen und wenig ernsthaften Tessins, das in den Köpfen vieler Deutschschweizer immer noch fest verankert ist, zu ändern», betonte ETT-Präsident Flavio Cotti 1984 an der Generalversammlung. Zum einen verwiesen wir daher in der touristischen Werbung auf die Architekten, die Baumeister, die Bildhauer, die Maler, die Orgelbauer, die Stuckateure, die Steinmetze, die Altarbauer, die aus dem Tessin eine der kunstgeschichtlich reichsten Gegenden der Schweiz gemacht haben. Zum anderen förderten wir diejenigen kulturellen Events, die wichtige Berührungspunkte zwischen der einheimischen Bevölkerung und einem aufgeschlossenen, feinfühligen Tourismus darstellen, wie zum Beispiel das Filmfestival in Locarno, die Musikfestwochen von Ascona und Locarno, die Orgelwochen in Magadino, das Jazz-Festival von Ascona sowie die renommierten Kunstausstellungen.

Solche Events waren mittlerweile für das Publikum auf der Alpennordseite gut erreichbar. Denn dank dem Gotthard-Strassentunnel, dem etappenweise erfolgten Ausbau der Autobahn A2, dem Taktfahrplan der SBB und der Crossair mit ihren vierzig täglichen Verbindungen von und nach Lugano-Agno hatte sich das Tessin von seiner peripheren Lage befreit.

«Nun hängt es von den Tessinern selbst ab, ob sie in ihrer Einstellung eher zum Florida oder zum Kalifornien der Schweiz avancieren wollen», betonte ich 1986 in einem Vortrag vor Journalisten. «Florida gäbe es dann, wenn wir passiv äussere Einflüsse über uns ergehen lassen würden, wenn wir neben viel, vielleicht allzu viel, Substanz auch noch unsere Seele aufgeben würden. Kalifornien, wenn wir unsere Kreativität in allen Bereichen voll ausschöpfen, wenn wir es verstehen, mediterrane Anpassungsfähigkeit und Einfallsreichtum mit mitteleuropäischer Ausdauer und Methodik zu paaren. Im Bereich der Architektur, der Kunst und des Films erlebt das Tessin derzeit glückliche Momente. Für die Schweiz ist es bereichernd, dass sich die *Italianità* endlich vermehrt manifestiert. Nur ein künstlerisch anerkanntes Tes-

sin kann die historische Rolle der *Italianità*, aber auch der «Latinität» in der Schweiz (wieder) aufwerten. (...) Das Verhältnis zum Tourismus ist heute weniger belastet, denn der Tessiner ist selbstbewusster geworden, auch wenn es manchmal bei Abstimmungen noch zu unerwarteten Reaktionen kommt, die eine ablehnende Haltung verraten. Die Voraussetzungen für eine weitere harmonische Entwicklung des Tourismus im Tessin sind gegeben. Qualität vor Quantität, Pflege der zwischenmenschlichen Beziehungen sowie die Verteidigung der sprachlichen und kulturellen *Italianità* – das ist der Weg, den wir in den nächsten Jahren konsequent einschlagen müssen. Viel Anteilnahme, Sympathie und Verständnis von ausserhalb unseres Kantons beweisen uns, dass wir uns auf dem richtigen Weg befinden.»

Wie erwähnt: Diese Einschätzung stammt aus dem Jahre 1986. Heute, mit fast vierzig Jahren Distanz, können wir festhalten, dass das Tessin seinen Minderwertigkeits- respektive Calimero-Komplex definitiv abgelegt hat. Es verfügt jetzt, wo die NEAT mit dem Gotthard- und Ceneri-Basistunnel in Betrieb ist, über ein ganz anderes Selbstbewusstsein

Verheissungsvoller Süden: Werbeplakate der Gotthardbahn.

und Selbstverständnis als bei der Eröffnung des Gotthardtunnels im 19. Jahrhundert. Das Tessin ist nicht mehr nur die exotische Sonnenstube, sondern eine zwischen den Metropolen Zürich und Mailand gelegene, dynamische Region. Stillstand darf es sich jedoch nicht erlauben. Vom Tessin muss eine permanente kulturelle, faustische Unruhe ausgehen. Die Voraussetzungen dafür sind gegeben: Denn das Dreieck im Süden der Schweiz, diese «*Terra d'artisti*», ist ein Ort von unermesslicher schöpferischer Kraft. Damals wie heute.

EIN FREIHEITSKÄMPFER WIRD GEFEIERT

Am 26. März 1929 überquerte ein gewisser Luigi Roncaglia mit einem gefälschten Schweizer Pass die Grenze in Chiasso, um in einer Untergrundorganisation das faschistische Regime zu bekämpfen. 52 Jahre später unternahm er als italienisches Staatsoberhaupt dieselbe Reise. Dazwischen lagen endlose Jahre, die er im Gefängnis, in einem Sanatorium für Strafgefangene sowie in der Verbannung auf abgeschotteten Inseln verbracht hatte. Nachdem er freigekommen war, trat er 1943 in die Exekutive der verbotenen sozialistischen Partei ein, wurde von der SS aufgegriffen und zum Tode verurteilt. Doch gelang es der *Resistenza*, der Widerstandsbewegung, ihn in einer Nacht-und-Nebel-Aktion zu befreien. Er schloss sich den Partisanen an und kämpfte so lange gegen die Besatzer, bis Italien befreit war. Nach dem Krieg machte er als sozialistischer Abgeordneter eine beispiellose Karriere im Senat. 1978 wurde Sandro Pertini mit 81 Jahren zum Präsidenten der Republik gewählt, dem höchsten Staatsamt in Italien.

Dass er der wohl populärste und meistverehrte italienische Politiker der Nachkriegszeit war, zeigte sich im Mai 1981, als er als erster italienischer Staatspräsident der Schweiz einen offiziellen Besuch abstattete. Der ETT war in dieses Projekt involviert, weil uns damals im Tessin die Organisation von Staatsbesuchen oblag. Wir hatten uns beim Staatskanzler Achille Crivelli aktiv um diese Aufgabe bemüht. Denn sie passte aus zwei Gründen in unsere Strategie: Zum einen wurden Staatspräsidenten stets von einem Tross hochkarätiger Journalisten begleitet, was aus touristischer Sicht interessant war. Zum anderen wollten wir das Tessin politisch aufwerten. Wenn nicht der sprichwörtliche Sechser im Lotto, so war der viertägige Pertini-Besuch in der Schweiz für uns zumindest das Highlight des Jahres.

Mir war es ein wichtiges Anliegen, Pertini den Kontakt mit seinen Landsleuten zu ermöglichen, die in der Leventina die Autobahn bauten. Diese Idee stiess in Bern auf – euphemistisch ausgedrückt – wenig Gegenliebe. Mit Hilfe der italienischen Beamten des *Cerimoniale* sorgten wir dennoch dafür, dass der präsidiale Extrazug, ein mythischer *Trans European Express*, von den Sulzer-Werken in Winterthur kommend in Faido einen Zwischenhalt einlegte. Es wurde ein unvergesslicher Moment. Hunderte von italienischen Bauarbeitern empfingen ihren *Presidente* wie einen Helden. Nach der offiziellen Ansprache setzte sich Pertini einen weissen Mineurhelm auf, stieg vom Podest und mischte sich spontan unter die Bauarbeiter, «die ihn jubelnd umringten, bis man ihn nicht mehr sah», wie die *Neue Zürcher Zeitung* staunte. «Es war nur noch ein Wogen von farbigen Helmen, ein Händeschütteln, Reden, Lachen. Und mancher bekam vor Rührung glänzende Augen, als der Chor schliesslich das Partisanenlied *Bella Ciao* anstimmte. Pertini sang mit.» Dass der Fahrplan über den Haufen geworfen und die Verantwortlichen der SBB arg ins Schwitzen kamen, konnten wir nicht verhindern.

Mit enormer Verspätung fuhr der Sonderzug dann weiter nach Lugano, wo wir keine offizielle Begrüssung, sondern die direkte Weiterfahrt ins Hotel Olivella in Vico Morcote vorgesehen hatten. Aber wir hatten die Rechnung ohne Pertinis Popularität gemacht. Eine riesige Menschenmenge hatte sich im Bahnhof eingefunden, um ihn zu begrüssen. Pertini pfiff auf die Sicherheitsmassnahmen und genoss das Bad in der Menge. Er war sichtlich gerührt ob den unerwarteten Sympathiekundgebungen, und wahrscheinlich hatte er auch einen Flashback ins Jahr 1929, als er sich mit einem gefälschten Schweizer Pass in den Zug Richtung Italien setzte und sich auf seine gefährliche Mission begab.

Tags darauf kreuzten sich unsere Wege beim Frühstück im Hotel Olivella. «Wer bist du?», wollte er wissen. «Ich habe Ihren Staatsbesuch im Tessin organisiert, Herr Präsident». «Setz dich doch», erwiderte er. Er frühstückte genau wie mein Grossvater Mario, indem er das Brot in den Kaffee tunkte. Ich nahm meinen Mut zusammen und sprach ihn auf seine Zeit im Gefängnis an. Er wurde augenblicklich sehr ernst: «Es war schlimm, obwohl ich nicht geschlagen oder gefoltert wurde. Die Ungewissheit über die Zukunft war zermürbend. Das einzig Positive war die grosse Solidarität unter den Mitgefangenen. Mir war bewusst, dass ich für viele andere politische Häftlinge ein Vorbild war. Ich durfte mich daher nicht gehen lassen und ihnen meine Verzweiflung unter keinen Umständen zeigen», sagte er, verbunden mit der Aufforderung: «*Ricordati sempre,*» – erinnere dich immer – «auch in den düstersten Momenten des Lebens muss man seine Würde wahren.» Deshalb habe er sich im Gefängnis jeden Tag rasiert. Für mich waren diese Ausführungen

Oben: Hoher Besuch: Bundesrat Pierre Aubert (links), die italienische sozialistische Politikerin Giuliana Nenni sowie das Hotelier-Ehepaar Manfred und Christina Hörger empfangen Italiens Staatspräsident Sandro Pertini (rechts).

Unten: Marco Solari gibt der Polizeieskorte letzte Anweisungen.

POLIZIA

eine Lektion fürs Leben. Sie wurden jäh unterbrochen, als ein Kellner mit einem Transistor-Radio auftauchte. In den Nachrichten wurde verkündet, dass in Italien das Komplott einer unheimlichen Vereinigung, die P2-Geheimloge des Licio Gelli, aufgeflogen war. Pertini, der sich gegenüber Terroristen und der Mafia ebenso unerbittlich zeigte wie einst gegenüber den Faschisten, wollte so rasch wie möglich zurück in seine Heimat. Im Handumdrehen mussten wir das protokollarische Programm auf den Kopf stellen. Den Besuch des *Ospedale Italiano* in Lugano (das Spital war 1902 von italienischen Ärzten zugunsten der schon damals zahlreichen italienischen Emigranten in der Schweiz gegründet worden) liess sich Pertini nicht entgehen. Doch danach brach er umgehend Richtung Mailand-Malpensa auf, von wo ihn das Flugzeug der italienischen *Aeronautica* zurück an seinen Amtssitz in Rom brachte.

Denkwürdig war auch der Besuch eines anderen italienischen Spitzenpolitikers. Im Frühjahr 1985 empfingen wir Francesco Cossiga, der wenige Monate später als Nachfolger von Pertini zum Präsidenten der Republik gewählt wurde. Er kam als Innenminister in die Schweiz, um sich mit Bundesrat Kurt Furgler über Massnahmen gegen den Terrorismus abzusprechen. Vor den offiziellen Gesprächen im Kloster Bigorio hatte ich die erste Begegnung der beiden Minister in Capolago organisiert, einem Dorf am Luganersee, wo die dort ansässige Druckerei *Tipografia Elvetica* einst eine Staatskrise beschworen hatte. Nachdem das Tessin 1803 dank Napoleon zu einem eigenständigen Kanton avanciert war, erlebten die Druckereien einen Boom. Die Lombardei wurde von Österreich unterjocht, und viele Freiheitskämpfer des *Risorgimento* zogen sich auf Schweizer Boden zurück, um von hier aus den Widerstand zu organisieren. In den vielen kleineren und grösseren Betrieben druckten Intellektuelle und Vordenker wie Giuseppe Mazzini und der Republikaner und Schweiz-Freund Carlo Cattaneo, aber auch Massimo D'Azeglio, Vincenzo Gioberti oder Cesare Balbo Pamphlete und Aufrufe wider die österreichischen Besatzer. Diese verbotenen Schriften wurden über die Grenze geschmuggelt und in Norditalien verbreitet, was Wien natürlich irritierte. Die österreichische Regierung protestierte heftig und schlug sogar einen Gebietstausch vor: Das Mendrisiotto, wo viele dieser Druckereien beheimatet waren (unter anderem eben die *Tipografia Elvetica*), gegen Teile des Vorarlbergs. Es nützte alles nichts. Bern verteidigte die Meinungsfreiheit. Die Tessiner Verlagshäuser druckten weiter und verliehen so der italienischen Freiheitsbewegung weiteren Aufwind. Nach dem Sturz der Bourbonen im Süden, die militärisch von Garibaldi und der piemontesischen Armee besiegt wurden, stand 1860 der Einigung Italiens nicht mehr im Weg.

Capolago, diese Kultstätte des *Risorgimento*, inspirierte Cossiga und Furgler zu zwei hochintellektuellen Reden. Auch menschlich fanden der christdemokratische ehemalige Verfassungsdozent aus Sassari und der St. Galler Rechtsanwalt und CVP-Bundesrat rasch und spontan einen guten Draht zueinander. Nach den Gesprächen im Kloster Bigorio stand am Sonntag der Besuch der Messe in der Wallfahrtskirche Madonna del Sasso in Locarno auf dem Programm. Als Cossiga dort eintraf, begrüssten ihn einige Gastarbeiter, die stundenlang auf ihn gewartet hatten. Sie liessen ihn hochleben. Er aber ging, ohne die Miene zu verziehen, an ihnen vorbei. Mich traf diese Geste tief. Welch ein Kontrast zwischen dem aristokratischen Sarden Francesco Cossiga und dem volkstümlichen ehemaligen Partisanen Sandro Pertini.

Erinnerungswürdig ist auch der Besuch eines anderen Staatsgastes, den Kurt Furgler im Tessin empfing: Hans Jochen Vogel, der sozialdemokratische Justizminister der Bundesrepublik Deutschland. Ich organisierte ein Abendessen im Ristorante Giardino in Brissago, wo Angelo Conti Rossini, der erste Koch im Tessin, der mit zwei Michelin-Sternen ausgezeichnet wurde, die Gäste bewirtete. Wir speisten im kleinen Kreis. Vor dem Dessert erhob sich Kurt Furgler und zitierte den berühmten Satz des sozialdemokratischen Abgeordneten Otto Wels: «Freiheit und Leben kann man uns nehmen, die Ehre nicht!» Der Satz war Bestandteil der letzten freien Rede im deutschen Reichstag, gehalten am 23. März 1933, als auf den Strassen die SS- und SA-Schergen grölten und Abgeordnete verprügelten oder gar verhafteten. Hans Jochen Vogel nahm die Vorlage von Furgler auf und zitierte frei aus derselben Rede den ebenso wichtigen Satz: «Das Rechtsbewusstsein des Volkes ist eine politische Macht, und wir werden nicht aufhören, an dieses Rechtsbewusstsein zu appellieren.» Alles spontan und aus dem Stegreif. Grossartig!

Während den Reden hatte sich Angelo Conti Rossini zur Runde gesellt, in seiner weissen Schürze und mit Kochhut, und applaudierte. Furgler zog ihn ins Gespräch mit ein und erzählte von Angelos kommunistischer Vergangenheit und wie er nach dem Ungarn-Aufstand aus Protest aus der Partei ausgetreten war. Vogel war fasziniert von der Vita des legendären Küchenchefs ... und plötzlich war wie an einem gewöhnlichen Stammtisch ein äusserst angeregtes Gespräch im Gang. Zwei Minister und ein Koch!

Bundesrat Kurt Furgler empfängt den italienischen Innenminister Francesco Cossiga in Capolago, ehe sie gemeinsam zusammen mit Fra Roberto das Kloster Bigorio besichtigen.

Staatsbesuche lösen ein hohes Medieninteresse aus, wie die Fragerunde mit Francesco Cossiga und Kurt Furgler bei der Kirche Madonna del Sasso in Locarno verdeutlicht.

Der starke Charakter von Angelo offenbarte sich auch, als eine berühmte Grossfirma aus Deutschland mit seinen Generaldirektoren und Kaderleuten einen Betriebsausflug ins Tessin unternahm. Vorgesehen war unter anderem ein Mittagessen im Ristorante Giardino in Brissago, bei dem ich als Direktor der ETT eine Grussbotschaft überbringen sollte. Was die Gästezahl betraf, war Angelo Conti Rossini sehr strikt: Nie durften mehr als 34 Personen bei ihm Platz nehmen. Die illustre Delegation aus Deutschland traf pünktlich ein. Aber die Gruppe umfasste 37 Personen. Angelo erklärte dem Generalsekretär des Unternehmens, der die Reise geplant hatte, dass er ihm klipp und klar gesagt habe, dass er für 34 Personen koche – nicht eine mehr! Der deutsche Delegationsleiter antwortete ziemlich arrogant: «Was sind Sie denn für ein miserabler Koch, wenn Sie nicht in der Lage sind, drei zusätzliche Gäste zu bewirten?»

Das war ein Wort zu viel. Ich ahnte, was nun kommen würde. Fahl im Gesicht, zog Angelo seine Schürze aus, öffnete die Tür und, obwohl in der Küche alles bereits vorbereitet war, wies er die gesamte Gesellschaft aus dem Haus. Kein Bitten, kein Flehen konnten ihn umstimmen. 37 Direktoren und Generaldirektoren einer deutschen Weltfirma suchten an jenem Mittag in Brissago Pizzerien und Paninistände auf.

DIE LUFTBRÜCKE

War das Tessin lange Zeit in erster Linie eine Feriendestination für (Familien-)Urlaub, so begann es in den 1970er-Jahren, zunehmend auch den Geschäftstourismus zu fördern. Die Eröffnung des *Palazzo dei Congressi* in Lugano im Jahre 1975 stellte bei dieser Entwicklung einen Meilenstein dar. Endlich verfügte man über eine Infrastruktur, in der man auch Grossanlässe durchführen konnte. Eine der Aufgaben der ETT bestand darin, Luganos Kongressorganisation unter Direktor Giuseppe Fumagalli und den von Eugenio Foglia geführten Verkehrsverein zu unterstützen, um Lugano bei Firmen und Organisationen als Destination für Tagungen und Kongresse bekannt zu machen. 1979 gelang uns ein Coup, als wir es schafften, den Kader-Workshop der Swissair nach Lugano zu holen. Einmal im Jahr trafen sich die über hundert Standortleiter der Swissair, die in aller Herren Länder verstreut waren, zu einem Teamevent. An ihrem jeweiligen Standort im Ausland genossen diese oft einen Stellenwert, der nur noch vom Schweizer Botschafter übertroffen wurde. Sie waren die Garanten für den Erfolg und das Prestige, das die Flotte mit dem Schweizerkreuz am Heck damals genoss. Entsprechend stolz waren wir bei der ETT, dass es uns gelungen war, diesen Anlass mit hochkarätiger Besetzung nach Lugano zu holen.

Hocherfreut überbrachte ich diese Nachricht dem Tessiner Volkswirtschaftsdirektor und erklärte ihm, er müsse an diesem Tag unbedingt eine Rede halten. «Unmöglich, mein lieber Marco», erwiderte er mir, nachdem er seine Agenda konsultiert hatte. «Zu diesem Zeitpunkt unternimmt der Regierungsrat eine dreitägige gastronomische Tour ins Elsass.» Ich: «Das geht doch nicht. Jemand muss die Swissair-Leute begrüssen.» «Ja, du!» «Aber als Direktor der ETT kann ich doch nicht für den Staatsrat sprechen.» «Du darfst im Namen der Regierung sagen, wonach dir der Sinn steht.»

Für mich war klar, dass ich vor den Swissair-Kaderleuten nicht einfach den Grüss-August spielen konnte. Also bereitete ich eine längere

Rede vor. Ich verwies zunächst auf die grosse Tradition des Tessins in der Aviatik, erzählte von Pionieren wie Plinio Romaneschi, Italo Marazza, Attilio Maffei, Pierino Primavesi und Enrico Cobbioni, der um 1910 neben Flugdauer-, Distanz- und Geschwindigkeitsrekorden auch das erste Mal den Lago Maggiore längs überflogen hatte. Auch der Hinweis, dass Locarno-Magadino während des Zweiten Weltkrieges der Stützpunkt der Swissair und damit des schweizerischen Luftverkehrs gewesen war, durfte natürlich nicht fehlen. Solange es die Kriegswirren zuliessen, flogen Swissair-Flugzeuge von Magadino nach Rom und Barcelona. Zudem baute die Flugwaffe auch im Tessin Stützpunkte, etwa in Lodrino und Quinto. Mit der Geschichte der Flugplätze verbunden ist ein schweres Unglück, bei dem sieben Militärpiloten das Leben verloren. Es ereignete sich an dem Tag, an dem auf dem Flugfeld in Lugano-Agno eine Fliegerdemonstration stattfinden sollte. Am 27. August 1938 startete in Dübendorf eine vom Locarneser Hauptmann Decio Bacilieri kommandierte Staffel von fünf Fokker CV-E, um an den Flugvorführungen in Lugano teilzunehmen. Als sie in der Gegend des Druesbergs in Nebel gerieten, beschloss Bacilieri umzukehren, prallte aber mit seiner Maschine gegen den Berg. Drei weitere Flugzeuge, die ihm gefolgt waren, verunglückten in gleicher Weise. Nur das fünfte, von Leutnant Werner Guldimann gesteuerte, erreichte das Tessin.

Eben dieser Guldimann war als Direktor des Bundesamtes für Zivilluftfahrt (BAZL) ebenfalls am Swissair-Anlass im *Palazzo dei Congressi* anwesend; er sass neben Swissair-Präsident Armin Baltensweiler. Ich setzte meine Rede fort, und nun wurde ich ziemlich dreist, indem ich auf die periphere Lage des Tessins verwies. Das Tessin habe sich für den Bau des Gotthard-Strassentunnels stark gemacht, um das ganze Jahr über eine sichere Verbindung in die Deutschschweiz zu erhalten. Bei der SBB wiederum habe man vehement und mit Erfolg auf einen touristisch motivierten Halt des *Trans Europ Express TEE* in Bellinzona sowie mehr Verbindungen, auch zu Randzeiten, gepocht. Was nun noch fehle, sei ein Linienflug. Es sei unhaltbar, ja geradezu skandalös, dass das Tessin derart stiefmütterlich behandelt werde. Meine etwas zu forsche Conclusio: Die Tessiner Regierung fordert mit aller Entschiedenheit eine Verbindung von Zürich, Bern und Genf nach Lugano-Agno!

Kaum hatte ich den letzten Satz gesprochen, dachte ich: «Um Himmels willen, was habe ich da bloss gesagt?!» Im Saal herrschte ein eigenartiges Schweigen, ehe man nach der «Grussbotschaft des ETT-Direktors» zum nächsten Traktandum überging. Als dann der Apéro

angekündigt wurde, kam ein Swissair-Mitarbeiter mit ernster Miene auf mich zu und sagte ganz lapidar: «Die Herren Guldimann und Baltensweiler wünschen Sie zu sprechen.» Jetzt ist es geschehen, dachte ich, das Adjektiv «skandalös» war wohl zu viel des Guten. Mein Pulsschlag beruhigte sich erst wieder, als Guldimann mir mit einem Lächeln im Gesicht sagte: «Junger Mann, Ihre Rede hat mir sehr gut gefallen. Ich habe soeben mit Herrn Baltensweiler gesprochen. Er nimmt sich der Sache an. Wir als eidgenössisches Luftamt werden die Anfrage der Tessiner Regierung positiv beantworten.»

Anschliessend brachten wir die Swissair-Leute mit dem Schiff nach Morcote. Dort hatten wir die Strasse gesperrt und auf der Piazza Grande ein Risotto-Essen mit musikalischer Unterhaltung organisiert. Viele andere Möglichkeiten gab es nicht, denn über Angebote für so grosse Gruppen verfügte das Tessin damals nicht. Auf der Rückfahrt mit dem Schiff nahm mich Baltensweiler zur Seite und sagte: «Solari, Sie haben eine gute Rede gehalten. Kompliment! Aber eines möchte ich noch wissen ... Sie haben die hundert wichtigsten Mitarbeiter meiner Firma eingeladen. Es war ein toller Ausflug. Aber was hätten Sie gemacht, wenn es heute geregnet hätte?» Ich erwiderte ziemlich keck: «Es gibt Momente, Herr Präsident, in denen man einfach keinen Plan B haben kann.» Baltensweiler gefiel diese Antwort: «Ja, manchmal muss man auch auf

Luftaufnahme des Flughafens von Lugano-Agno in den 1960er-Jahren. Es handelte sich um einen VIP- und Sportflugplatz mit dem Luxushotel La Perla.

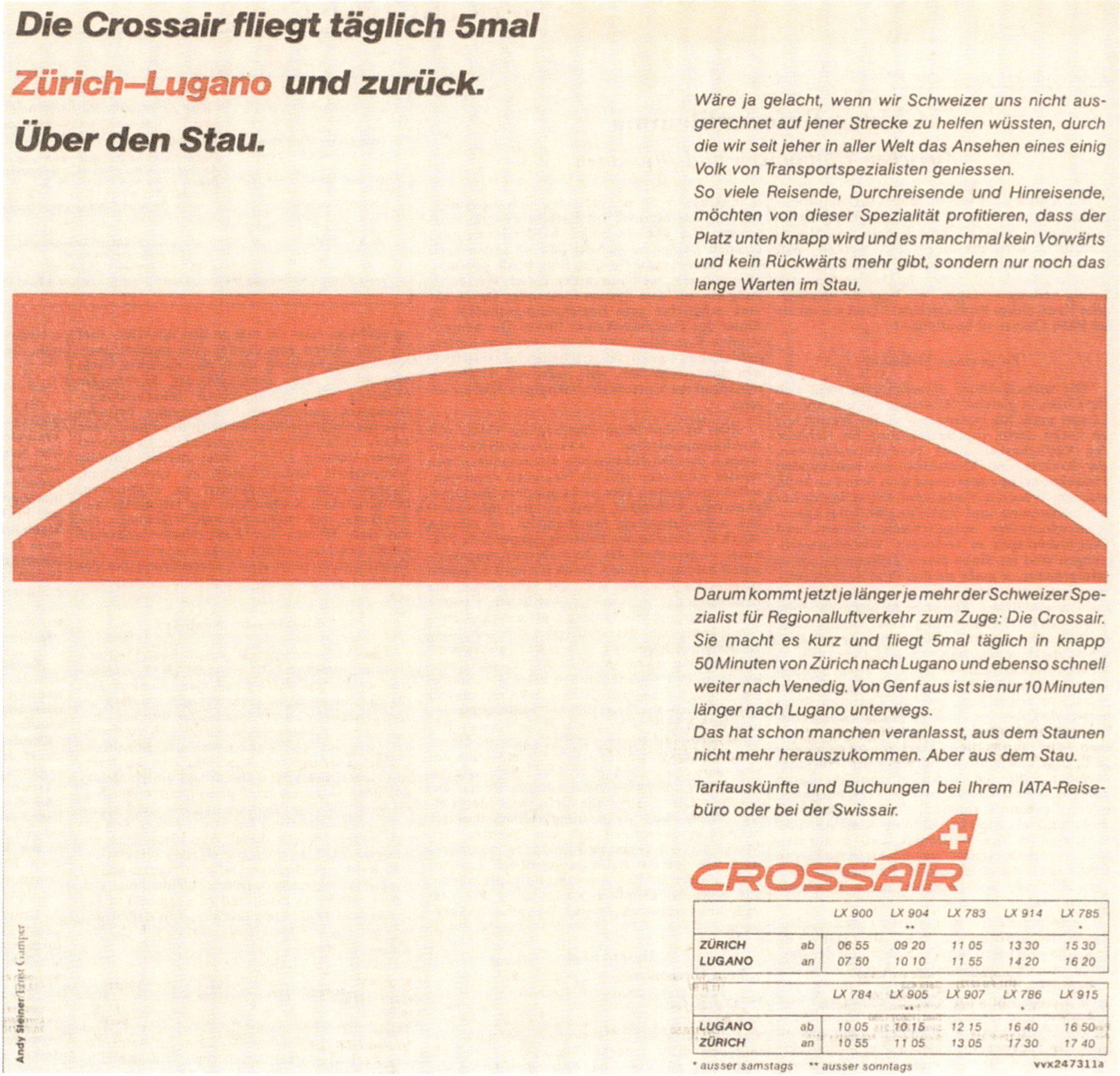

Die Crossair fliegt täglich 5mal Zürich–Lugano und zurück. Über den Stau.

Wäre ja gelacht, wenn wir Schweizer uns nicht ausgerechnet auf jener Strecke zu helfen wüssten, durch die wir seit jeher in aller Welt das Ansehen eines einig Volk von Transportspezialisten geniessen.
So viele Reisende, Durchreisende und Hinreisende, möchten von dieser Spezialität profitieren, dass der Platz unten knapp wird und es manchmal kein Vorwärts und kein Rückwärts mehr gibt, sondern nur noch das lange Warten im Stau.

Darum kommt jetzt je länger je mehr der Schweizer Spezialist für Regionalluftverkehr zum Zuge: Die Crossair. Sie macht es kurz und fliegt 5mal täglich in knapp 50 Minuten von Zürich nach Lugano und ebenso schnell weiter nach Venedig. Von Genf aus ist sie nur 10 Minuten länger nach Lugano unterwegs.
Das hat schon manchen veranlasst, aus dem Staunen nicht mehr herauszukommen. Aber aus dem Stau.

Tarifauskünfte und Buchungen bei Ihrem IATA-Reisebüro oder bei der Swissair.

CROSSAIR

		LX 900	LX 904 **	LX 783	LX 914	LX 785 *
ZÜRICH	ab	06 55	09 20	11 05	13 30	15 30
LUGANO	an	07 50	10 10	11 55	14 20	16 20

		LX 784	LX 905 **	LX 907	LX 786 *	LX 915
LUGANO	ab	10 05	10 15	12 15	16 40	16 50
ZÜRICH	an	10 55	11 05	13 05	17 30	17 40

* ausser samstags ** ausser sonntags vvx247311a

Andy Steiner Ernst Gamper

Die Crossair wirbt in einem Inserat in der *NZZ* für die neue Luftbrücke über die Alpen.

Risiko spielen. Aber das braucht Mut. Wir sehen uns in drei Tagen in Zürich.»

Bei besagtem Treffen in Zürich erzählte er mir von einem jungen, unternehmerischen Piloten, der für die Swissair tätig sei und daneben mit zwei Swearingen-Metroliner-II-Flugzeugen im Linienverkehr nach Innsbruck, Klagenfurt und Nürnberg fliege. Dieser Pilot – gemeint war Crossair-Gründer Moritz Suter – könne «mit Agno etwas ausprobieren». Was ich damals nicht wusste: Der umtriebige Moritz Suter war bereits von sich aus aktiv geworden. Er hatte 1979 bei einem Flug nach Oslo die beiden Luganeser Hoteliers Peter Müller und Pierre Bravin, den Besitzer respektive den Direktor der Hotels Admiral und Europe in Paradiso, an Bord gehabt. Bei einem gemeinsamen Nachtessen kamen sie zur Überzeugung, dass Linienflüge von Lugano nach Genf und Zürich einen Mehrwert bieten würden. Sie unterstützten Suter bei seinem Vorhaben tatkräftig und wurden auch Aktionäre der Crossair. Der Kanton Tessin wiederum erwarb 1981 als erster Kanton Crossair-Aktien.

Damit das Projekt einer Luftbrücke über die Alpen im wahrsten Sinne des Wortes abheben konnte, mussten noch einige Hindernisse aus der Welt geschaffen werden. So benötigte die Crossair eine Konzession für Linienflüge. Doch das BAZL wies das entsprechende Gesuch zurück. Begründung: Erstens habe der Flugplatz Lugano kein elektronisches Schlechtwetteranflugsystem ILS, und zweitens – viel wichtiger – auch gar keinen Flugturm. Was das fehlende ILS betraf, so überzeugte Moritz Suter die Behörden, dass dies vorläufig keine Rolle spielen sollte, weil die Swissair auch nach Innsbruck fliege, wo es kein ILS gebe. Das wurde akzeptiert. Aber der fehlende Turm liess sich nicht wegdiskutieren. Nur hatten weder die Crossair noch der Flugplatz die dafür notwendigen Mittel. Lassen wir Moritz Suter erzählen, wie Lugano-Agno zu seinem Tower kam:

«Die Lösung fand der Flugplatzchef, Giuseppe ‹Cip› Crivelli, der zuvor Gemeindepolizist in Lugano gewesen war und als solcher die Infrastruktur seiner Stadt und deren Bauhof für Strassenunterhalt sehr gut kannte. Dort gab es allerhand Material, etwa Strassenbeleuchtungskandelaber, aber auch Kandelaber für die Trolleybus-Leitungen. Crivelli hatte die Idee, dass wir vier der letzteren Sorte «ausleihen», auf dem Flugplatz im Boden verankern und obendrauf eine Art Schrebergartenhäuschen mit drei mal zwei Metern Fläche bauen könnten. Gesagt, getan. Er organisierte einen Freund mit Lastwagen, wir fuhren zum Bauhof, und Crivelli überzeugte dessen Chef, uns vier der Kandelaber zu schenken. Zurück auf dem Flugplatz rammten wir diese in die Erde, zementierten sie ein, und Crivelli baute mit Freunden das Häuschen obendrauf. Ich spendierte ein Occasion-Flugfunkgerät von Becker für 2800 Franken, das wir einbauten. Et voilà: Lugano hatte einen schön mit «Lugano-Agno» beschrifteten Funkturm. Wir luden den Inspektor des BAZL zu einer Besichtigung ein, und vor Ort meinte er: «Ja, aber wenn es stark windet, dann schwankt der ja!». Wir sagten, das sei doch gut, so könne der Lotse den Piloten einen wettergetreuen Windbericht geben. Letztlich wurde der Turm vom BAZL abgenommen, und dank ihm erhielten wir die Konzession für Lugano.»

Am 3. November 1980, wenige Monate nach der Einweihung des Gotthard-Strassentunnels, eröffnete die Crossair mit einer Metroliner die Linie Zürich-Lugano. Die Maschine des Jungfernfluges war mit der Aufschrift «*Crossair saluta il Ticino*» versehen und wie ein Geschenkpäckli mit einer Schleife bemalt. In Agno organisierten wir eine Medienkonferenz. Ein Deutschschweizer Journalist witterte eine Polemik und stellte die These in den Raum: «Alle Experten behaupten, die Piste in Lugano sei zu kurz.» BAZL-Chef Rolf Küenzi entgegnete mit stoischer Ruhe: «Mein Herr, die Piste ist kurz. Aber nicht zu kurz.» Und mit Blick in die Runde: «Nächste Frage bitte!» Damit war das Thema vom Tisch.

Für die Crossair und für das Tessin begann eine Erfolgsgeschichte, die ihresgleichen sucht. In ihrem ersten Betriebsjahr beförderte sie auf den Linien Lugano-Zürich/Genf in über 3000 Flügen nicht weniger als 26 000 Passagiere. Fünfmal flog sie ab 1982 täglich von Zürich und Genf in rund einer Stunde nach Lugano. «Das hat schon manchen veranlasst, aus dem Staunen nicht mehr herauszukommen. Hinaus aus dem Stau», schrieb die Crossair in ihren Werbeinseraten mit Hinweis auf die Kolonnen, die sich jeweils vor den Portalen des Gotthard-Tunnels und dem noch nicht fertig gebauten Autobahnnetz bildeten.

Um auch noch Bern ins Crossair-Angebot nehmen zu können, mussten wir einige Widerstände brechen. Politisch rannten wir zwar offene Türen ein. «Für mich ist eine gute Einbindung der Randregionen nicht bloss ein Thema für 1.-August-Reden», sagte Bundesrat Leon Schlumpf, womit wir seinen politischen Segen hatten. Weniger Begeisterung zeigte jedoch die SBB, wo ich Präsident der Tessiner Fahrplankommission war. Linienflüge der Crossair empfand man als Konkurrenz. Ich musste daher bei der Generaldirektion antraben, wo man mir die Leviten las. Zum Glück durfte ich auch meinen Standpunkt einbringen. Ich argumentierte, dass Lugano mit dem Kongresszentrum und der Fluganbindung ein neues Geschäftsfeld erschliessen wolle. Die Organisatoren von Kongressen hätten jeweils sehr wenig Zeit und müssten rasch

Die Crossair feiert ihren Jungfernflug am 3. November 1980 ins Tessin mit einem speziellen Design des Metroliners.

von einem Ort an den nächsten weiterreisen. Dasselbe gelte für die Referenten und VIP-Gäste. Die Hunderten von Teilnehmer der Kongresse hingegen würden mit der Bahn anreisen. Somit habe auch die SBB ein Interesse an einer prosperierenden Wirtschaftsregion Lugano. Dies leuchtete offenbar ein. Fakt ist, dass die SBB ihren Widerstand aufgab.

Am 25. März 1983 fand der Eröffnungsflug Bern-Lugano statt. Etliche prominente Gäste, unter anderem Bundesrat Leon Schlumpf und BAZL-Direktor Rolf Künzi, fanden sich morgens um 10 Uhr bei gutem Wetter in Belp ein. In Lugano war das Wetter jedoch miserabel. Zwar verfügte der Flugplatz in Agno mittlerweile über ein ILS. Aber obwohl fertig installiert und sogar zertifiziert, war es noch nicht offiziell in Betrieb, weil die italienische Zivilluftfahrtbehörde *Civilavia* ihr Okay für die Benützung des kleinen Zipfels des italienischen Luftraums noch nicht gegeben hatte. In Bern warteten Ehrengäste auf den Abflug, in Lugano war ein offizieller Empfang mit prominenten Gästen vorgesehen ... In dieser Situation sagte Moritz Suter zu Rolf Künzi: «Wir können nur fliegen, wenn wir das ILS benützen.» Dessen Antwort lautete: «Jä guet, de probiere mers einisch.» So wurde nicht nur der Flug Bern-Lugano, sondern gleichzeitig auch das ILS eingeweiht. Die Maschine landete sicher in Lugano, ohne dass in Italien jemand daran Anstoss nahm.

Beim Festessen im Restaurant Hugenin in Lugano betonte Schlumpf, dass für die Konzession der Crossair-Strecke Lugano-Bern nicht in erster Linie ökonomische, sondern mehr noch politische Gründe den Ausschlag gegeben hätten: «Für mich ist es die Su-So-Linie. Suter und Solari haben zusammengespannt und mich überzeugt. Es lebe die Fliegerei und ihre Enthusiasten.»

Durch die Luftbrücken nach Genf, Bern und Zürich rückte das Tessin tatsächlich viel näher an die Deutschschweiz und die Romandie heran. Die Reisezeit von Genf nach Lugano schmolz dank der Crossair von 7 Stunden (mit der Bahn) respektive 5 Stunden (mit dem Auto) auf 45 Minuten. Durch die Weiterführung nach Paris wurde das Tessin nicht nur für Romands, sondern auch für Franzosen interessant – sowohl wirtschaftlich als auch touristisch. So eröffneten diverse Banken aus der Westschweiz Filialen in Lugano, auf dem Flugplatz entstand ein World Trade Center und die Ausstellungen in der Villa Favorita lockten auch massenhaft Besucher aus der *Grande Nation* an. Apropos Villa Favorita: Deren Eigentümer, Baron Thyssen, besass eine kleine Parzelle Land, das sich mitten auf der Start- und Landepiste befand. Da ich einen guten Draht zu ihm hatte, konnte ich ihn überzeugen, dieses Land an die Stadt Lugano, der Eigentümerin des Flugplatzes Lugano-Agno, abzutreten. Er willigte ein, unter der Bedingung, dass seine Gäste auf sein Wort bei der An- und Abreise nicht von der Polizei und den Zollbehörden kontrolliert würden. Der Deal funktionierte, und es gab all die Jahre keine einzige Beanstandung. Republik Tessin!

Das Tessin wäre jedoch nicht das Tessin, wenn es nicht auch Polemiken gegeben hätte. Tatsächlich sorgte der vermeintliche Fluglärm für unzählige hitzige Debatten und Proteste. Einmal musste ich die Causa des Flugplatzes in Bioggio vertreten, einem Nachbardorf von Agno. Im Pausenhof der Schule erwarteten mich Mütter mit herzzerreissenden Plakaten: «Lasst unser Kinder in RUHE aufwachsen!» und «*Silenzio* bitte», lautete der Tenor. Nachdem rund eine Stunde lang debattiert wurde, warf ich folgende Frage in die Runde: «Wir sind nun seit einer Stunde hier. Wie viele Flugzeuge sind seitdem gelandet? Und wie viele gestartet?» Ratlose Blicke. «Keines!», sagte jemand. «Falsch», entgegnete ich. «Es gab sechs Landungen und Starts, und keiner von euch hat sie gehört!»

Es gab Tage, da verzeichnete Lugano-Agno 54 Flugbewegungen pro Tag. Als die Crossair im Herbst 1989 neben Venedig, Florenz, Bologna und Neapel auch noch Rom ins Streckennetz aufnahm und die Passagierzahl auf über 300000 anstieg, erreichte der Flughafen seinen Ze-

nit. Bei den zahlreichen Staatsbesuchen, die der ETT zusammen mit dem damaligen Protokollchef Johannes Manz organisierte, avancierte der Lugano Airport zum Eingangstor ins Tessin. Das schwedische Königspaar Silvia und Carl Gustaf, den deutschen Bundespräsidenten Richard von Weizäcker oder Prinz Charles – sie alle empfingen wir auf dem roten Teppich in Agno. Und natürlich auch den Papst. Papst Johannes Paul II. hatte 1984 de facto den neuen Saab-Fairchild 340 Cityliner der Crossair eingeweiht. Bei der Planung des päpstlichen Schweiz-Besuches nutzten wir das Beziehungsnetz eines Crossair-Verwaltungsrates, der zugleich auch Mitglied von Opus Dei war. Dank diesen Kontakten gelang es uns, den Papst von einem Flug von Zürich nach Lugano zu überzeugen. Moritz Suter baute einen 1. Klasse-Sitz der Swissair in die Saab 340 ein, damit der Papst es möglichst bequem hatte. Doch diese Massnahme sollte sich als überflüssig erweisen. Der Papst stand während des gesamten Fluges! Lassen wir nochmals Moritz Suter erzählen:

«Kurz nach dem Start fragte ich den Papst, ob ich ihn ins Cockpit einladen dürfe. Das bejahte er mit Vergnügen. Ich begleitete ihn nach vorne, wo er zwischen den beiden Piloten stand, und blieb hinter ihm. Beim Alpenüberflug erklärte ich ihm jede markante Bergspitze und die

Crossair-Jumbolino auf dem Flughafen von Lugano-Agno.

Seen; er nahm das mit Begeisterung auf. Nach dem Gotthardpass begannen wir nach Sichtflug langsam in die Leventina abzusinken, überflogen dann ziemlich tief den Monte Ceneri. Dann aber kam der Chef der anwesenden Schweizergardisten ins Cockpit und mahnte an, dass wir bald landen würden und der Papst sich wieder auf seinen Platz setzen solle, was wir aber ignorierten. Wir überflogen den Flugplatz Agno und drehten in einer weiten Linkskurve zum San Salvatore über den Luganersee Richtung Monte Brè. Der Chef der Schweizergarde kam zum zweiten Mal, tippte mir auf die Schulter und verlangte, dass der Papst sich nun wieder setzen müsse. Doch dessen ungeachtet drehten wir am Monte Brè vorbei in einer weiten Linkskurve in den Endanflug auf Piste 21 und sanken immer tiefer. Als wir im Final Approach auf die Piste waren und die Piloten das Fahrwerk ausfuhren, kam der besorgte Gardist zum dritten Mal und wurde ziemlich bestimmt. Ich sagte ihm, es sei schon gut, und zum Papst, dass er sich für die Landung doch einfach an den Schultern der Piloten festhalten solle. Die Landung verlief weich und perfekt, und so landete der Papst stehend im Cockpit in Lugano. Er hatte daran eine Riesenfreude und sagte, so etwas hätte er noch nie erlebt. Als ich diese Geschichte später einmal Rolf Künzi er-

Zeichnungswettbewerb unter Schülern im Rahmen der 700-Jahr-Feier der Eidgenossenschaft: Moritz Suter, Marco Solari und Renata Cotti, die Patin des Wettbewerbs, empfangen den kleinen Gewinner auf dem Flughafen in Lugano-Agno.

zählte, dem Direktor des BAZL, schimpfte er mit mir. Ich antwortete ihm, dass ich dem Stellvertreter Gottes auf Erden doch nicht befehlen könne, sich hinzusetzen.»

In Lugano wurde der Papst von einer riesigen Menge begeistert empfangen und zelebrierte im Stadio Cornaredo die heilige Messe. Am Nachmittag flog er weiter nach Genf, und selbstverständlich flog Captain Matthias Schmid um das Matterhorn herum. – Der Papst, der mit einer nagelneuen Saab 340 vom Himmel schwebt: Für die Crossair, aber auch für den ETT war es, jenseits aller religiösen und politischen Bedeutung des Besuches, die beste Marketing-Aktion, die man sich vorstellen konnte.

EIN SAMMLER AUS LEIDENSCHAFT

Zugegeben, der Antrag, den ich dem Verwaltungsrat der ETT im Herbst 1982 unterbreitete, klang auf den ersten Blick wie ein schlechter Witz: «Projektbeitrag in der Höhe von CHF 10000.– für die geplante Impressionisten-Ausstellung aus Sowjetischen Museen durch Baron Hans Heinrich Thyssen-Bornemisza.» Ich erntete denn auch Gelächter. «Wenn jemand kein Geld von uns benötigt, dann der Baron», lautete der Tenor, was ja auch irgendwie verständlich war in Anbetracht der Tatsache, dass der Baron damals als reichster Schweizer galt. Da die Meinungen im Gremium anscheinend gemacht waren, bat ich ETT-Präsident Flavio Cotti, die Sitzung zu unterbrechen. In einem 4-Augen-Gespräch sagte ich ihm: «Flavio, bitte vertraue mir! Diese 10000 Franken sind für Thyssen eine unerwartete Geste, die dem Tessin nützlich sein wird.» Cotti nahm daraufhin die Sitzung wieder auf und sprach als Präsident ein Machtwort: «Ich finde es eine gute Idee. *Votiamo*!» Das Resultat: Antrag einstimmig angenommen.

Umgehend fuhr ich nach Castagnola bei Lugano, wo der Baron in der Villa Favorita am Luganersee residierte, und überbrachte ihm diese Nachricht. «*Barone*», sagte ich ihm (übrigens: «*Signor Barone*» – diese Anrede verwendeten nur die Untergebenen), «der ETT unterstützt die Ausstellung mit 10000 Franken.» Seine Reaktion werde ich nie vergessen: «Zum ersten Mal in meinem Leben werde ich nicht um Geld gebeten, sondern erhalte selbst eine finanzielle Unterstützung», antwortete er sichtlich gerührt. Ich bin heute noch überzeugt, dass Leute, die materiell alles besitzen, nur eines wollen: geliebt werden. Für den ETT handelte es sich bei diesem Beitrag um eine der besten Investitionen. Denn sie ebnete einem Projekt den Weg, das dem Tessin zu weltweiter Aufmerksamkeit verhelfen sollte. Meisterwerke aus Beständen der Sowjetunion wurden erstmals und exklusiv in Lugano gezeigt. Ich hatte das Privileg, den Baron zusammen seiner 21 Jahre jüngeren Ehefrau Nummer 5 – Carmen («Tita») Cervera – und seinem Kurator Simon De Pury in die Sowjetunion begleiten zu dürfen. Wenn mir von diesen Reisen hinter den Eisernen Vorhang

eine Szene in Erinnerung blieb, dann folgende: De Pury hatte in Moskau nicht mit sibirischen Temperaturen gerechnet und schlotterte auf dem Roten Platz erbärmlich. Ohne zu zögern, zog der Baron seinen Mantel aus und streifte ihn seinem Kurator über.

Diese Selbstlosigkeit und Grosszügigkeit waren charakteristisch für ihn. Zudem war er mutig und nahm nie ein Blatt vor den Mund. Gegenüber dem sowjetischen Vizekulturminister Jurij Barabasch sagte er 1984 bei der Eröffnung der ersten grossen Ausstellung in Lugano: «Die elendigliche Mauer in Berlin muss fallen.» Drei Jahre später, anlässlich der zweiten grossen Ausstellung, hatte der Baron ein exklusives Abendessen bei Kerzenlicht inmitten der wertvollen Gemälde organisiert. Einer der Gäste, ein Vertreter der Familie Patino, die grössten Zinkminen-Besitzer aus Bolivien, ergriff das Wort und sagte in seiner Ansprache: «Endlich sind die Kunstwerke zurückgekommen. Dort, wo sie sein müssen. In einer Privatsammlung. Es ist gut, dass nur diejenigen sie anschauen können, die etwas von Kunst verstehen.» Ich war ob diesen arroganten Worten derart empört, dass meine Hochachtung für den Baron ins Unermessliche stieg, als er unerwartet harsch erwiderte: «Ich teile diese Ansicht nicht. Diese wunderbaren Kunstwerke müssen von möglichst vielen Leuten gesehen werden können. Daher diese Ausstellung.»

Die Villa Favorita in Castagnola bei Lugano. Wohnsitz des Barons Hans Heinrich Thyssen-Bornemisza (*1921–†2002).

Die Pinakothek der Villa Favorita hatte er bereits 1948 der Öffentlichkeit zugänglich gemacht. So konnte er die Kunstwerke nicht nur von den Steuern befreien, sondern auch seiner eigenen Überzeugung Ausdruck verleihen, dass Kunst zwar in privaten Händen gut aufgehoben ist, sie aber als kulturelles Allgemeingut auch dem breiten Publikum zur Verfügung stehen sollte. Der Sinn für Kunst war ihm als Sohn eines deutschen Unternehmers und einer ungarischen Baronin, die mütterlicherseits von einem der Pilgerväter der Mayflower abstammte, in die Wiege gelegt worden. Geboren wurde Hans Heinrich Ágost Gábor Tasso Baron Thyssen-Bornemisza de Kászon, wie er mit vollem Namen hiess, 1921 in Den Haag. In Holland besuchte er ein deutsches Gymnasium, studierte anschliessend in Bern und Freiburg Recht und Ökonomie und erwarb im Jahre 1950 das Schweizer Bürgerrecht.

Seine grosse Leidenschaft war die Kunst. Wenn ihm ein Gemälde gefalle, erzählte er einmal, dann werde er wieder wie ein kleiner Junge: «Dann muss ich es einfach haben, notfalls auch um jeden Preis.» Im Laufe der Jahre wuchs seine Sammlung auf 1700 Gemälde an, wobei alle Meister vertreten waren, die in der Kunstgeschichte Rang und Namen haben: Altdorfer, Holbein, Dürer, Renoir, Gauguin, Van Gogh, Rembrandt, Raffael, Tiepolo, Goya, Canaletto, Toulouse-Lautrec, Rubens, Monet, Kandinsky, Kirchner, Caravaggio, Picasso ... An Wert wurde diese Sammlung nur noch von jener des britischen Königshauses übertroffen.

Diese Schweizer Nationalgalerie alter Meister war selbstredend eine Touristenattraktion erster Güte. Doch zu einem Massenauflauf kam es erst, als Thyssen mit Unterstützung der ETT und des Luganeser Verkehrsvereins spezifische Ausstellungen zu organisieren begann. Im Juni 1983 eröffnete Bundespräsident Pierre Aubert eine Schau mit vierzig aus sowjetischen Museen stammenden impressionistischen Werken. Gemälde von Paul Cezanne, Claude Monet, Auguste Renoir, Paul Gauguin, Vincent van Gogh, Pablo Picasso und Henri Matisse, die nach der Oktober-Revolution in sowjetischen Staatsbesitz übergegangen waren, wurden erstmals diesseits des Eisernen Vorhangs gezeigt. Vor dem Eingang zur Villa Favorita standen die Leute Schlange. Knapp 300 000 Besucher lockte diese Sonderschau an.

Nach Ausstellungen von Gemälden aus Ungarns Museen und Goldschätzen aus der Eremitage organisierte der Baron 1987 eine weitere Ausstellung mit Werken aus der UdSSR. Er bescherte Lugano damit erneut einen Sommer der Superlative. Doch damals zeichneten sich bereits erste dunkle Wolken am Horizont ab. Der Baron wollte die Villa Favorita ausbauen, um seine Sammlung besser zur Geltung bringen zu können. 1986 beauftragte er fünf renommierte Architekturbüros, einen zweiten Museumsbau zu projektieren. Er entschied sich für einen Entwurf von James Stirling und Michael Wilford. Als er dieses Neubauprojekt der Öffentlichkeit vorstellte, gab er seiner Hoffnung Ausdruck, das erweiterte Museum anlässlich seines siebzigsten Geburtstages, also 1991, einweihen zu können. Das Vorhaben löste kontroverse Diskussionen aus und kam nicht in Fahrt. Erst als das Ausland – Deutschland, Grossbritannien, Frankreich, Spanien, Japan, die amerikanische Paul-Getty-Stiftung – um die Sammlung zu buhlen begann, wurde man auch hierzulande hellhörig. Doch es war zu spät. Ich war daher nicht überrascht, als der Baron mir eines Tages seinen Entscheid anvertraute, Lugano den Rücken zu kehren. Ihn umzustimmen, war ausgeschlossen. In der Folge gaben sich ausländische Spitzenpolitiker in der Villa Favorita die Klinke in die Hand.

Gut erinnern kann ich mich an den Besuch des französischen Ministers Edouard Baladur. Denn es war ein grauer, trüber Tag – unter allen Gesichtspunkten. Ich holte Baladur in Chiasso ab. Mit Blaulicht eskortierte uns die Polizei nach Lugano, womit eine Bedingung der Franzosen erfüllt wurde: Sie hatten darauf gepocht, dass Baladur nicht im Stau stecken durfte. In der Villa Favorita empfing uns Tita. Sie wirkte verlegen und erklärte, ihr Mann sei noch besetzt. Daher anerbot sich die Hausherrin für eine Führung durch die Privatgemächer der Villa. Im ersten Stock öffnete sie die Tür zu ihrem Schlafzimmer. Auf einem riesigen, blütenweissen Bett lag ihr Sohn Borja. Er streichelte einen weissen Pudel und blickte tieftraurig in die Welt. Es war eine fast surreale Szene. Als Baladur den Knaben sah, sagte er: «*Oh, enfant martyre …*» Tita reagierte fuchsteufelswild: «*Quoi enfant martyre? Mère martyre*!», und stürmte aus dem Zimmer. Inzwischen war auch der Baron aufgetaucht, dem die Szene nicht entgangen war. Er bat Baladur zum Vier-Augen-Gespräch in seinen Salon. Nach einer Viertelstunde war die Unterredung bereits zu Ende, und allen war klar, dass die Sammlung nicht nach Paris abwandern würde.

Weitere Persönlichkeiten machten dem Baron ihre Aufwartung. Prinz Charles, Richard von Weizäcker und schliesslich die Schwester von König Juan Carlos, die *Infante* von Spanien, mit ihrem Gatten, dem *Duca de Badajoz*. Am Ende machte Spanien das Rennen, zur grossen Freude von Tita, die damit ihr Ziel erreicht hatte: Ihr Heimatland kam zum Handkuss. Heute ist die Sammlung des im April 2002 verstorbenen Baron Hans Heinrich Thyssen-Bornemisza in Madrid im Palacio de Villahermosa unweit des Prado untergebracht. Lugano sollte nach diesem Verlust in eine Art kulturelle Schockstarre verfallen. Die Stadt benötigte fast ein Vierteljahrhundert, um mit dem Kunst- und Kulturzentrum LAC *(Lugano Arte e Cultura)* eine Renaissance als Kulturstadt einzuleiten.

«GLÜCKLICH DIE VÖLKER, DIE KEINE DIKTATUR KENNEN»

«Geld allein macht nicht glücklich.» Was es mit dieser Binsenwahrheit auf sich hat, erlebte ich mehrmals bei Besuchen in der Villa Favorita. Mit Baron Hans Heinrich von Thyssen Bornemisza stand ich in engem Austausch. War es beiderseitige Sympathie? War es eine Art Freundschaft? Auf alle Fälle waren es für mich Ausflüge in eine andere Welt. Das zeigte sich exemplarisch bei seiner Hochzeit in Daylesford im August 1985, zu der er auch mich und meine Frau Michela einlud. Wir reisten mit einem Mietauto der kleinsten Kategorie von Hertz an, weshalb man uns zuerst zum Dienstboteneingang verwies, bevor wir dann schliesslich doch noch neben einem Bentley und zwei Rolls Royce parkieren durften. Auch in der Villa Favorita waren wir oft Gäste des Barons. Manchmal im Kreise seiner Freunde wie dem britischen Diplomaten und ehemaligen Generalsekretär des Europarates, Sir Peter Smithers, und dessen Frau Dojean, oder bei Galadinners mit Berühmtheiten aus Kultur, Wirtschaft, Politik und Aristokratie. Einmal begaben Michela und ich uns nichtsahnend in den Rauchersalon der Villa, wo eine Dame ganz alleine eine Zigarette nach der anderen rauchte – es war Prinzessin Margaret, die Gräfin von Snowdon und jüngere Schwester von Queen Elizabeth.

Da uns schweigsames Anstarren nicht angebracht schien, versuchten wir es ziemlich unbeholfen mit etwas Small Talk. Zu unserer Überraschung entwickelte sich dennoch ein äusserst sympathisches Gespräch. Prinzessin Margaret befragte uns zum Alltag in der Schweiz und zum Leben im Lugano. Als wir uns erkundigten, wann sie abreise, sagte sie: «Morgen Nachmittag, an meinem Geburtstag.» Keck schlug ich ihr vor: «Dann machen wir doch zuvor noch eine Führung durch Lugano.» Sie lachte laut heraus, wurde aber sofort sehr ernst und erwiderte in ihrem alten, höfischen Englisch: «Das wäre wirklich mein grösster Wunsch. Aber das ist absolut unmöglich. Ihr wisst nicht, in welchem Gefängnis wir leben.»

Baron Heinrich Thyssen-Bornemisza und Marco Solari empfangen Prinzessin Margaret auf dem Flughafen Lugano-Agno.

Wie sehr das Protokoll den Alltag des Königshauses bestimmt, zeigte sich auch, als Prinz Charles, der heutige König Charles III., nach Lugano kam, um den Baron zu treffen. Sein Hofstaat definierte den Ablauf des Besuchs im Vorfeld bis ins letzte Detail. Die Grundregel, die uns der englische Protokollchef eintrichterte, lautete: «His Royal Highness wird nur angesprochen, wenn er als erstes das Wort ergreift.» Ich nahm diese Empfehlung, wie man so schön sagt, zur Kenntnis. Als überzeugter Republikaner kochte ich jedoch innerlich und dachte bei mir: «Warten wirs ab ...!» Schweigend warteten wir in Agno auf die Ankunft des Privatflugzeuges. Der Tower funkte uns, dass Prinz Charles die BA 146 höchstpersönlich steuere. Er drehte die Schlaufe über Lugano, um von Norden her zu landen. Als das Flugzeug gelandet war und den Haltplatz erreicht hatte, entrollten wir den roten Teppich und stellten uns am Fuss der Treppe auf. Prinz Charles stieg die Treppe herunter. Ich ging auf ihn zu und begrüsste ihn mit den Worten: «Sie waren am Steuer. Hervorragende Landung! Kompliment und herzlich willkommen im Tessin.» Während der Protokollchef schneeweiss wie die Gipfel der umliegenden Berge wurde, antwortete Prinz Charles sichtlich amüsiert: «Das hatte nichts mit Aviatik zu tun. Das war Alpinismus.»

Wie traurig das Leben von gekrönten Häuptern sein kann, stellte ich bei Don Juan de Bourbon fest, dem Vater von König Juan Carlos von Spanien, dem die Regentschaft von Franco verwehrt worden war. Als er zu Gast in der Villa Favorita war, standen wir auf der Terrasse und schauten auf den See. Ich erzählte ihm, wie der junge Kanton Tessin in den ersten Jahrzehnten des 19. Jahrhunderts, während des *Risorgimento,* die Befreiung Italiens vom österreichischen Joch mit im Tessin gedruckten Pamphleten, die nachts über den See nach Italien geschmuggelt wurden, unterstützte. «Glücklich die Völker, die keine Diktatur kennen», meinte er in Anspielung auf Diktator Franco, der ihn kaltgestellt hatte, und blickte mich dabei unsäglich traurig an.

MICHELA

Egal, welches Projekt oder Abenteuer man in Angriff nimmt: Ausschlaggebend für den Erfolg sind die Menschen, mit denen man sich umgibt. Ich bin mir bewusst, dass diese These in Kontrast zu den Führungsprinzipien steht, die man an den Hochschulen lehrt, wo Strategien, Organigramme, Strukturen, Prozesse und Schnittstellenmanagement höher gewichtet werden. Trotzdem habe ich stets ein grosses Augenmerk auf die Personen gelegt, bevor ich ein Projekt oder eine Zusammenarbeit startete. Eine Angewohnheit von mir ist es, potenzielle Mitarbeiter zum Essen in ein Restaurant einzuladen und dabei zu beobachten, wie sie mit dem Servicepersonal umgehen. Das verrät viel über den Charakter einer Person, beeinflusst meinen Entscheid und ist mit ein Grund, weshalb ich auf all meinen Lebensabschnitten auf herausragende Mitstreiter zählen konnte. Die wichtigste Person an meiner Seite war und ist jedoch, so pathetisch das klingt, meine Frau Michela.

Ihre Familie stammt ursprünglich aus der Gemeinde Thayngen im Kanton Schaffhausen. Die Oschwalds kamen vor Generationen ins Tessin, wo sie als Bannerträger und Landvögte zu *Mendris* (Mendrisio) in Erscheinung traten. Michela selbst wuchs in Bellinzona auf. Ich lernte sie kennen, als sie zwanzig Jahre alt und Sekretärin des ETT-Präsidenten war. Ich war frisch geschieden, als wir uns im Herbst 1975 näherkamen, und empfahl ihr aus Governance-Gründen, sofort den Job zu wechseln. Sie zog daher nach Lugano, wo sie beim dortigen Tourismusverein arbeitete. Als wir heirateten, war ihr bewusst, dass sie nicht Marco Solari ehelichte, sondern die «*Causa Ticino*». Unsere gemeinsame Mission war es fortan, die Rolle des Tessins als Brückenbauer zwischen Norden und Süden zu stärken. Ich an der Front, sie hinter den Kulissen. Die Michela-und-Marco-Solari-Methode funktioniert, so unromantisch das tönen mag, wie das Militär: Ohne logistische Unterstützung stehen die Truppen an der Front auf verlorenem Posten.

Im Laufe der Jahre haben wir Hunderte von Gästen empfangen. Michela übernahm dabei sowohl den Part in der Küche, das Backoffice, als auch – beim Eintreffen der Gäste – das Frontoffice. Intelligent und charmant, nahm sie die Gäste sogleich für sich ein. All die Erfolge, die man mir zuschreibt, und all die Ehrungen und Würdigungen, die ich erhalten habe – sie beziehen sich alle auch auf Michela. Denn sie war stets an meiner Seite. Uns gibt es nur als Paar. Das wusste auch Flavio Cotti. Nachdem er im Dezember 1986 in den Bundesrat gewählt worden war, wollte er mich zum Protokoll-Chef in Bern ernennen. Michela hätte dabei eine zentrale Rolle gespielt. Da sie jedoch keinesfalls jeden Abend ausser Haus verbringen wollte, lehnten wir dankend ab. Das zweite Job-Angebot hätte ihr mehr zugesagt: Botschafter-Paar in Rom. Da ich damals jedoch erst kurze Zeit bei der Migros tätig war, blieb ich meinem Arbeitgeber gegenüber loyal, und wir mussten Flavio Cotti ein zweites Mal absagen.

Sowohl Michela als auch ich sind ausgeprägte Familienmenschen. Auch deshalb waren die Jahre, die ich bei der Migros verbrachte, die härteste Zeit meines Lebens. Denn die Migros vereinnahmte ihre Kaderleute total. Ursprünglich dachte ich, in Zürich eine Art Studentenleben führen zu können: Am Freitagabend raus aus dem Büro und ab auf den Zug ins Tessin, am Sonntag nach dem Abendessen dann wieder zurück nach Norden. Doch dieses Vorhaben stellte sich rasch als illusorisch heraus. Denn es gab fast jedes Wochenende Einladungen zu Abendessen, an denen verschiedene Schweizer Spitzenpersönlichkeiten teilnahmen. Das waren Anlässe, wo man im lockeren Rahmen Lösungen für Probleme fand, die sonst unzählige Sitzungen und Vernehmlassungsrunden beansprucht hätten. Aber es war dennoch eine harte Zeit, denn Michela blieb derweil im Tessin und wurde so meinen beiden Söhnen aus erster Ehe – Luca und Giacomo – zu einer Art grossen Schwester.

Auf die innige Beziehung zu meinen Söhnen bin ich stolz. Obwohl uns Welten trennen – im wahrsten Sinne des Wortes –, pflegen wir bis heute einen sehr intensiven Austausch. Luca machte Karriere als Pilot. Er flog für die Crossair, Swissair und Darwin und ist mittlerweile als Spezialist für Wasserflugzeuge in den USA gelandet. Giacomo wiederum, der seit jeher viel Mitgefühl für weniger privilegierte Menschen aufbrachte, hat ebenfalls die Welt bereist. Als Mitarbeiter der Direktion für Entwicklung und Zusammenarbeit des EDA war er in Nairobi und Myanmar stationiert; heute ist er in Bukarest für die Umsetzung der Schweizer Kooperationsverträge mit Rumänien verantwortlich.

Michela Solari.

Dank den modernen Kommunikationsmitteln ist der Kontakt mit ihnen ebenso intensiv wie mit meiner ersten Ehefrau Costanza. Sie und Michela sind übrigens eng befreundet. Somit erlebe ich bis heute ein doppeltes Matriarchat: Wenn ich mit meinen Ideen und Vorstellungen offensichtlich falsch liege, bekomme ich das gleich doppelt um die Ohren geschlagen.

In unserem Haus in Casoro gibt Michela als *Padrona di casa* bis heute den Takt an. Ihr Familiensinn war mit ein Grund, weshalb ich im Jahr 2000 das Angebot annahm, Präsident des Filmfestivals von Locarno zu werden. Führten wir in meinen Zürcher Jahren manchmal fast eine Fernbeziehung, so waren wir fortan wieder als Duo im Einsatz. Doch egal, wie gross die geografische Distanz ist: Wichtig ist in einer Beziehung das gegenseitige Vertrauen. Die fachliche Bestätigung für diese These erhielt ich im Vorfeld der 700-Jahr-Feier der Eidgenossenschaft, als ich an einem Kongress der Fachgesellschaft der Schweizer Psychiater ein Referat halten durfte. Ich war dabei ziemlich emotional, gab Einblicke in mein Seelenleben und sprach offen über Schwierigkeiten, Ängste, Frust und Niederlagen. Es lief damals längst nicht alles reibungslos, und oftmals weinte ich innerlich, während ich äusserlich tapfer lächelte. Nach meiner Rede nahm mich der Präsident der psychiatrischen Gesellschaft zur Seite: «Herr Solari, ich bin tief beeindruckt. Was Sie alles einstecken müssen von der Politik und den Medien ... Erlauben Sie mir eine Frage: Haben Sie eine Bezugsperson, mit der Sie jederzeit, wirklich jederzeit, über Ihre Sorgen und Nöte sprechen können?» «Ja, Michela, meine Frau.» «Führt Ihr eine harmonische Beziehung.» «Ja, sehr!» «Dann werden Sie mit der 700-Jahr-Feier Erfolg haben!»

Menschen sind nicht nur für den Erfolg ausschlaggebend, sondern auch für den Misserfolg. Es sind niemals Dinge oder Sachen, die Enttäuschungen verursachen oder einen verraten. Es ist immer der Faktor Mensch, von dem alles abhängt. Dies bekam ich beispielsweise rund um das gescheiterte Projekt *Gottardo 2020* zu spüren, meine bitterste Niederlage. Die Moralspritzen kamen natürlich wiederum von Michela. Für mich ist sie wie ein literarisches Meisterwerk: Sie gibt mir in jeder Lebensphase etwas Neues, und zwar stets das, was ich benötige. Beruht es auch auf Gegenseitigkeit?

Michela und Marco Solari am Locarno Film Festival (2019).

BEGEGNUNGEN IN HISTORISCHER STÄTTE

«Der Gotthard bildet die natürliche Grenze!» Benito Mussolini machte aus seinem Appetit auf die italienischsprachigen Gebiete im Ausland nie einen Hehl. Schon 1921 hatte der *Duce* in einer Rede vor der Abgeordnetenkammer das Tessin als «entartenden und sich verdeutschten Kanton» bezeichnet. Die Einheit Italiens sei nicht vollendet, ehe das Tessin italienisch geworden sei, betonte Mussolini. Auf den faschistischen Karten waren die Grenzen des Königreichs Italien am Gotthard eingetragen. Mehrfach wiederholte der *Duce* in den Jahren danach sein Credo von der *Italianità* des Tessins. «Wir werden die Schweiz ins Visier nehmen», tönte er 1938 in einer Sitzung des Grossen Faschistischen Rats über seine aussenpolitischen Ambitionen.

Im Tessin lösten solche Parolen eine absolute Abwehrhaltung aus. Allerdings nicht bei allen. «Wer die Ehre hatte, die Augen des *Duce* auf sich ruhen zu sehen, wird für immer die Verpflichtung fühlen, dem Schicksal für diese Gunst dankbar zu sein», schrieb Nino Rezzonico auf Seite 55 seines 1937 bei der *Tipografia Popolare* in Bellinzona erschienen faschistischen Leitfadens «*Battaglie*». Der Spross einer Patrizierfamilie, der sich an der ETH Zürich zum Ingenieur hatte ausbilden lassen, rief im Tessin die faschistische Bewegung ins Leben, was ihm den Spitznamen «*Ducetto ticinese*» einbrachte. Auf Seite 49 seiner Kampfschrift erfährt man: «Der 21. November 1933 ist für uns Faschisten ein teures Datum, weil an diesem Tag die erste Zusammenkunft des Faschistischen Bundes des Kantons Tessin erfolgte – und sie fand statt in Porza, in der Villa Rezzonico.»

Die Schweizer Behörden behielten Rezzonico stets im Auge, liessen ihn aber gewähren. 1945 wurde er wegen Spionageverdachts sogar verhaftet, mangels Beweisen aber wieder auf freien Fuss gesetzt. Ein paar Jahre später machte das Gerücht die Runde, er habe Exkönig Umberto von Italien inkognito zu einem kurzen Aufenthalt in die Schweiz eingeschleust. Das war Mythos. Verbürgt ist hingegen, dass im Frühjahr 1956 der deutsche Bundeskanzler Konrad Adenauer in der Villa Rezzo-

In der Villa Porza empfing der ETT wichtige Gäste wie etwa Bundesrat Flavio Cotti und seine Frau Renata.

nico Urlaub machte. Er traf auf Einladung des damaligen Tourismusdirektors Pietro Bindella am 23. März mit seiner ältesten Tochter Ria und einem kleinen Hofstaat in Lugano ein, wo ihn der Hausherr – laut Kalendereintrag – spätabends persönlich begrüsste. Von der Vergangenheit Rezzonicos wusste Adenauer nichts. Am 25. März, nach der Palmsonntagsmesse in der Kirche San Martino, klärte ihn der Bürgermeister von Porza, Pio Regazzoni (der Vater des berühmten Rennfahrers Clay), auf. Adenauer erbleichte und entschied, keine Minute länger im Hause des Faschistensympathisanten zu verweilen und reiste umgehend nach Ascona ab.

Nino Rezzonico, immer in Geldnot, vermietete sein Haus auch nach diesem Eklat weiter an Touristen. In Inseraten in deutschsprachigen Zeitungen machte er auf das wunderschöne Jugendstilanwesen im Piemontesischen Stil aufmerksam, das 1890 vom Architekten des Hauses Savoyen erbaut wurde und in einem über 4000 Quadratmeter umfassenden Park liegt. Die Aussicht auf den Luganersee, die umliegenden Berge und die Stadt Lugano ist grandios. Spätestens nach dem Tod von Rezzonico im Jahre 1974 war auch der Ruch des Faschismus verschwunden. Als ich 1980 frisch vermählt mit meiner zweiten Frau Michela eine Wohnung suchte, machte mich ein Immobilienmakler auf diese Liegenschaft aufmerksam. So sensationell günstig das Angebot war (Kaufpreis: nur eine Million Franken), so unmöglich war für mich jedoch die Finanzierung. Mein Salär als Direktor der ETT war mehr als bescheiden, auf meinem Bankkonto befanden sich bloss ein paar tausend Franken und die Hypothekarzinsen lagen damals bei 7 Prozent. Schweren Herzens musste ich absagen.

Eine vermögende Luganeser Familie machte schliesslich das Rennen und unterteilte die Villa in drei Wohneinheiten. Eine davon mietete der ETT. So avancierte die Villa Porza zu einer Tourismus-Residenz, wo Michela und ich Gastgeber waren. Meine Absicht war es, Persönlichkeiten, die für den Kanton Tessin wichtig sein konnten, in diesem stimmungsvollen Ambiente zusammenzubringen und damit die Stellung des Tessins als Ort der Begegnung zu stärken. Der ETT war damals denn auch weit mehr als bloss ein Fremdenverkehrsbüro; es nahm für den Kanton Tessin Aufgaben wahr, die man der Rubrik «diplomatische Beziehungen» zuordnen konnte. Authentizität und Spontaneität waren uns bei diesen Empfängen ganz wichtig. Michela war und ist eine ausgezeichnete Köchin und Gastgeberin. Wir konnten bei diesen Empfängen auf die Unterstützung der Küchenbrigaden des Hotels Splendide Royal, das vom legendären neapolitanischen Direktor Aniello Lauro

Insgesamt über tausend Gäste empfingen Marco und Michela Solari als Gastgeber der ETT in der Villa Porza bei Lugano.

geführte wurde, und des Hotels Olivella au Lac des grosszügigen Direktorenehepaars Manfred und Christina Hörger (die später das Savoy am Paradeplatz in Zürich übernahmen), zählen. Und Musikprofessor Dante Brenna, der die klassische Gitarre virtuos beherrschte, sorgte bei diesen Gelegenheiten immer wieder für unvergessliche musikalische Höhepunkte.

In sieben Jahren empfingen wir in Porza über tausend Gäste. An einen Besuch erinnern meine Frau und ich uns besonders gut. Im Juli 1987 waren Bundesrätin Elisabeth Kopp und ihr Mann Hans bei uns zu Gast. Auf dem Weg in die Ferien am Gardasee hatten sie einen Zwischenhalt im Tessin eingelegt. Als Vorsteherin des Eidgenössischen Justiz- und Polizeidepartementes stand Elisabeth Kopp damals wegen des Asylwesens politisch unter Druck. Für die Revision des Asylgesetzes suchte sie einen Delegierten des Bundesrats, der sich durch Menschlichkeit und Härte auszeichnete. Beim Abendessen erklärte sie, wie sie die Attraktivität der Schweiz als Asylland angesichts des Anstiegs von Asylanträgen reduzieren wollte. Der Schutz von politisch verfolgten Asylsuchenden blieb für sie ein unantastbares Prinzip, aber den Schleppern wollte sie den Kampf ansagen, unter anderem auch in Chiasso, dem südlichen Eingangstor zur Schweiz. Neben rascherer Wegweisung der 80 Prozent nicht anerkannten Flüchtlinge strebte der Bundesrat auch ein humanitäres Bleiberecht für lange wartende Antragsteller an. Ich fühlte mich geehrt, dass Elisabeth Kopp mich mit diesen Aufgaben betrauen wollte und sagte rasch zu. Viel zu rasch. Kaum hatte ich jedoch einmal darüber geschlafen, kamen mir Zweifel. Mir wurde bewusst, dass ich das nicht kann, Leute abweisen – es war das Gegenteil dessen, was ich mein Leben lang tat. Mein Vater, der ehemalige Direktor der eidgenössischen Fremdenpolizei, der mittlerweile seit sechs Jahren pensioniert war, schüttelte bloss den Kopf, als ich ihn um seine Einschätzung bat: «*Figlio mio*, vergiss es. Das ist nichts für dich.»

Ich bin Elisabeth Kopp bis heute dankbar, dass sie mir meinen Rückzieher nicht übelnahm. Mit dem Winterthurer Entwicklungshelfer und brillanten Oberst Peter Arbenz fand sie schliesslich die ideale Besetzung für diesen Job. Was ich damals nicht ahnte: Es sollte nur ein paar Monate dauern, bis man mir erneut den Job eines Delegierten des Bundesrates antrug. Das Jahr 1991 und somit die 700-Jahr-Feier der Eidgenossenschaft warfen ihre langen Schatten voraus.

Oben: Prosit! Bundesrat Flavio Cotti mit Michela Solari.

Unten: Marco Solari mit dem Publizisten Frank A. Meyer.

EIN HELVETISCHES LEHRSTÜCK

Feste soll man bekanntlich feiern, wie sie fallen. Das ist jedoch leichter gesagt als getan. An der Frage nach dem Nationalfeiertag schieden sich Ende des 19. Jahrhunderts die Geister. Für die Innerschweizer war klar, wann die Eidgenossenschaft gegründet worden war: Am 8. November 1307. Dieses Datum, das auch auf dem Tell-Denkmal in Altdorf prangt, nannte der Gelehrte Aegidius Tschudi in seinem im Jahr 1550 verfassten Werk «*Chronicon Helveticum*». Dies hinderte die Berner jedoch nicht daran, das 700-jährige Bestehen ihrer Stadt am 1. August 1891 mit 600 Jahren Eidgenossenschaft zu verbinden, datierte doch der Bundesbrief aus dem Jahre 1291. Als diese Pläne ruchbar wurden, geriet der Bundesrat unter Zugzwang. In seiner Botschaft vom 14. Dezember 1889 an die Bundesversammlung hielt er fest: «Die Schweizerische Eidgenossenschaft hat ihren Anfang genommen mit dem ewigen Bunde, welcher von den Leuten von Uri, Schwyz und Unterwalden am 1. August 1291 errichtet worden ist.»

Die 600-Jahr-Feier der Eidgenossenschaft, die dann in der Innerschweiz durchgeführt wurde, war ein grosser Erfolg, und der 1. August etablierte sich rasch als Nationalfeiertag. Für den Nation-Building-Prozess von ähnlicher Bedeutung waren die legendären Leistungsschauen, die eher wirtschaftlichen Charakter hatten. Bereits die ersten Landesausstellungen 1883 in Zürich und 1896 in Genf widerspiegelten das Vertrauen der damaligen Zeit in Fortschritt und Technik. 1914 erlangte die Ausstellung von Bern gar internationale Aufmerksamkeit, obwohl gewisse Initiativen wie die «Negerdörfer» aus heutiger Sicht in jeder Beziehung entwürdigend waren. Fest ins kollektive Gedächtnis eingebrannt hat sich 1939 die viel zitierte «Landi» in Zürich, die wie keine andere Veranstaltung unter dem Druck der faschistischen Länder an unseren Grenzen die vier Landesteile und ihre gemeinsame politische Kultur zusammenschweisste. An der Expo 1964 in Lausanne, an der die Tessiner Studenten mit «*Gottardo! Gottardo!*»-Rufen vehement den Bau des Gotthard-Strassentunnels forderten, kamen die ersten Fragen über die Grenzen des wirtschaftlichen Fortschritts auf, und ein gewisses Unbehagen war im ganzen Land spürbar. Um den Riesen Gulliver, der die Expo-Besucher aufforderte, über aktuelle Fragen wie Abtreibung, Dienstverweigerung oder Neutralität (schon damals ...!) Stellung zu beziehen, entbrannte ein Skandal. Die Antworten waren dem Bundesrat zu brisant und stellten das idyllische Schweiz-Bild infrage. Die Veröffentlichung wurde daher kurzerhand untersagt. Das war eine inakzeptable Behördenzensur und heizte die Skepsis gerade in künstlerischen Kreisen erst recht an. Diese Spannungen sollten sich dann an der 700-Jahr-Feier mit dem Künstlerboykott entladen.

Als 1980 der Gotthard-Strassentunnel eröffnet wurde, tauchte die Idee auf, die gemäss dem 25-Jahr-Rhythmus im Jahr 1989 fällige Landesausstellung mit der 700-Jahr-Feier der Eidgenossenschaft von 1991 zu verbinden und in der Zentralschweiz durchzuführen. Dieses CH91 genannte Projekt, das unter der Leitung des Zuger alt Nationalrates Alois Hürlimann ausgearbeitet wurde, stiess bei den Urkantonen jedoch mit zunehmendem Planungsfortschritt auf Widerstand. Am 26. April 1987 lehnte das Stimmvolk der Kantone Uri, Schwyz, Ob- und Nidwalden und Zug die Kreditvorlagen mit deutlichem Mehr ab. Bereits zwei Jahre früher hatten sich die Luzerner gegen einen Beitrag zur Trägerorganisation der CH91 ausgesprochen.

Das Veto der Innerschweizer gegen eine kombinierte Jubiläums-Landesausstellung richtete sich hauptsächlich gegen den planerischen Gigantismus und die drohenden Umweltbelastungen. Die 700-Jahr-Feier an sich blieb unbestritten. Dazu kam noch ein weiterer Aspekt: Das Projekt CH91 war von einem Planungsbüro entworfen worden. Jedem Kanton wurde mehr oder weniger vorgeschrieben, welche Rolle er zu übernehmen hatte. Und wenn man den Innerschweizern vorschreibt, was sie zu tun und lassen haben, dann gehen sie auf die Barrikaden.

Der Bundesrat zog aus den eindeutigen Abstimmungsergebnissen die Konsequenz und gab im Juni 1987 offiziell bekannt, auf die Durchführung einer Landesausstellung zu verzichten. Der einzige, der auf einer Feier beharrte, war Wirtschaftsminister Jean-Pascal Delamuraz. «Aber das Stimmvolk hat das Projekt abgelehnt», gab man ihm zu bedenken. «Dann ziehen wir es eben anders auf», entgegnete er. Mit diesem Argument überzeugte er den Bundesrat. Man entschied sich für einen Neustart. Am 12. August 1987 nahm eine Vordenkergruppe, die sogenannte *Groupe de réflexion*, ihre Arbeit auf. Als Präsident wurde der Freiburger Professor Urs Altermatt eingesetzt. Die lateinische Schweiz stellte in diesem Gremium 6 von 14 Mitgliedern. Ich durfte die italienische Schweiz vertreten. So fand ich mich in «einer geistig unverbrauchten Arbeitsgruppe» wieder, wie die *Weltwoche* schrieb, «die das Jubiläum 1991 und damit auch das Ansehen der Eidgenossenschaft retten soll».

Im bundesrätlichen Auftrag hiess es, dass das Jubiläumsjahr ein bleibendes Andenken, aber keine festen Bauten hinterlassen solle. Bundesjubiläen reflektieren die jeweilige Zeitepoche. 1891 stand die politische und wirtschaftliche Konsolidierung des jungen Bundesstaates, 1939 die geistige und militärische Landesverteidigung im Kampf gegen den kriegsführenden Faschismus im Vordergrund. Was kennzeichnete 1991? Auch wenn sich die Schweiz am Ende des 20. Jahrhunderts kaum mit einem einzigen Schlagwort charakterisieren lässt, ging die Arbeitsgruppe schon vor dem erzwungenen Rücktritt unserer ersten Bundesrätin Elisabeth Kopp und dem Fichen-Skandal in ihrer Philosophie davon aus, dass das Land seit etwa einem Vierteljahrhundert in einer Identitätskrise steckte. Die Individualisierung der Gesellschaft lockerte das nationale Gemeinschaftsgefühl und setzte den Nationalstaat einer fortschreitenden Erosion aus. Auf diese Entwicklung reagierten wir insofern, als wir das Konzept unter das Motto «Begegnung» stellten. In einem *NZZ*-Gastkommentar schrieb Altermatt, dass dieses Leitmotiv dazu beitragen solle, «die nivellierende Wirkung des technologisch-ökonomischen Fortschritts auszugleichen und den kulturellen Minderheiten in unserem Staatswesen grössere Geltung zu verschaffen».

Da die Arbeitsgruppe zum Schluss kam, dass nicht in erster Linie materielle Mängel, sondern kulturelle Defizite die westlichen Industriegesellschaften prägen, sprach sie sich für den Schwerpunkt Kultur aus. Auf die Frage nach der Identität sollten Künstler und Intellektuelle, Politiker, Kirchenleute und Unternehmer Antworten formulieren und damit Orientierungsdefizite und Ängste bei den Menschen abbauen helfen. Mit diesem Ansatz lösten wir die 700-Jahr-Feier ausdrücklich vom Ökonomismus der letzten Landesausstellungen und stellten die Kultur im weitesten Sinne des Wortes ins Zentrum unseres Konzeptes. Besonders engagiert waren in unserer Arbeitsgruppe die beiden Publizisten Frank A. Meyer und Jacques Pilet. Während der Waadtländer Jacques Pilet in seinem Bestreben, die EU in die Feierlichkeiten zu integrieren, von Altermatt gebremst wurde, machte sich FAM für eine Dezentralisierung der Feierlichkeiten stark. Diese Idee sollte sich später als matchentscheidend erweisen. Meyers wortgewaltige Plädoyers und argumentativ überzeugende Einsätze für eine dezentrale Feier, die dem Gedanken des Föderalismus am besten entsprechen konnte, wurden im Plenum schliesslich einstimmig angenommen. Wir wollten damit aber auch explizit «dissonanten und kritischen Stimmen» in den verschiedenen Landesteilen Gehör verschaffen. Denn die Schweiz, so unsere Meinung, war stark genug, um auch Kritik zu ertragen.

Der Bericht der *Groupe de réflexion* brachte im Januar 1988 einen Meinungsumschwung in der blockierten CH91-Debatte. Unter dem Titel «Vom Scherbenhaufen zum Fest» betonte *NZZ*-Redaktor Max Frenkel, der einige Monate zuvor noch Skepsis geäussert hatte, das neue Konzept entspreche genau den Bedürfnissen des Volkes. Im welschen Wochenmagazin *L'Hebdo* hiess es enthusiastisch: «Dieses Projekt ist verführerisch, weil es mit der Idee einer rückwärtsgerichteten Feier bricht. Man überträgt nicht mehr einem Bataillon von Zürcher Instruktoren und Offizieren die Aufgabe, uns zu lehren, was die ideale Schweiz ausmacht. Jede Region wird sich einbringen können. Bravo!» Und die *Bündner Zeitung* schrieb: «Die Arbeitsgruppe hat aus dem Nein der Innerschweizer Stimmbürgerschaft ihre Lehren gezogen und in der Ausrichtung der Festivitäten eine Spitzkehre vollzogen. Das Zusammengehörigkeitsgefühl, das der Willensnation Schweiz bisweilen abgeht, soll dem materialistischen Denken vorangestellt werden.»

Der Bundesrat stimmte dem Projekt zu und verabschiedete am 1. Juni 1988 die Botschaft an das Parlament. In der Herbstsession 1988 bewilligten National- und Ständerat die als Festtrilogie konzipierten und dem Leitmotiv «Begegnung 1991» unterstellten Feierlichkeiten einstimmig, inklusive einer auf Betreiben des damaligen freisinnigen Fraktionschefs Jean-Piere Bonny vorgenommenen Aufstockung des Budgets von 55 auf 65 Millionen Franken. Damit war die langwierige Planungsphase zu Ende. Die *NZZ* sprach von einem «helvetischen Lehrstück».

AUS DEM NEIN WURDE EIN JA

«Nein.» Meine Antwort war kategorisch, als mir Bundesrat Jean-Pascal Delamuraz, der extra nach Lugano gereist war, den Job des Delegierten für die 700-Jahr-Feier antrug. «Nein. Ich fühle mich im Tessin wohl und bleibe hier.» Ich weiss nicht mehr, welcher Teufel mich bei dieser Reaktion geritten hat. Vielleicht hatte ich noch die zu rasche Zusage an Elisabeth Kopp als Flüchtlingsdelegierter im Unterbewusstsein und war deswegen übervorsichtig, um nicht zu sagen: ein wenig feige. Delamuraz war überrascht. Er hatte nicht mit einer Abfuhr gerechnet und reiste stinksauer nach Bern zurück. Tags darauf rief er mich an. Das Gespräch war kurz, die Botschaft unmissverständlich: «Morgen erwarte ich dich in meinem Büro in Bern!» Es war nicht mehr der gemütliche Jean-Pascal Delamuraz, der mich empfing, sondern der strenge Magistrat. «Im Interesse des Landes nimmst du mein Angebot an», sagte er. Widerspruch war zwecklos.

Von der Wahl zum Delegierten des Bundesrates erfuhr ich während meines WK als Oberleutnant in der Kaserne in Stans. Mein neues Amt trat ich bereits am 1. Juni 1988 an. Aufgabe: Jene Anlässe, die unter der Regie der Eidgenossenschaft standen, in Koordination und Zusammenarbeit mit den Kantonen und privaten Organisationen vorbereiten, organisieren und durchführen. Zudem oblag mir die Information der Öffentlichkeit. Administrativ wurde mein Team dem Eidgenössischen Volkswirtschaftsdepartement und dessen Generalsekretär Peter Saladin sowie seinem Stellvertreter Claude Corbat angegliedert; unterstellt war ich direkt dem Bundesrat. An der Pressekonferenz, die unmittelbar nach meiner Ernennung einberufen wurde, verwies ich darauf, dass mein neuer Job viele Gemeinsamkeiten mit meiner bisherigen Tätigkeit als Direktor der ETT aufwies: «Es geht darum, Menschen einander näher zu bringen und Kulturräume miteinander zu verbinden und sich für eine weltoffene Schweiz zu engagieren.»

Leinen los: Bundesrat Pascal Delamuraz mit dem Polizeiboot auf dem Luganersee.

Für Schlagzeilen sorgten zunächst jedoch meine Anstellungsbedingungen. Ursprünglich war der Job als Zweidrittelstelle konzipiert (damit ich formell weiter für den ETT tätig bleiben konnte), mit einem Jahressalär, das, aufgerechnet auf ein Vollpensum, einem Bundesratssalär – damals rund 270 000 Franken – entsprochen hätte. Die Finanzdelegation stellte sich jedoch quer, mit dem Argument, dass diese Regelung auch bei einer grosszügigen Interpretation die Besoldungsskala des Bundes sprenge. Wir einigten uns schliesslich darauf, dass mich der ETT bis Ende 1991 beurlaubte und Vizedirektor Sergio Barenco die Geschäfte führen sollte, sodass ich mich auf die 700-Jahr-Feier konzentrieren konnte. Da ich die volle Verantwortung für die Feierlichkeiten zu tragen hatte und es sich um eine Vollzeitstelle handelte, fand so auch die Finanzdelegation meine Jahresbesoldung für angemessen. Mir ging es jedoch nie ums Geld, was sogar die Journalisten anerkannten, allen voran die *NZZ*: «Wenn man die Freude und das Engagement von Solari an dieser herausfordernden Aufgabe in Rechnung stellt, ist die Vermutung wohl kaum ganz von der Hand zu weisen, dass für den Tessiner der finanzielle Aspekt nicht der ausschlaggebende Grund für seine Zusage an den Bundesrat war.»

ERBSENZÄHLER, ZEITUNGSENTEN UND SCHLAFLOSE NÄCHTE

Als Delegierter des Bundesrates öffneten sich mir alle Türen bei Politikern und Wirtschaftsführern. Ein Anruf, und ich wurde durchgestellt. Dies erleichterte meine Arbeit enorm. Prestigedenken lagen mir und meinem Team jedoch fern. Meine Mitstreiter – das waren Eliane Chappuis, eine kulturell interessierte, feinfühlige und erfahrene Juristin; Fabio Sorgesa, ein hervorragender Macher; Ernst Frauchiger, unser präziser Finanzdirektor; Thomas Jenny, noch heute ein grosser Basler Kommunikator, und die tragende Säule des Büros der 700-Jahr-Feier, Denise Dulczewski. Wir bezogen Räumlichkeiten in einem Wohnhaus im Kirchenfeldquartier in Bern. Mein Büro war das unkomfortabelste, ein dunkles Loch im Keller. Aber meine Mitarbeiter, die den ganzen Tag an ihrem Arbeitsplatz verbrachten, sollten es besser haben als der Chef, der meist irgendwo im Land unterwegs war. Wenn ich in Bern Gäste empfing, fielen diese, insbesondere ausländische VIPs, ob der Location und der spartanischen Einrichtung aus allen Wolken. Aber es war eine gute Lektion republikanischen Geistes und zwinglianischer Bescheidenheit.

So einfach unsere Büroräumlichkeiten, so unvermeidbar waren Reisen und Hotelspesen. Das war allen klar – mit Ausnahme von ein paar Beamten der Verwaltung. Man hatte mir anfangs ein Spesenbudget von 250 Franken pro Woche bewilligt. Was am Ende der Woche übrig blieb, verfiel. Weit kam ich damit natürlich nicht, obwohl ich im bescheidenen «Hospiz Zur Heimat» in der Gerechtigkeitsgasse für lediglich 47.50 Franken pro Nacht logierte. Als ich einmal an einem Freitagabend spät aus Zürich zurückkehrte, wo ich einen Sponsor zu einem Beitrag in der Höhe von 50 000 Franken gewinnen konnte, verbrachte ich eine zusätzliche Nacht im Hotel. Da ich damit mein wöchentliches Spesenbudget überschritten hatte, insistierte die Verwaltung, dass ich den Mehrbetrag übernehmen sollte. Es kam zum Eklat. Ich beschwerte mich bei Bundesrat Delamuraz über die inakzeptable Sturheit. Delamuraz griff zum Telefon, beorderte die zuständigen Beamten in sein

Büro und sprach kurzerhand ein Machtwort: «Ab sofort hat Solari Vertrauensspesen!»

Damit war es mir endlich möglich, so zu arbeiten, wie es mir behagte: Kontakte im ganzen Land herstellen, Begeisterung wecken und Sponsoren für ein Engagement überzeugen. So konnte ich auch mein Versprechen einlösen, das ich Jean-Pierre Bonny, der 1988 die Erhöhung des Bundesbeitrages beantragt hatte, gegeben hatte, nämlich auch bei der Privatwirtschaft Mittel zu holen. Bis heute bin ich stolz, dass es mir gelungen ist, Sponsorengelder in der Höhe von 25 Millionen Franken zu generieren. So mussten wir am Schluss der Feier nur teilweise auf die Defizitgarantie des Bundes zurückgreifen.

Wo viel Licht, ist auch Schatten. Diese Erfahrung machte ich 1989, als Kaderleute der Post, der damaligen PTT, mir ein interessantes, aber teures Projekt vorschlugen. Sie kamen allerdings viel zu spät, die Mittel für die Jubiläumsfeierlichkeiten waren längst vergeben. Journalisten witterten einen Skandal. Ich fiel aus allen Wolken, als ich an einem Montagmorgen, kaum hatte ich im Bahnhof Bern den Zug verlassen, die Schlagzeile «Ungereimtheiten bei der 700-Jahr-Feier?» las. Am Bärenplatz in Bern war der Aushang der *Schweizer Illustrierten*, auf dem ich prominent vertreten war: «Marco Solari, wo sind die Millionen?» Auf Schritt und Tritt hatte ich das Gefühl, dass mich alle Leute anstarren würden. Auf einmal war ich sehr einsam. Plötzlich waren alle Türen des Bundeshauses verschlossen. Delamuraz weilte zu jenem Zeitpunkt in Paris und liess ausrichten, er habe keine Zeit. Sein Generalsekretär Peter Saladin wie auch sein Stellvertreter Claude Corbat teilten mir freundlich, aber sehr bestimmt mit, dass sie auf Weisung des Bundesrates die Finanzdelegation eingeschaltet hatten. Im Raum stand der Verdacht der Veruntreuung von Bundesgeldern! Beide spürten, dass ich völlig am Boden war; ihre mitfühlende und ermutigende Haltung in diesem Moment werde ich nie vergessen.

Drei Tage lang ging ich durch die Hölle, und nachts hatte ich zum ersten Mal schlaflose Nächte. Die Finanzdelegation überprüfte unsere Bücher. Am Mittwoch kam dann die Entwarnung. Die Buchhaltung war bis auf den letzten Rappen korrekt, was der Chef der Finanzdelegation gegenüber den etwas gar aufgeregten Journalisten zu der lapidaren Feststellung veranlasste, es herrsche «absolut courant normal». Die Blase war geplatzt! Und auf einmal war ich wieder Everybody's Darling: «Marco, wir wussten, dass du ehrlich bist. Wir haben keine Sekunde gezweifelt», lautete der Tenor. Für mich waren diese Tage eine Lebenserfahrung.

In den Jahren vor und während der 700-Jahr-Feier brandete mir in der Bevölkerung eine Welle der Sympathie entgegen. Ich gab Hunderte von Interviews, war in der Presse, im TV und im Radio omnipräsent. Überall erkannte und grüsste man mich. Popularität ist wie eine Droge, ein wunderbares Gefühl, doch brandgefährlich. Bundesrat Willi Ritschard hatte mir einmal mit auf den Weg gegeben: «Marco, du musst wissen: Je höher der Affe klettert, desto mehr sieht man seinen Hintern.» Wer nach den Sternen greift, sollte die Bodenhaftung nicht verlieren – dieses Credo habe ich mein ganzes Leben lang versucht zu beherzigen.

HOTEL

EIN ZELT ALS IKONE

Über die 700-Jahr-Feier der Eidgenossenschaft wurde viel geschrieben. Die vielfältigen Aktivitäten sind in dem über dreihundert Seiten umfassenden Werk *«1991 – Das Jahr der Schweiz. Die Chronik des Jubiläums»* umfassend dargestellt. «Dieses Buch berichtet von einer Überraschung», heisst es auf dem Coverumschlag. «Die bewusst dezentral durchgeführte 700-Jahr-Feier der Eidgenossenschaft war zunächst einiger Skepsis begegnet. Doch dann entfaltete das ‹Fest der vier Kulturen› in der Romandie ein so reiches Spektrum der Künste, das ‹Fest der Eidgenossenschaft› in der Innerschweiz ein so lebendiges Bild schweizerischer Identität und das ‹Fest der Solidarität› in Graubünden ein so eindrückliches Bekenntnis zu Europa und zur Weltgemeinschaft, dass das ‹Jahr der Schweiz› mit allgemeiner Begeisterung schloss.»

Nicht erwähnt wird hier die fundamentale Rolle, die das Tessin spielte. Ursprünglich hatte man der italienischen Schweiz eine Landesausstellung im Jahre 1998 in Aussicht gestellt. Es zeigte sich jedoch bald einmal, dass es ein Ding der Unmöglichkeit war, die Besucher einer solchen Grossveranstaltung durch das Nadelöhr Gotthard ins Tessin zu befördern und dort zu beherbergen. Die Tessiner Expo 1998 scheiterte, bevor sie begann – aus rein logistischen Gründen. Wir mussten daher eine Lösung finden, um das Tessin in die 700-Jahr-Feier einzubinden. Mit diesem Anliegen wandte ich mich an Bundesrat Delamuraz: «Ich schlage vor, dass wir die Eröffnungsfeier in Bellinzona durchführen.» Er lachte laut auf, als er dies hörte, worauf ich entgegnete: «Ich meine das ernst.» Auf Delamuraz' Nachfrage («Wo genau?») hatte ich allerdings keine Antwort parat, zumal mir bewusst war, dass es im Tessin keine ausreichend grosse Halle für einen solchen Anlass gab. Und der Bundesrat hatte, um die Ablehnung des Volkswillens zu CH91 zu respektieren, explizit ausgeschlossen, neue Bauten zu errichten. Was nun?

Marco Solari mit Bundesrat Flavio Cotti am 10. Januar 1991 auf dem Bahnhofplatz in Bellinzona bei der Eröffnung der 700-Jahr-Feier und am 1. August 1991 mit einem Wilhelm-Tell-Darsteller auf dem Rütli.

Es war schliesslich mein Freund, der Architekt Mario Botta, der das Ei des Kolumbus fand. Wir assen in einem Restaurant in Montreux zu Mittag, als ich ihm die Situation um die Eröffnungsfeier schilderte. Da

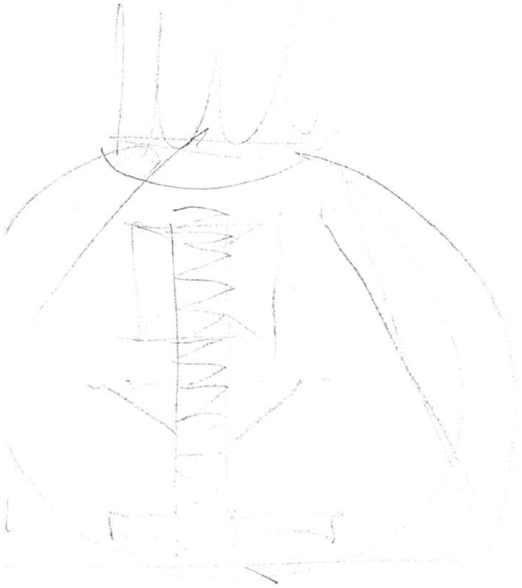

nahm er ein kleines, rechteckiges Notizpapier und begann in der für ihn so typischen Weise mit seinem Bleistift herumzukritzeln. Ein Zelt sei nichts Fixes, meinte er, und innert wenigen Sekunden hatte er seine Vision skizziert. Daraus entstand schliesslich das Projekt für ein Zelt mit einer mächtigen Kuppel, über der im Kreis um die Landesfahne die 26 Kantonsfahnen flatterten. Das Botta-Zelt avancierte zum wichtigsten und zentralsten Kommunikationsmittel der 700-Jahr-Feier. Eine wahre Ikone, das Sinnbild der 700-Jahr-Feier der Eidgenossenschaft. Die Armee transportierte es durch die ganze Schweiz und montierte es in Bellinzona, Lausanne, Brunnen, Genf, Sils, Basel und – was fast alle vergessen haben – im November 1991 auch in Brüssel.

In Bellinzona wurde die «mobile Kathedrale», wie Mario Botta sein Zelt nannte, neben dem Castelgrande platziert, was verschiedenen eidgenössen Kommissionen gar nicht behagte. Sie protestierten heftig. Ich setzte mich darüber hinweg ... Das Provisorische des Zeltes bildete einen magistralen Kontrapunkt zu den jahrhundertealten Mauern, die einst von den Mailänder Herzögen errichtet worden waren, um den Expansionsdrang der Eidgenossen Richtung Süden Einhalt zu gebieten. Als das Tessin 1803, nach fast dreihundert Jahren kolonialistischer Ausbeutung durch die eidgenössischen Vögte, durch Napoleons Mediationsakte ein eigenständiger Kanton wurde, stellten die drei halbverfallenen Burgen von Bellinzona die einzigen Besitztümer des jungen Kantons dar. Während das Castelgrande 1991 nach der genialen Res-

Die spontane Skizze von Architekt Mario Botta für ein Zelt.

tauration durch den Architekten Aurelio Galfetti in einem neuen Kleid erstrahlte, bildete das Zelt einen wichtigen Beitrag der italienischsprachigen Minderheit zum Fest der Eidgenossenschaft.

Die Finanzierung des Zeltes war im Budget nicht vorgesehen gewesen. Bundesgelder standen daher keine mehr zur Verfügung. Wir machten uns an die Arbeit, die notwendigen Mittel aufzutreiben. Der Kanton Tessin steuerte eine Million Franken bei und übernahm damit das erste Drittel der Kosten. Renzo Respini, Regierungsrat und ETT-Präsident, war es gewesen, der diesen Antrag in der Regierung und im Grossen Rat in Rekordzeit durchbrachte. Mit dieser Basis begab ich mich auf Sponsorensuche. In Biel traf ich mich mit Nicolas Hayek, dem Gründer der Swatch Group. Er hörte mir zu und fragte dann lapidar: «Was kostet es?» – «Drei Millionen Franken. Eine davon haben wir vom Kanton Tessin auf sicher», entgegnete ich. Worauf Hayek mich anschaute, lächelte, einen Scheck zückte und sagte: «Hier hast du die zweite Million.» Ich war überwältigt. (34 Jahre später sollte sich die Szene wiederholen, als ich verzweifelt einen vierten Hauptsponsor für das Filmfestival suchte. Nick Hayek jun. empfing mich im Frühjahr 2022 in Biel. Auch er hörte aufmerksam zu, auch er fragte, wie viel ich benötigte, und auch er sicherte mit ähnlich wohlwollendem Lächeln wie einst sein Vater finanzielle Unterstützung zu. Welch eine Familie!) Für die dritte Million zeichnete sich Botta verantwortlich. Und zwar im wahrsten Sinne des Wortes. Er konzipierte für das Zelt

Marco Solari präsentiert ein Modell des Botta-Zeltes.

1200 Stühle, die wir für je 700 Franken verkauften. Diese Souvenirs gingen weg wie die sprichwörtlichen «heissen Weggli», womit die Finanzierung des Zeltes sichergestellt war.

So gross die Begeisterung für die 700-Jahr-Feier bei den einen, so gross war die Verbitterung bei den anderen. Infolge der Fichen-Affäre wurde insbesondere Kritik am «Schnüffelstaat» laut, und auch die Forderung einer Schweiz ohne Armee zog nach dem Fall der Berliner Mauer zusehends grössere Kreise. Bereits die Diamantfeier der Mobilisationsveteranen hatte harsche Kritik hervorgerufen. Höhepunkt der Proteste war der 1990 lancierte Kulturboykott, als Intellektuelle und Künstler dazu aufriefen, der 700-Jahr-Feier fern zu bleiben, da sie in ihren Augen nur zur Legitimierung einer durch Affären und Skandale geschwächten Führungsschicht diene. Für mich hatte der Kulturboykott durchaus auch positive Seiten. Ich wollte mich nicht in eine Mythen- und Heldenzelebration einbinden lassen, sondern sah in der 700-Jahr-Feier ein Instrument, um nach vorne zu schauen – und das auch durchaus mit einer kritischen Brille. Deshalb war es mir ein grosses Anliegen, Künstler in die verschiedenen Events einzubinden, damit sie sich eben auch kontrovers äussern konnten. Bei einigen biss ich allerdings auf Granit. Der Schriftsteller Max Frisch beispielsweise sah keinen Grund zum Feiern und haderte kurz vor seinem Tod mit seinem Vaterland: «Ich will mit diesem verluderten Staat nichts zu tun haben», schrieb er mir in einem Brief. «Das einzige, was mich noch mit diesem Staat verbindet, ist mein Pass in der Schublade, den ich aber in Anbetracht meiner Krankheit nicht mehr benötige.»

Diese Haltung war insofern bedauerlich, als ich die Künstler, mit denen ich sprach, immer wieder ermutigte, sich auch kritisch einzubringen. So wie Dürrenmatt, der im November 1990 in Rüschlikon anlässlich der Verleihung des Gottlieb-Duttweiler-Preises an Vaclav Havel seine berühme Rede «Die Schweiz, ein Gefängnis» hielt, in der er – vor einem hochkarätig besetzten Publikum inklusive den immer bleicher werdenden Bundesräten und Parlamentariern – die Schweiz mit einem Gefängnis verglich, dessen Bewohner zugleich Wärter und Gefangene seien. Der Skandal war perfekt. In den folgenden Monaten wandte ich viel Zeit für Diskussionen auf. Unter dem Strich gelang es mir, Intellektuelle wie Niklaus Meienberg umzustimmen, der anfangs sehr skeptisch war, und auch ein Jean Tinguely, der bereits die Expo 1964 in Lausanne mitgestaltet hatte, begeisterte sich für die 700-Jahr-Feier. Viele Künstler aber liessen sich von ihrer ablehnenden Haltung nicht abbringen.

Das Botta-Zelt im Castelgrande in Bellinzona und in Brunnen am Vierwaldstättersee.

Dass das Jubiläumsjahr dennoch ein riesiger Erfolg wurde, hatte auch mit dem Funken zu tun, der sich am 10. Januar 1991 bei der Eröffnungsfeier in Bellinzona entzündete. Wir hatten im Tessiner Hauptort alle Bräuche und Sitten, die mit Licht und Flammen zu tun haben, versammelt, darunter auch viele Feuerbräuche, die übrigens oft heidnische Wurzeln aufweisen. Bellinzona verwandelte sich in ein Lichtermeer. Wer dieses Spektakel gesehen hat, wird es zeitlebens nicht vergessen. Auch die 1200 Gäste (darunter der Gesamtbundesrat, National- und Ständeräte, kantonale Delegationen, Vertreter der Kirchen und des Militärs, von Wissenschaft und Kultur, die allesamt mit Sonderzügen angereist waren) staunten über den Empfang, der ihnen im Tessin bereitet wurde. Auf dem *Viale alla Stazione*, der Allee, die vom Bahnhof in die Altstadt am Fusse des Castelgrande führt, herrschte eine fröhlich aufgeräumte Stimmung, die in vollem Kontrast zu der miesepetrigen Atmosphäre stand, die nördlich der Alpen vielerorts herrschte. Der Bundespolizei war dieser Trubel nicht geheuer. Sie wollte die Bundesräte am Volk vorbei schleusen. Ein Bad in der Menge sei viel zu gefährlich, monierten die Sicherheitskräfte. «Aber nicht im Tessin», entgegnete ich, setzte mich durch, und so konnte die Festgemeinde losmarschieren, zuvorderst die sieben Bundesräte. Einen solchen Triumphmarsch, begleitet von Jubelrufen, hatten unsere Landesregierung, unsere Parlamentarier und unser Militär noch selten erlebt.

Beim offiziellen, vom genialen und international hoch geachteten Basler Regisseur Werner Düggelin konzipierten Festakt im Botta-Zelt, der live im Fernsehen übertragen wurde, konnte sich dann die ganze Nation davon überzeugen, dass uns ernst war mit den kritischen Stimmen. Die Auslandschweizerin und Schauspielerin Linda Geiser forderte in ihrer Ansprache die «sofortige Abschaffung des eidgenössischen kulturellen Minderwertigkeitskomplexes». Auch der in Brazzaville geborene Autor und Regisseur Sony Labou Tansi hielt der Festgemeinde einen eher ungemütlichen Spiegel vor: «Ihr, die im Zentrum stehenden Begüterten, trügerisch Wohlhabenden und wir, die Menschen der Peripherie, verarmt, gemeinsam sind wir von der Wirkung der Auseinandersetzung mit der Wegwerfkultur betroffen», sagte er. Das ungedämmte Elend der Verarmten werde damit enden, dass auch die Reichen mittellos würden. Bundespräsident Flavio Cotti wiederum gab bekannt, dass der Bundesrat den eidgenössischen Räten eine Botschaft über zwei Rahmenkredite in der Höhe von 700 Millionen Franken zur Entschuldung von Entwicklungsländern und zur Förderung von Umweltschutzprojekten in der Dritten Welt verabschiedet habe. Damit

Auch am Leicester-Square in London wurde die 700-Jahre-Feier der Eidgenossenschaft zelebriert. Marco Solari mit dem Lord Major der Stadt London und Walter Leu, dem Direktor der Schweizerischen Verkehrszentrale, wie Schweiz Tourismus damals hiess.

war die Debatte um die Rolle der Schweiz in Europa und in der Welt lanciert.

Das Jubiläumsjahr war reich an Begegnungen, Gesten der Solidarität und Aktivitäten. Schlussendlich waren es die Minderheiten, die mit ihrem unbeschwerten Patriotismus dafür sorgten, dass die 700-Jahr-Feierlichkeiten trotz der anfänglichen Zurückhaltung in den freisinnig-protestantisch dominierten Kantonen, also den Gründern des Bundesstaates von 1848, im ganzen Land zu einem Erfolg wurden. Unser offizieller Schlussbericht zuhanden des Bundesrates umfasste 125 Seiten. Mein Fazit in Kürze:

Die 700-Jahr-Feier war ...
... unabdingbar. Sie trug dazu bei, die Schweiz aus einer mentalen Krisensituation herauszuführen. Unser Land bewies einmal mehr, dass es die Kraft hat, sich selbst in Frage zu stellen. Die Konflikte wurden ausgetragen, wobei mir persönlich manchmal etwas weniger Bitterkeit und Hass lieber gewesen wären. Ich bin überzeugt, dass die Schweiz Anlässe und Momente benötigt, die gemeinsam gefeiert werden. Dazu gehören auch modern geprägte Landesausstellungen. Es darf dabei durchaus heftig diskutiert, ja, es soll gestritten werden. Nur Gleichgültigkeit wäre katastrophal. Die Schweiz ist ein Gebilde von Tausenden und Abertausenden von Gleichgewichten. Sobald etwas nicht mehr funktioniert oder jemand Überhand nehmen will, konzentrieren sich alle auf Teufel komm raus darauf, das Gleichgewicht wieder herzustellen. So war auch die *Expo 02* wichtig, und trotz der in der Schweiz unvermeidbaren Kontroversen schliesslich ein Erfolg. Eine nächste, auf die Zukunft ausgerichtete Landesausstellung, die nicht virtuell sein darf, sondern physische Begegnungsmomente schaffen muss, ist unabdingbar für unsere Willensnation.

Die Personen, die mich in Bezug auf die 700-Jahr-Feier am meisten überrascht haben, sind ...
... Bundesrat Pascal Delamuraz mit seinem staatsmännischen Verhalten auch in Krisensituationen. Flavio Cotti, der 1991 Bundespräsident war, und mich in jeder Beziehung unterstützte und der *Italianità* viel Platz einräumte. Ulrich Bremi und seine Rütlirede vor den europäischen Staatspräsidentinnen und -präsidenten, darunter auch Alexander Dubcek, der in der Tschechoslowakei so viel gelitten hatte. Bremi war es auch gewesen, der sich im Parlament durchgesetzt hatte und unter der Bundeskuppel das kritische Dürrenmatt-Stück «Herkules und

Oben: Historisches Amateurfoto vom 10. Januar 1991: Der Gesamtbundesrat vor dem Hotel Vierwaldstätterhof in Brunnen vor der Abfahrt des offiziellen Zuges nach Bellinzona. Von links: Koller, Delamuraz, Vizekanzler Casanova, Felber, Villiger, Cotti und Stich (der siebte im Bunde – Ogi – ist verdeckt).

Unten links: Marco Solari mit Jean Tinguely.

Unten rechts: Die beiden Tessiner Regierungsräte Giuseppe Buffi und Renzo Respini empfangen Bundesrat Jean-Pascal Delamuraz.

der Stall des Augias» hat aufführen lassen. Swatch-Gründer Nick Hayek und Nestlé-Chef Helmut Maucher mit der Grosszügigkeit, mit der sie das Botta-Zelt respektive die *Epopée de l'Europe* unterstützten, Frank A. Meyer und sein überzeugender Vorschlag der Dezentralisation in der *Groupe de réflexion*, sowie Dürrenmatt und seine provokative Gefängnisrede in Rüschlikon.

Mein grösster Fehler ...
... war zum einen die Tatsache, dass ich das Konzept der Dezentralisierung vielleicht doch zu weit getrieben hatte und wir gleichzeitig zu wenig in die Begegnungen über die Sprachgrenzen hinweg investiert hatten. Zum anderen waren die Diskussionen mit Oppositionellen, die ideologisch festgefahren waren, oft schlicht Zeitvergeudung.

Der emotionalste Moment war für mich ...
... der Eröffnungstag am 10. Januar 1991. Die in jeder Beziehung brillante Rede des genialen Genfer Geisteswissenschaftlers Jean Starobinski. Und natürlich Sony Labou Tansi aus Brazzaville, der nach seinen ersten aufrüttelnden Worten an die Festgemeinde sein Manuskript wegsteckte und stattdessen auf der Bühne improvisierte und ein Lied anstimmte. Er sagte, dass in seiner Heimat im Kongo das Publikum bei Festen zurücksang, und da unser Thema die Utopie sei, erwarte er, dass das Schweizer Publikum 2041 bei der 750-Jahrfeier auf seinen Gesang antworten werde. In Erinnerung geblieben ist mir auch Jeanne Hersch, die am Eröffnungstag neben mir sass und sich zu Recht ärgerte, dass wir die Nationalhymne kakophonisch gespielt hatten. Schliesslich die Tatsache, dass ich mich an diesem Abend mit einer applaudierten Rede an die gesamte institutionelle, kulturelle und wirtschaftliche Schweiz wenden durfte.

Das erfolgreichste Projekt des Jubiläumsjahres ...
... war der «Weg der Schweiz» vom Rütli dem Vierwaldstättersee entlang nach Brunnen, der von den Kantonen gestaltet wurde. Es handelt sich um eine bleibende physische Erinnerung an die 700-Jahr-Feier.

Der schlimmste Moment ...
... war für mich der Streit zwischen den Bundesräten Cotti und Delamuraz am Europatag in Sils. Delamuraz hatte sich von diesem Anlass einen Schub für den EWR erhofft. Doch dann überraschte Flavio Cotti, der 1991 als Bundespräsident amtierte, mit einer Rede. «Die Attraktivi-

tät eines Beitritts zum EWR scheint zusehends zu schwinden. Dies bewegt uns dazu, auch andere Wege, die nach Europa führen könnten, neu zu diskutieren. Vor allem müssen wir das Thema eines EG-Beitritts neu überdenken», sagte Cotti in seiner Ansprache vor versammelter europäischer und nationaler Elite. Er machte damit die Uneinigkeit unserer Landesregierung in der Europa-Frage öffentlich, was den EWR-Befürworter Delamuraz auf die Palme brachte. Im Suvretta Hotel versuchte ich anschliessend, zwischen den beiden zu vermitteln. Sie schauten sich böse, ja feindselig an. Das Vorhaben war chancenlos. Delamuraz war zutiefst enttäuscht; Cotti blieb unnachgiebig.

Am meisten geärgert habe ich mich ...
... als ich erfuhr, dass das Botta-Zelt nach dem letzten Auftritt in Brüssel nach Payerne verfrachtet und dort eingemottet wurde. Ich empfahl dem Bundesrat, das Zelt für Auftritte der Schweiz im Ausland zu verwenden. Als dann jedoch 1992 der EWR abgelehnt wurde, sank die Begeisterung, die Schweiz in Europa zu präsentieren, auf den Nullpunkt. Der deutsche Unternehmer Roland Mack, der in Brissago ein Haus besitzt, erwarb schliesslich das Zelt und baute es im Europa-Park in Rust auf.

LE CHEF
DU
DÉPARTEMENT FÉDÉRAL
DE L'ECONOMIE PUBLIQUE

Berne, le 18 novembre 1991

Monsieur Marco Solari
Délégué du Conseil fédéral
au 700e anniversaire
de la Confédération
Brunnadernstrasse 27
Case postale

3000 Berne 16

Sol

Mon cher Marco,

La rigidité des usages procolaires m'a interdit de bondir à la tribune, hier à Bâle, pour te remercier.

Tu as eu l'élégance de dire ta gratitude à ceux qui ont collaboré avec enthousiasme à la réussite du 700e. Tous ont été ainsi mis à l'honneur. Tous, sauf toi!

La cérémonie d'hier a été digne et émouvante. Elle était marquée de l'esprit que tu as su insuffler à toutes les grandes manifestations organisées au cours de l'année 1991.

Je te sais gré d'avoir oeuvré avec autant d'intelligence et de sensibilité, au service d'un pays qui ne pourra qu'en tirer profit.

J'aurai l'occasion de te remercier publiquement au nom du Conseil fédéral. Je ne voulais cependant pas laisser passer cette journée sans t'exprimer ma très vive reconnaissance.

Veuille croire, mon cher Marco, à l'assurance de mes sentiments les plus amicaux.

J.-P. Delamuraz

Dankesschreiben von Bundesrat Jean-Pascal Delamuraz an Marco Solari.

Signor
Marco Solari
lic. ès sc. soc.
Casoro di Barbengo

6918 **Figino**

Egregio signor Solari,

con la fine dell'anno, termina anche il Suo mandato di Delegato del Consiglio federale per il 700° anniversario della Confederazione.

In applicazione delle risoluzioni adottate dalle Camere federali il 7 ottobre 1988, il Consiglio federale Le ha affidato l'assieme della pianificazione e dell'organizzazione delle cerimonie e dei festeggiamenti di questo anniversario.

Organizzare questo anno commemorativo, partendo dalla difficile situazione del dopo CH91 , era come lanciarsi in una scommessa.

Lei l'ha brillantemente vinta.

Il pieno successo che, grazie a Lei e all'influsso esercitato sui Suoi collaboratori, hanno registrato le manifestazioni commemorative del 700° anniversario della Confederazione, ha dato a molti nostri concittadini una nuova consapevolezza del loro Paese, armando così la Svizzera in modo da meglio affrontare le grandi sfide che le si presentano.

Il Consiglio federale Le esprime i suoi vivi ringraziamenti per gli eminenti servizi resi.

Berna, 18 dicembre 1991

IN NOME DEL CONSIGLIO FEDERALE

Il Presidente della Confederazione

F. Cotti

Il Cancelliere della Confederazione

F. Couchepin

Dankesschreiben von Bundesrat Flavio Cotti an Marco Solari.

14.1. Fax Cosora

ADOLF MUSCHG
HASENACKERSTR. 24
CH-8708 MÄNNEDORF
TEL. 01 / 920 46 38

11.1.91

Lieber Herr Solari,

haben Sie Dank für Ihren offenen und persönlichen Brief. Und verzeihen Sie, wenn die Antwort so lange auf sich warten ließ. Ich habe in meinem engeren und weiteren Kreis viele schwere Belastungen erlebt - eine davon war der Verlust meines alten Hauses im Wallis, das in der Neujahrsnacht ausgebrannt ist. Ich war lange nicht mehr dazu gekommen, es so zu bewohnen, wie es das verdient hätte; dafür hat es mich nun auf seine Weise "boykottiert".

Lieber Herr Solari, was unsere Sache betrifft - denn unsere bleibt es ja doch, "nahe auf getrenntesten Bergen", wie Hölderlin sagt: jeder von uns liefert auf seine Weise den "Tatbeweis" für die Richtigkeit - nein: die Glaubwürdigkeit - seiner Haltung. Für den Ihren und seine Früchte habe ich den größten Respekt, und bin dankbar für Ihren guten Willen, die "andere Seite" nicht nur zu hören, sondern anzuerkennen, und mit ihr, so wie mit dem Widerspruch in der eigenen Brust, zu leben. Ich glaube, keiner von uns will "recht haben" - schon gar nicht auf Kosten unseres Landes. Die Enttäuschungen, die "unser" Staat uns beschert hat, nehmen Sie so wenig leicht wie ich - zugleich können wir das Historische und gewissermaßen Zwangsläufige daran erkennen. Die Schweiz muß jetzt über einen größeren Berg als den Gotthard; wie viel Gepäck sie auf diese Expedition mitnehmen kann, wie viel sie abwerfen muß, ist eine Lebens- und Überlebensfrage. Und wenn der eine von uns eher mit Zucker, der andere eher mit der Peitsche zu arbeiten scheint, wissen wir doch zweierlei voneinander: diese Rollenteilung ist willkürlich, beides ist nötig und: mit beidem ist es nicht getan. Wir sind beide keine Führer auf dieser Expedition, sondern Teil von ihr; und die Klarheit darüber, was n i c h t sein darf (so wie der Dämon des Sokrates bekanntlich nur abzuraten wußte, nicht zuzuraten) tut auf diesem steinigen Weg ebenso Not wie die Aufmunterung, ihn trotzdem und womöglich gemeinschaftlich zu gehen, denn "der Weg ist das Ziel". Entschuldigen Sie, und nehmen Sie's nicht persönlich, wenn mein sokratischer Daimon in Ihren Ohren zu laut gesprochen hat: die Giftbecher dieser Republik sind ja ebenso real wie ihre Festpokale, und die Ehre, die wir uns daraus zutrinken, will erst einmal verdient sein. Das tun Sie mit Ihrer großen Arbeit auf Ihre Art, ich auf die meine. Am Ende dieses Jahres werden wir uns alle bewegt haben,

Brief von Adolf Muschg an Marco Solari.

und ich freue mich dann auf ein neues Gespräch mit Ihnen darüber, wo wir stehen - und darüber, daß wir da ebensowenig stehen bleiben können. Und die zu lauten Worte, die in diesem Prozeß gewechselt worden sind, wird der größere Wind der Geschichte verweht haben.

Mit herzlichen Wünschen

Brief von Max Frisch an Marco Solari

MAX FRISCH

6611 Berzona
Val Onsernone/Ticino
Svizzera
093/85 11 20

Eingang 14. MRZ. 1991
SOL
Kopien an: FS/TJ/EC/OP
Adressen:
Erledigt:

Herrn Marco SOLARI
700 JAHRE EIDGENOSSENSCHAFT
Brunnadernstrasse 27

3000 Bern 16

12. März 1991

Sehr geehrter Herr Marco Solari!

Als Sie mich per Telefon eingeladen haben in das Botta-Zelt in Bellinzona und ich Ihnen sagen musste, dass ich den Künstler-Boykott unterzeichnet habe, da wussten Sie das schon; ich konnte nur noch ergänzen: trotz Boykott-Teilnahme zeige ich natürlich nicht mit dem verdammenden Finger auf andere, die es anders halten, wie der alte Freund Rolf Liebermann zum Beispiel, zudem verstehe ich aus früher Erfahrung, dass ein Künstler zeitweise auf jeden öffentlichen Auftrag angewiesen ist. Euer Fest in Bellinzona fand am nachfolgenden Tag statt; eine reichlich späte Einladung also. Aber im Gentlemen-Ton liessen Sie mich wissen, dass die Eidgenossenschaft mich in Zürich abholen würde (Mercedes? Rolls-Royce? Cadillac?) - Künstler-Boykott hin, Künstler-Boykott her; so musste ich Ihnen etwas Privates anvertrauen, nämlich, dass ich krank bin. Es war ein höfliches Telephonat, meine ich, sogar ein witziges - nur haben Sie den Klartext überhört.

Was soll ich antworten auf diese neue Einladung aus dem Bundeshaus? Vielleicht könnte ich alt-Bundeskanzler Helmut Schmidt anlocken, da er mich schon zweimal nach Hamburg zu einem persönlichen Wiedersehen eingeladen hat; den Zuschlag von Business-Class zur ersten Klasse in der SWISSAIR würde ich übernehmen. Offenbar braucht unsere Regierung jetzt internationale Namen, um unsere Position im neuen Europa zu demonstrieren. Oder dürfte es auch ein Flüchtling sein, der unser Land hat verlassen müssen?

Die 700 Jahre-Feier, die Sie zu gestalten haben - das Schweizervolk fiebert vor Erwartung, ein Vierteljahr ist bereits weg - missfällt mir aus ernsten Gründen. Das wissen Sie, aber das hindert Sie nicht an dieser Einladung. Meine Onkologin, die am Bett sitzt, kann sich nicht vorstellen, wie ich auch nur drei Minuten aufrecht stehe oder aufrecht sitze zwischen einem Bundesrat und einem Bundesanwalt; immerhin findet sie den Blutdruck ordentlich. Im Ernst.
Ich habe übrigens meine Bundesfichen erhalten (1.8.1990) und sofort auch Beschwerde eingereicht. Gegen mehrere Eintragungen, die lediglich aus einem Datum bestehen und die ganze Information mit Schwärze verbergen. Auch das "geöffnete" Dokument, das der Fichen-Delegierte genehmigt hat, ist wie alle Fichen, die wir bisher zu sehen bekommen haben: ein Dokument der Ignoranz, der Borniertheit, der Provinzialität. Man kann darüber witzeln, ich halte es für eine ernste Sache; dieses Fichen-Werk signalisiert das heutige Staatsbewusstsein.

> 10.12.70 v.ND ZH : Bericht über die Strassendemonstration vom 9.12.70 in Zürich, im Zusammenhang mit dem Bührle-Prozess in Lausanne organisiert durch die KJS (KRITISCHE JUS-STUDENTEN) und SHG (SOZIALISTISCHE HOCHSCHULGRUPPE) Fig. auf Teilnehmerliste.
> &&&&&&&&&&&&&&&&&&&&&&&&&&&&

Das war eine studentische Demonstration gegen Waffenschmuggel und gegen Waffenhandel. Also ein Akt der verfassungsrechtlichen Meinungsfreiheit. Und also eine bewilligte Demonstration. Die Teilnahme daran genügt, um als potentieller Landesverräter registriert zu werden, vermutlich auch bei der P 26.

> 20.9.76 aus"NationalZeitung" Nr. 293: Max Frischs Frankfurter Friedensrede". F. wurde in der Frankfurter Paulskirche mit dem Friedenspreis des deutschen Buchhandels ausgezeichnet. &&&&&&&&&&&&&&&&&&&&&&&&&&&&&&&&&&&

Knapper lässt sich die eidgenössisch-amtliche Mentalität im Kalten Krieg nicht fixieren: FRIEDE, allein diese Vokabel genügt, um dich verdächtig zu machen für den Staatsschutz.

Obschon kein Eintrag in meiner Fiche hinweist auf ein verfassungswidriges Verhalten - und wäre es auch nur ein Hinweis auf Beziehungen zur Geldwäscherei, zum Waffenschmuggel, zum Drogenhandel etc. - bin ich also über 43 Jahre lang observiert worden. Warum eigentlich? Wie aus allen anderen Fichen hervorgeht, observiert wird ein Schweizer, wenn er nicht die Meinung der Neuen Zürcher Zeitung und ihrer ländlichen Verwandten teilt. Das heisst: Was sich als Staats-Schutz gebärdet, ist eine Bürgerblock-Polizei, also eine Partei-Polizei. Und hiemit ist der Staatsschutz, so wie er eingesetzt wird, eine verfassungswidrige Institution. Und kein Bundesrat, der im Lauf der Jahrzehnte diesen Verfassungsverrat betrieben oder im Kollegialprinzip geduldet hat, wird zur Rechenschaft gezogen. Es geht weiter: Verfassungs-Verrat als eidgenössischer Alltag. Warum soll ich mich mit dieser Regierung freiwillig an einen Tisch setzen?

Herr Marco Solari -

Wenn ich mit Ihnen von der Schweiz rede, so rede ich nicht von den Landschaften, die ich wohl kenne, nicht von unseren Seen, nicht von Freunden so verschiedener Art, nicht von Kultur-Denkmälern, inbegriffen die römischen und die deutschen, nicht von unserer Mundart, sondern ich meine den Staat, 1848 eine grosse Gründung des FREISINNS, heute unter der jahrhundertlangen Dominanz des Bürgerblocks ein verluderter Staat - und was mich mit diesem Staat heute noch verbindet: ein Reisepass
(den ich nicht mehr brauchen werde.)

Es grüsst Sie

Max Frisch

(Max Frisch)

rnold
J.Kyb

«SIE KOMMEN JETZT ZUR MIGROS!»

Für die 700-Jahr-Feier suchte ich bis zuletzt Sponsoren aus der Privatwirtschaft, so wie ich es dem Bundesrat und dem Parlament versprochen hatte. Daher rührte ich die Werbetrommel, wann immer sich die Gelegenheit bot. Im Mai 1991 durfte ich vor der Handelskammer in Neuenburg auftreten. Im Saal war unter anderem auch Pierre Arnold anwesend, der legendäre Präsident des Migros-Genossenschaftsbundes. Nach meinem Referat wollte ich mich umgehend auf den Weg zurück nach Bern machen. Arnold forderte mich jedoch zum Verweilen auf. Beim Abendessen entstand ein angeregter Austausch, wobei er derjenige war, der viele Fragen stellte, zu denen ich Stellung bezog. So weit, so normal.

Als ich am folgenden Tag in meinem Büro erschien, teilte mir meine Sekretärin mit, «ein gewisser Herr Arnold» habe angerufen. Ich solle mich heute Abend um 17 Uhr bei ihm im Migros-Hauptsitz am Limmatplatz in Zürich einfinden. Frohen Mutes bestieg ich am späten Nachmittag den Zug nach Zürich, in der Annahme, dass man mir das Sponsoringengagement der Migros bei einem Projekt der 700-Jahr-Feier verkünden würde. Als ich sein Büro betrat, blickte mich Arnold streng an und fragte: «Also, was gedenken Sie nach der 700-Jahr-Feier zu tun?» – «Ich kehre ins Tessin zurück.» Arnold schüttelte den Kopf: «Nein. Das werden Sie nicht. Sie kommen stattdessen zur Migros. Ich biete Ihnen eine Stelle als Verwaltungsdelegierter in Zürich an.» Selbstverständlich fühlte ich mich geschmeichelt. Denn ich wusste, dass es im Migros-Genossenschaftsbund nur fünf Verwaltungsdelegierte – heute würde man von Generaldirektoren sprechen – gab, die ähnlich wie ein Regierungsgremium funktionierten. Der Präsident der Delegation war *Primus inter pares*, hatte also theoretisch kein Weisungsrecht. Konnte man ein solches Angebot ablehnen? Ich antwortete vorsichtig: «Ganz ehrlich, Herr Arnold, was verstehe ich schon vom Detailhandel?» Er erwiderte: «Unterschätzen Sie mich nicht! Ich weiss ganz genau, was ich vorhabe.» Da er derart entschlossen war, wollte ich ihn

Oben: Legendäre Migros-Patrons: Pierre Arnold (links) und Jules Kyburz.

Unten: Marco Solari, von Migros-Präsident Jules Kyburz als «Botschafter der Migros» bezeichnet, mit Italiens Premierminister Giuliano Amato bei der Einweihung der Kappelle Corte dei Butteri (1993).

nicht brüskieren und bat um zwei Tage Bedenkzeit. Das überraschte ihn zwar, aber mit einem zackigen «Dann erwarte ich Ihre Antwort bis Samstagmorgen um 9 Uhr» gewährte er mir die Frist.

Gemeinsam mit meiner Frau Michela wog ich das Pro und Contra sorgfältig ab. Eine Zusage war mit einem Umzug nach Zürich und somit mit einer totalen Veränderung meines Lebensstils verbunden. Ich hatte meinen Wohnsitz im Tessin, wollte nach der 700-Jahr-Feier wieder im Tessin arbeiten, wo ich mich wohl fühlte. Es war vorgesehen, dass ich meinen Job als Direktor der ETT wieder aufnehmen würde. Zudem liebäugelte ich auch mit der Option, in die Politik einzusteigen. Doch im Leben ist die einfachste Lösung selten die beste. Zudem spürte ich, dass es für mich nach vier Jahren im öffentlichen Rampenlicht der 700-Jahr-Feier an der Zeit war, von den Kameras und Mikrofonen Abstand zu gewinnen. Natürlich schmeichelt Popularität, sie macht aber auch abhängig wie eine Droge. Und in der Schweiz, diesem so republikanisch geprägten Land, ist nichts relativer als Popularität. Jeder Möchtegernmonarch wird rasch geköpft. Insofern sah ich in dem Angebot der Migros auch eine Art dringend notwendiger Katharsis. Ich verfasste schliesslich ein Telegramm, in dem ich Arnold schlicht und einfach mitteilte: «*J'accepte!*»

Als ein gesamtschweizerisches Unternehmen ist die Migros ein Abbild der Nation. Typisch für unser Land, aber auch für die Migros, ist die Balance zwischen regionalen und zentralen Kräften. Der Wille zur Zusammenarbeit und der Respekt vor den Grenzen der Autonomie prägen den Genossenschaftsbund. Bei diesem Gleichgewicht spielt das lateinische Element eine wichtige Rolle. Migros-Gründer Gottlieb Duttweiler hatte die Bedeutung des Tessins für den Erfolg eines national tätigen Detailhändlers instinktiv gespürt. Tatsächlich ist die Identifikation mit der Migros in keiner Region grösser als im Tessin, dem einstigen Armenhaus der Schweiz. Duttweiler hatte die Bauern, die auf der Magadino-Ebene Tomaten und Mais anbauten, von Anfang an unterstützt und ihre Produkte abgenommen.

Nicht nur landwirtschaftlich, sondern auch touristisch verdankt das Tessin Duttweiler sehr viel. In den 1930er- und 1940er-Jahren bot er der Schweizer Bevölkerung günstige All-inclusive-Ferien im Tessin an. So konnten sich auch Familien mit bescheidenem Budget Ferien oder zumindest eine kurze Reise in den Süden leisten. Ein Riesenerfolg! In Capolago am Luganersee erinnert der Gottlieb-Duttweiler-Platz bis heute daran, dass die 1890 eröffnete Zahnradbahn, die von dort auf den Monte Generoso hochführt, im Zweiten Weltkrieg von «Dutti» ge-

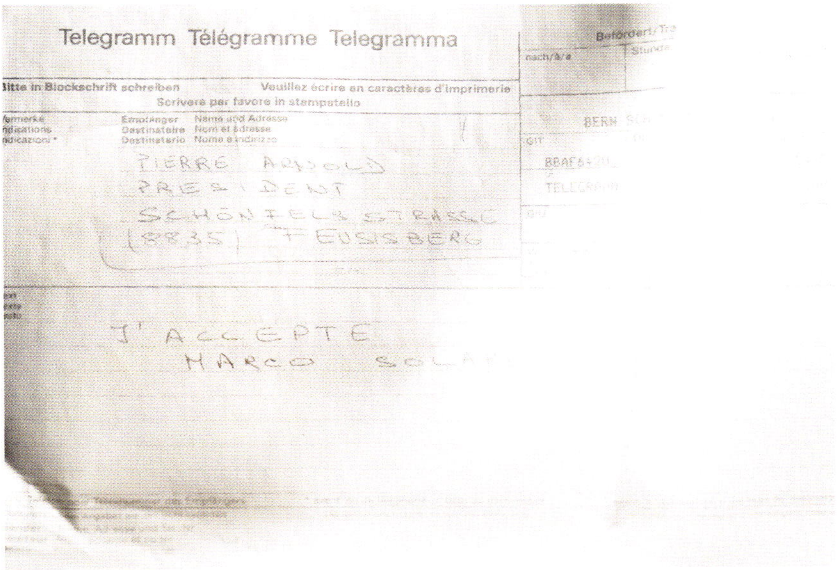

Telegramm Télégramme Telegramma

Bitte in Blockschrift schreiben — Veuillez écrire en caractères d'imprimerie — Scrivere per favore in stampatello

Empfänger Name und Adresse / Destinataire Nom et adresse / Destinatario Nome e indirizzo

PIERRE ARNOLD
PRESIDENT
SCHÖNFELSSTRASSE
(8835) FEUSISBERG

J'ACCEPTE
MARCO SOL…

«J'accepte!» – Telegramm von Marco Solari an Migros-Präsident Pierre Arnold.

rettet wurde. Wegen des Krieges stand die Bahn still; der Besitzer wollte die Gleise abbauen und das Eisen einschmelzen. Duttweiler kaufte die Bahn im April 1941 und bewahrte sie vor dem Bankrott. Sie passte in seine Unternehmensstrategie und half mit, das Image der Migros weiter zu verbessern. In den Läden liess er das erste Migros-Waschmittel Generoso und den dreieckigen Monte-Generoso-Kuchen verkaufen. Legendär war seine Marketingstrategie, um die Besucher auf den Aussichtsberg zu locken: Im Restaurant auf dem Gipfel des Monte Generoso müssten nur genug grosse Schnitzel serviert werden, dann kämen die Leute von selbst, sagte er, und lag auch damit richtig.

Mehr oder weniger ein Selbstläufer war Mitte der 1990er-Jahre auch das Detailhandelsgeschäft. Finanziell ging es der Migros damals ausgezeichnet. Die hohen Gewinne sorgten sogar im Ausland für Aufsehen. An einem Novembertag rief mich ein enger Mitarbeiter von Silvio Berlusconi an, der damals in der Bau-, Medien- und Unterhaltungsbranche tätig war und mit seiner Partei «Forza Italia» die italienische Politik aufzumischen begann. Sein Chef sei von uns sehr beeindruckt und möchte mehr über das Erfolgsmodell der Migros erfahren, sagte er. Ich erklärte, dass die Migros eine Genossenschaft sei, eine *Cooperativa*. «Ja, aber ihr erzielt doch Gewinn!», wandte der Emissär ein. «Natürlich sind wir gewinnorientiert, wir wollen ja weiter in unser Geschäft und in unsere Mitarbeitenden investieren können.» Je mehr ich ihm erklärte, desto weniger verstand der Mann. Als ich ihm erzählte, dass wir nun gegen Ende Jahr die Joghurt-Preise herabsetzen würden, um nicht zu viel Gewinn auszuweisen, dachte er wohl, ich würde ihn veräppeln.

Es ist in der Tat nicht einfach, das komplexe Universum Migros zu durchschauen und zu verstehen. In den ersten Tagen nach meinem Amtsantritt habe ich zahlreiche Migros-Unternehmen besucht, um mir einen Überblick zu verschaffen. Am naheliegendsten wäre es gewesen, wenn man mir das Departement für Kommunikation und Kultur zugeteilt hätte. Doch dieses wurde von Eugen Hunziker, dem erfahrenen Präsidenten der Verwaltungsdelegation, geführt. Ich stand dem technischen Departement III vor. Da ich von Logistik, Bauten, Informatik, Labors und Produktion keinen Schimmer hatte, musste ich mich erst einmal mit diesen Themen vertraut machen. Dabei kam es zu überraschenden Begegnungen und Erkenntnissen. Als ich einmal eine lärmige Fabrikhalle besuchte, fragte ich die mehrheitlich italienischen und spanischen Mitarbeitenden, weshalb sie keinen Ohrschutz tragen. «Weil wir der Maschine zuhören wollen», erklärten sie. «Nur so entdecken wir ein allfälliges Problem sofort.» Dieses zwinglianische Pflichtgefühl der Mitarbeitenden in der Produktion, die für die eigentliche Wertschöpfung verantwortlich sind, hat mich tief beeindruckt.

Gewöhnungsbedürftig war für mich auch das komplexe und extrem hierarchisch organisierte Umfeld in der Führungsetage. Zwischen den fünf Delegierten herrschte ein permanentes Klima des Wettbewerbs. Marketing, Logistik, Industrie und Finanzen waren selten einer Meinung. Oft lag Spannung in der Luft. Für mich war es nicht leicht, in diesem Konstrukt meine Rolle zu finden und meinen direkt unterstellten Kaderleuten, fast allesamt Techniker, zu erklären, was ich von ihnen erwartete. Sie waren die Spezialisten, ich der «Politiker», der ihre Anliegen im Gremium der Verwaltungsdelegation durchbringen musste. Je länger, desto mehr fand ich Gefallen an diesem Job. Im Gegensatz zu den Ingenieuren mit ihrer oft typischen binären Denkweise (ja/nein, richtig/falsch) konnte ich in meiner Tätigkeit, die in der Hauptsache eben auch innerhalb der Verwaltungsdelegation, der Verwaltung und der über hundertköpfigen Delegiertenversammlung politisch war, die Hebel im Beziehungsgeflecht ansetzen.

Sämtliche Mitarbeitenden identifizierten sich verblüffend intensiv mit der Ethikphilosophie und den Werten der Migros, die noch stark vom Geist Duttweilers geprägt waren: «Nur das Beste für den Kunden und zum besten Preis», lautete das Motto. Jules Kyburz, der Duttweiler noch persönlich erlebt hatte, wachte eisern, dass die Prinzipien der Migros nicht verwässert würden. Er hatte sich mit Einsatz und Engagement vom Lehrling zum obersten Chef heraufgearbeitet – eine Bilderbuch-Karriere, ohne dass er je seine menschlichen Qualitäten op-

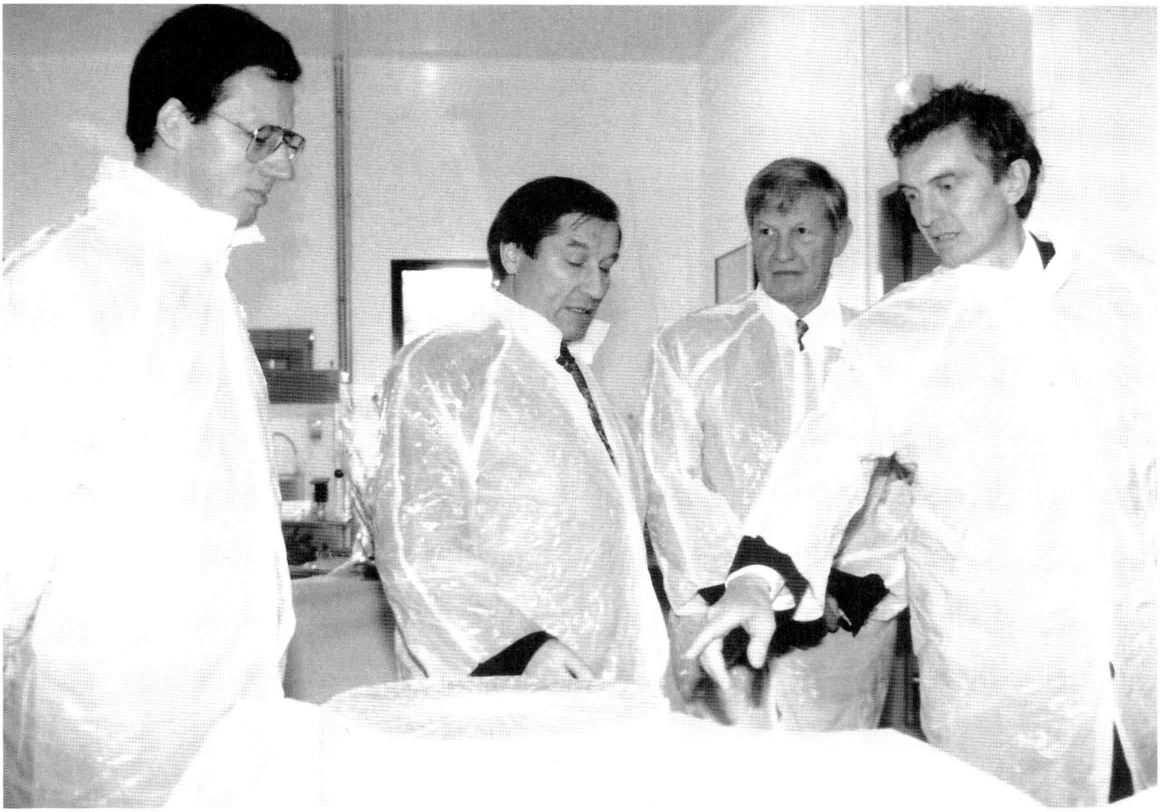

fern musste. Ich habe bis heute grossen Respekt und viel Bewunderung für ihn. Für die Kaderleute der Migros war (und ist) das Arbeitspensum ungemein hoch. Das lag in der DNA des Unternehmens. Schon Duttweiler hatte von seinen leitenden Angestellten erwartet, dass sie sieben Tage – ausser am Sonntagmorgen, der für den Besuch der Kirche reserviert war – arbeiteten, sich vorbereiteten oder weiterbildeten. Dass dieser Einsatz der Work-Life-Balance nur bedingt förderlich ist, versteht sich von selbst. Bei der Migros kam ich denn auch an die Grenzen meiner physischen und psychischen Belastbarkeit.

Besuch des Migros-Betriebes in Chalamont mit Marketing-Chef Hermann Hasen und den Direktoren von Migros France und Migros Neuchâtel et Fribourg.

Obwohl es mir anfangs nicht leichtfiel, mich in diesem Universum zurechtzufinden, habe ich den Bettel nicht hingeschmissen. Nicht einmal, als mir Bundesrat Flavio Cotti den Job als Botschafter in Rom antrug – obwohl mich diese Aufgabe enorm gereizt hätte. Piazza Navona, Fontana di Trevi und Petersplatz anstelle der täglichen Fahrt mit dem Tram Nr. 4, jeden Morgen um sechs Uhr am Platzspitz vorbei, mit den Spritzen auf dem verschmutzten Boden und all den menschlichen Tragödien ... Aber ich widerstand den Sirenenrufen von Bundesbern respektive aus der ewigen Stadt. Noch heute bin ich stolz auf mei-

Jules Kyburz

Lieber Marco,

Das hat mich aber gefreut!
Erinnerungen an alte Zeiten.
Schade, dass wir nicht länger
und intensiver zusammenar-
beiten konnten.
Die heutige Migros arbeitet –
so gut ich das beurteilen kann –
gut, aber, es fehlt das
„Solari-Herz"!

herzlich

Jules

Briefe von Jules Kyburz an Marco Solari.

MIGROS-GENOSSENSCHAFTS-BUND

Verwaltung

Herrn Marco Solari
RINGIER AG
Dufourstrasse 23
8008 Zürich

27. Juni 2000 Ky/Ry

Lieber Marco

In der „Brücke“ hast du mir liebenswürdige Worte gewidmet und ich möchte dir dafür sehr herzlich danken.

Ein paar Jahre hatte ich die Freude, mit dir zusammenzuarbeiten und das hat Spuren hinterlassen. Spuren von echter Kollegialität, Spuren auch von Dankbarkeit. Ich möchte diese Zeit nicht missen und dein Weggang hat ein „Loch“ hinterlassen, das bislang niemand aufzufüllen vermochte. Es genügt heute nicht mehr, ein tüchtiger Manager zu sein, andere Werte sind langfristig entscheidend, Charakter ist gefragt.

Ich hoffe, dass du so glücklich bist, wie es kürzlich durchs Telefon spürbar war, denn du kannst deine Fähigkeiten nur voll entfalten, wenn das Umfeld stimmt.

Das wünsche ich dir sehr herzlich und grüsse dich freundlich.

MIGROS-GENOSSENSCHAFTS-BUND
der Präsident

Jules Kyburz

75 JAHRE·ANS·ANNI
MIGROS

CH-8031 Zürich Limmatstrasse 152 Telefon 01-277 21 11 Telefax 01-277 21 01 ne Antwort: «Flavio, nach anderthalb Jahren kann ich nicht aufgeben. Überleg Dir mal: Mit welchem Ruf ginge ich denn nach Rom? Alle würden hinter vorgehaltener Hand tuscheln: In der Migros hat er versagt. Er ist bloss dank Flavio Cotti hier.»

Wenn auch nicht für den Bund, so übernahm ich zumindest für die Migros eine Art Botschafter-Rolle. Jules Kyburz, der von 1992 bis 1993 Präsident des Migros-Genossenschaftsbundes war (und gleichzeitig auch Präsident des SBB-Verwaltungsrates) betraute mich häufig mit heiklen Missionen, etwa Verhandlungen mit Konkurrenten wie dem damaligen Denner-Chef Karl Schweri oder mit der Basler Kantonsregierung, wo die Migros die legendäre Reederei Neptun besass. Auch in Italien waren wir präsent. Als wir im Ferienresort *Corte dei Butteri* von Hotelplan in der Maremma eine Kapelle einweihten, war nebst dem Präsidenten der italienischen Bischofskonferenz auch der damalige Regierungschef Giuliano Amato zugegen. Mir kam in meiner Ansprache zugute, dass ich die Werke des italienischen Nationaldichters Dante Alighieri gut kannte und ihn frei zitieren konnte. Ich konzentrierte mich auf die «*preghiera alla vergine*» des heiligen Bernhard im 33. Gesang des *Paradiso*. Die Kirchenfürsten waren erstaunt, dass ein Repräsentant eines kommerziellen Unternehmens aus der Schweiz Dante so gut kannte. Amato sprach lange mit mir über die *Italianità* des Tessins, aber auch über die historischen Spannungen, die entstanden, als Mussolini die Grenzen des faschistischen Italien am Gotthard festgelegt hatte. An diesem Tag bedauerte ich die abschlägige Antwort an Flavio Cotti schon ein wenig …

Die Migros-Zeit waren die schwierigsten Jahre meines Lebens, aber auf ihre Weise faszinierend, nicht zuletzt auch auf menschlicher Ebene. Mit Dankbarkeit erinnere ich mich an «meine» Ingenieure und hochqualifizierten Techniker, mit denen ich mich so gut verstand: der Laborchef Reto Battaglia, der mit Akribie jedes noch so suspekte Produkt analysierte; der Logistiker Wolfgang Brokatzky, der mit ungeheurem Einsatz versuchte, das von Anfang an unter einem schlechten Stern stehende Österreich-Geschäft mit den Konsum-Grossmärkten zu retten; der geduldige Herbert Bolliger, der spätere Präsident der Generaldirektion, der mir die komplexen Zusammenhänge der Migros-Informatik zu erklären versuchte; der Transportchef René Meyer und seine innovativen Vorschläge und in den mir unterstellten Betrieben Persönlichkeiten wie Walter Zürcher (Hotelplan), Claus Niederer (Migrol), Jacqueline Fendt (Neptun Reederei) und so weiter … Zwei weitere Persönlichkeiten dürfen ebenfalls nicht unerwähnt bleiben: Erstens der viel zu früh verstorbene Hannes Schmitt, der Stabschef meines Departements in einer Zeit, in der es Sekretärinnen gab, die die Stenografie beherrschten, und zweitens die liebenswürdige und effiziente Marianne Mutzner, eine tragende Säule, die nur für ihre Arbeit lebte.

Dankbar bin ich auch für die Unterstützung, die ich von Kollegen der Delegation erhielt, etwa von Eugen Hunziker, einem der profundesten Kenner der Migros, der mich immer wieder mit seinen messerscharfen Analysen der jeweiligen Situation überraschte und mich nie hängen liess, von Anton Scherrer mit seinen überragenden Manager-Qualitäten, die ihn auch zum Leiter der Delegation prädestinierten, oder von den «Migros-Fürsten», den Leitern der Genossenschaften, insbesondere Claude Hauser, den späteren Migros-Präsidenten. Als ich Claude Hauser nach einigen Jahren wieder traf, lächelte er mich an und stellte mir eine Frage, die meine Migros-Zeit sehr treffend resümierte: «Marco, eins musst du mir jetzt mal erklären: Du kamst von einem anderen Planeten zur Migros. Wir teilten dir das technische Departement zu. Mit unerhörtem Willen und Einsatz hast du diese Eigernordwand erklommen, den Gefahren getrotzt, die Hindernisse überwunden und warst mit allen kameradschaftlich und loyal. Als du oben angekommen bist, hast du dein Fähnlein in den Schnee gesteckt ... und dann warst du weg. Warum?»

Die Frage war ehrlich gemeint. Meine Antwort war ebenfalls aufrichtig, wenn auch etwas vage: «Im Leben gibt es immer wieder Überraschungen.»

FUTTERNEID UND EINEN KAFFEE AM SONNTAG

Manche Revolutionen kommen so schleichend, dass man sie gar nicht als solche wahrnimmt. Erst rückblickend wird man sich des gewaltigen Ausmasses der Veränderung bewusst. Ein schönes Beispiel für eine solche disruptive Transformation ist die Entwicklung des Ringier-Konzerns. Seine Vorfahren hätten als Drucker und Verleger ein gemütliches Leben geführt, gab Michael Ringier vor einigen Jahren einmal zu Protokoll. Da führte er einen Konzern mit 6500 Mitarbeitenden in 14 Ländern, der 120 Zeitungen und Zeitschriften herausgab sowie 80 eigenständige Webportale betrieb. Diese Erfolgsstory begann mit einer Art Urknall, der sich im Frühjahr 1997 ereignete. Damals übernahm Michael Ringier das Steuer im Familienunternehmen. «Das Schiff schwankte auf stürmischer See», urteilte die *NZZ*, während der *Tages-Anzeiger* «einen Machtkampf in der Führungsetage» kolportierte. Es habe «unterschiedliche Auffassungen im operativen Bereich» gegeben und zwischen «gewissen Mitgliedern der Konzernleitung habe die Chemie nicht gestimmt», stellte Michael Ringer am 13. März 1997 an einer Pressekonferenz klar, an der er erklärte, weshalb er, der Mehrheitsaktionär, fortan als Delegierter des Verwaltungsrates die operative Führung übernahm ... mit mir als stellvertretendem Konzernchef.

Es herrschte damals tatsächlich Feuer im Dach des Ringier-Gebäudes an der Dufourstrasse in Zürich. Heinz Karrer, der Leiter von Ringier Schweiz, und Sacha Wigdorovits, der Chefredaktor des *Blick*, hatten das Haus verlassen, zusammen mit diversen ihnen treu ergebenen Mitarbeitenden. In dieser heiklen Phase galt es, so rasch wie möglich Ruhe und Stabilität ins Unternehmen zu bringen. Meine Bekanntschaft mit Michael Ringier hatte sich durch Frank A. Meyer ergeben. Ohne auf irgendeinen Organigramm aufgeführt zu sein, ist FAM bis heute das publizistische Gewissen des Konzerns und ein enger Vertrauter von Michael Ringier. Er gab ihm denn auch den Tipp, mich rasch zu kontaktieren, da ich geeignet sei, «Frieden in den Olivenhain zu bringen».

Marco Solari im Gespräch mit dem Verleger Raimondo Rezzonico (stehend) und Paolo Brunetti, dem Direktor von Locarno Turismo (rechts).

So kam es, dass Michael Ringier einen Auslandsaufenthalt abbrach, sich in einen Helikopter setzte und nach Lugano flog. Meine Frau Michela und ich empfingen ihn bei uns zu Hause in Casoro, wo er mir das Angebot unterbreitete, die Leitung des neu geschaffenen Unternehmensbereiches Schweiz zu übernehmen sowie als sein Stellvertreter zu amtieren. Sein Enthusiasmus erlitt jedoch einen Dämpfer, als ich ihm erklärte, dass ich mich bei der Migros nach verschiedenen Anfangsschwierigkeiten sehr gut eingelebt hätte. Die Aufgaben dort waren zwar äusserst fordernd, aber in jeder Beziehung spannend. Zudem hatte man meinem Departement gerade erst einen grossen Teil der Abteilung Kultur sowie die Personalverantwortung einverleibt, was selbstredend ein grosser Vertrauensbeweis war. Michael Ringier insistierte jedoch. Er war sich, ähnlich wie einst Bundesrat Jean-Pascal Delamuraz und Migros-Patron Pierre Arnold, nicht gewohnt, dass man ihm Nein sagte. Um ihn nicht zu brüskieren, bat ich ihn, Jules Kyburz zu kontaktieren, der als Präsident der Verwaltung zusammen mit Eugen Hunziker, dem Präsidenten der Delegation, das eigentliche Sagen bei der Migros hatte. Was Michael Ringier auch umgehend tat. Kyburz bat mich am folgenden Tag in sein Büro. In seiner gewohnt lapidaren Art sagte er mir: «Marco, wenn du weggehen willst, ist es ein herber Verlust für die Migros. Aber die Medien, die Kommunikation– das ist deine Welt. Du musst das Angebot von Michael Ringier annehmen.»

Die Verlockung war in der Tat gross. Als stellvertretender Konzernchef von Ringier eröffneten sich mir völlig neue Perspektiven. Im Vergleich zum streng strukturierten Migros-Alltag war der Job zudem mit viel mehr Freiheiten verbunden. Also sagte ich Michael Ringier zu. Als er dies publik machte, waren die Reaktionen nicht eben schmeichelhaft. «Freunde übernehmen das Zepter», lautete die Schlagzeile im *Tages-Anzeiger*. Und weiter im Text: «Der hochgelobte Solari, der sich als Delegierter des Bundesrats für die 700-Jahr-Feier einen Namen machte, ist ein offener und kulturbeflissener Tessiner. Vom Mediengeschäft hat er allerdings keine grosse Ahnung.»

Am 1. Juni 1997 nahm ich meine Arbeit bei Ringier auf und tauchte ein in einen Mikrokosmos, der von verschiedenen Persönlichkeiten dominiert wurde. Der Fixpunkt war Frank A. Meyer, der, wenn es um journalistische Qualität ging, keine Freundschaften kannte und streng, bisweilen gar verletzend sein konnte. Michael Ringier, selbst Journalist, vertraute ihm vorbehaltlos. Wie ein Komet tauchte in jenen Jahren Marc Walder auf. Michael Ringier und FAM mochten ihn, und auch mir gegenüber war er sofort loyal. Sein Ehrgeiz war ebenso offenkundig wie sein Talent, aber auch seine menschlichen Qualitäten sind herausragend. Sein erfolgreicher Werdegang im Unternehmen, in dem er später Teilhaber werden sollte, überraschte mich nicht. Jacques Pilet, der publizistisch über die Romandie wachte, war ein weiteres «*monstre sacré*». So liebenswürdig er im Normalfall war, so wortgewaltig wurde er, wenn man seinen Argumenten widersprach oder wenn er journalistische Nachlässigkeiten oder Fehler entdeckte. Da kannte er, analog zu FAM, kein Pardon. Ausgezeichnet verstand ich mich mit Gilles Marchand, dem jetzigen SRG-Generaldirektor. Seine zurückhaltende, feinfühlige Art, Ringier Romandie im Team zu führen, gefiel mir sehr. In seiner heutigen Position als SRG-Generaldirektor ist er ein Glücksfall für unser Land.

Die Organisationsstrukturen bei Ringier waren eigentlich klar definiert: Michael Ringier war CEO und Präsident des Verwaltungsrates, ich amtierte als stellvertretender Konzernchef und war für die Verlagsgeschäfte in der Schweiz verantwortlich, Martin Kall war Verlagschef Europa und Martin Werfeli war als CFO für die Finanzen zuständig. Dazu kamen die Leiter der verschiedenen Teilbereiche, viel-

Marco Solari stellt den Ringier-Mitarbeitenden in einem internen Rundschreiben die strategische Stossrichtung des Konzerns vor.

CH-8008 Zürich
Dufourstrasse 23
Telefon 01 259 61 11
Telefax 01 261 43 79

Ringier

An die Mitarbeiterinnen
und Mitarbeiter

3. Juni 1997

Stv. Vorsitzender der Konzernleitung

Liebe Mitarbeiterinnen und Mitarbeiter

Ich habe gestern meine Tätigkeit bei Ringier aufgenommen. Ich freue mich sehr, in diesem faszinierenden Unternehmen arbeiten zu dürfen. In den nächsten Wochen will ich alle Bereiche des Unternehmens und möglichst viele Mitarbeiterinnen und Mitarbeiter persönlich kennenlernen. Begrüssen möchte ich Sie auf diesem Weg schon heute.

Die Konzernleitung hat sich neue Ziele gesetzt. Es gilt jetzt, diese unter der operativen Führung von Michael Ringier zu erreichen.

So wollen wir im Ausland unsere Präsenz konsolidieren und dort ausbauen, wo wir Chancen erkennen. Im Printbereich, der unter grossem Kostendruck steht, müssen wir unsere Effizienz weiter steigern. Hauptziel im Unternehmensbereich Schweiz ist es, den Auflagenrückgang bei den Blick-Titeln zu stoppen und sowohl im Leser- als auch im Anzeigenmarkt unsere Leaderstellung zu stärken. Das erfolgreiche Cash soll noch gewinnbringender werden. Die Zeitschriften in der deutschen Schweiz und in der Romandie müssen ihre Marktanteile weiter steigern. Es darf in der Schweiz keinen im Markt verankerten Ringier-Titel geben, der rote Zahlen schreibt. Im Bereich der elektronischen Medien wollen wir die Entwicklungen aufmerksam verfolgen und jede Chance nutzen.

Ich erwarte von Ihnen allen, dass Sie an Ihrem Platz dazu beitragen, diese Ziele zu erreichen. Sie können meines Engagements und meiner Unterstützung sicher sein.

Ich zähle auf Ihre Unterstützung und Ihr Engagement.

Mit freundlichen Grüssen

Marco Solari

Marco Solari

fach Persönlichkeiten, die sich bei Ringier hochgedient hatten, wie Thomas Trüb oder auch der ruhige und besonnene Michael Lauber. Im Vergleich zur Migros gab es allerdings einen grossen Unterschied. Waren beim Detailhändler die Prozesse verbindlich (Diskussion-Entscheid-Umsetzung), so sind die Wege in einem Familienunternehmen ein wenig verschlungener. Wenn ich einen Entscheid getroffen hatte, musste ich stets damit rechnen, dass jemand bei mir anklopfte und mir sagte: «Ich habe im Lift zufällig Michael getroffen und ...». In solchen Fällen wusste ich stets, welche Argumentationskette nun folgen würde und konnte nur auf die Standfestigkeit des Besitzers und Chefs hoffen.

Die Medienlandschaft stand damals vor tiefgreifenden Umwälzungen. Die Digitalisierung sollte die ganze Branche innert kürzester Zeit verändern. Die Auseinandersetzung mit dem Internet prägte 1997 bei Ringier viele Bereiche, wie man im Geschäftsbericht nachlesen kann: «Zum einen brachte die Ausrüstung sämtlicher Arbeitsplätze der Ringier-Mitarbeiter mit Internet-Technologie allseitig völlig neue Recherche-Möglichkeiten. Zum anderen durchdrang die neue, weitgehend plattformübergreifende Web-Technik den gesamten elektronischen Workflow und prägt zunehmend die Integration von Abläufen im Bereich redaktionelle Dienste.» *Blick Online* und *Cash Online*, als Low-Budget-Produkte betrieben, entwickelten sich zu Erfolgsgeschichten: «Der Wunsch vieler Abteilungen, auch im Internet vertreten zu sein, liess innert kurzer Zeit zwei Webfactories entstehen, in welchen Ende 1997 acht Mitarbeiter vollamtlich beschäftigt waren.»

Auf den Online-Plattformen machte sich damals Goldgräber-Stimmung breit. Der Werbeumsatz bei der Banner-Werbung auf *Blick online* konnte um 40 Prozent pro Quartal gesteigert werden. Auch bei den Printprodukten sprudelten die Werbeeinnahmen. Allerdings war das Inserategeschäft kein Selbstläufer mehr wie noch ein paar Jahre zuvor. Wir mussten daher zunehmend in die Kundenpflege investieren. Hier waren meine Erfahrungen aus dem Tourismus und von der 700-Jahr-Feier gefragt. Wir organisierten für unsere wichtigsten Geschäftspartner exklusive Events. In besonderer Erinnerung bleibt mir der Flug mit einer alten DC-3 während einer Sonnenfinsternis, die in Deutschland am intensivsten zu sehen und spüren war. Die Abwesenheit der Sonne, das fahle Licht und das unheimliche Grau der Natur liessen Urängste aufkommen. Dieses Erlebnis schuf gleichzeitig aber auch ein Vertrauen, das meine Beziehungen zu den Chefs der verschiedenen Werbeagenturen intensivierte. Einmal mehr bestärk-

Herzliche Beziehung: Verleger Michael Ringier bedankt sich bei Marco Solari für dessen Gastfreundschaft.

Michael Ringier

Präsident des Verwaltungsrates · Ringier AG

Herr Marco Solari
Casoro
6918 Figino

23. Dezember 2004

Lieber Marco

Natürlich weiss ich, dass man persönliche Briefe mit der Hand schreibt. Aber wenn ich meine Schrift kaum mehr lesen kann, wie sollte es denn Dir gelingen. Und ich möchte natürlich schon, dass Michela und Du es nicht erraten müsst sondern schriftlich belegt bekommt, dass Dein Geburtstagsfest ein wunderbarer Abend war. Da hat sich einfach viel Herz versammelt; das einzige was in unserem Alter überhaupt noch zählt. Dass das Essen und das Trinken zum Besten gehört, was ich je auf dem Tisch hatte – und zwar nicht bloss im Tessin – hat den Abend auf eine wunderbare Art abgerundet.

Ich freue mich sehr auf die nächsten Begegnungen mit Euch. Und solltest Du aufgrund von irgendwelchen Pensionsregelungen ab jetzt gewisse Informationen oder Einladungen nicht mehr erhalten, lass es mich bitte wissen. Noch bin ich stärker als die Bürokratie im eigenen Haus.

Ganz liebe Grüsse auch von Ellen und den allerherzlichsten Dank.

Michael

Ringier AG · Dufourstrasse 23 · CH-8008 Zürich · Telefon +41 1 259 61 11 · Telefax +41 1 259 86 82 te sich meine Überzeugung, dass der Erfolg von Projekten von den Personen abhängt und vom Vertrauensverhältnis, das man zu ihnen pflegt. Institutionen, Strukturen und Strategien sind wichtig, aber matchentscheidend sind die Personen und die emotionalen Verbindungen zu ihnen. Als stellvertretender Konzernchef des bedeutendsten nationalen und international tätigen Verlagshauses machte ich viele Bekanntschaften. Jede Tür, wirklich jede, öffnete sich. Von diesem weitläufigen Beziehungsnetz sollte ich später auch als Präsident des Filmfestivals von Locarno profitieren, das sich auch aus Mitteln der Privatwirtschaft finanzieren muss.

Womit wir beim Tessin wären. In den 1990er-Jahren kamen die Gratis- und Pendlerzeitungen auf. Eroberte in der Deutschschweiz *20Minuten* den Markt, so nahm auf der Alpensüdseite *Il mattino della domenica* eine Vorreiterrolle ein. Es handelte sich um das Sprachrohr der *Lega dei Ticinesi,* der 1991 gegründeten Bewegung, welche die politische Landschaft im Tessin völlig umgekrempelt hat. Ihr Leader, der Bauunternehmer Giuliano Bignasca, war Stammgast in den TV-Sendungen, wo seine Widersacher oft wie Kaninchen vor der Schlange gelähmt waren, wenn er zu seinen Angriffen ansetzte. Unter seiner Führung eilte die Lega bei Wahlen und Abstimmungen von Erfolg zu Erfolg. Bignasca schreckte vor nichts zurück. Seine Attacken waren oft verletzend (er kämpfte mit dem Morgenstern und nicht mit dem Florett), und die Liste seiner Opfer wurde von Sonntag zu Sonntag länger. Gleichzeitig war er eine, ich brauche dieses Adjektiv bewusst, charismatische Person. Er verfügte über eine soziale Sensibilität, sprach die Sprache des Volkes und packte Probleme an, die der Tessiner Bevölkerung Sorge bereiteten. Anstelle der umständlichen Wortkonstruktionen der *Classe Politique* benutzte er kurze, auch populistische und prägnante Sätze, durchsetzt mit Kraftausdrücken. Politischen Kontrahenten verpasste er (ähnlich wie später Donald Trump) Spitznamen wie «Pinocchio», «Erbsenprinzessin» oder «König des Konjunktivs» und gab sie so der Lächerlichkeit preis. Er wusste: *«Il n'y a que le ridicule qui tue.»*

In vielen Punkten war ich anderer Meinung als Bignasca, insbesondere was seine emotionale Ablehnung gegenüber Italien betraf. Und doch versuchte er, mich für eine Kandidatur für den Ständerat auf der Liste der Lega zu gewinnen. Ich bedankte mich für die Anfrage, lehnte aber ab. Denn ich bin und bleibe ein Liberaler, und meine Partei ist die FDP. Liberal bedeutet für mich unter anderem, auf alle Seiten offen zu sein. Nicht von ungefähr hat man mir im Tessin das Prädikat «*ecumenico*»(ökumenisch) verpasst. Denn ich suche immer Gemeinsamkeiten,

Anknüpfungspunkte, verbindende Elemente. Bei einer Person schätze ich das persönliche Engagement unabhängig von ihren Ideen und Idealen. Mit einem linken Gewerkschafter verstehe ich mich ebenso gut wie mit einem rechten Unternehmer. Trotzdem wurde ich ein Opfer von Bignasca. Was war geschehen?

Im Sommer 1998 hatte mich der Verleger Raimondo Rezzonico gefragt, ob Ringier interessiert sei, die von ihm herausgegebene Wirtezeitung zu drucken. Ja, das waren wir. Rasch wurden wir handelseinig. Doch der Appetit kommt beim Essen. Rezzonico bot uns an, in seinem Unternehmen einzusteigen und so im Tessin Fuss zu fassen. Das passte in der Tat gut zur Strategie des Ringier-Konzerns, der zu einem nationalen Verlag avancieren wollte. Bei gemeinsamen Diskussionen kamen wir auf die Idee, die Zeitung des Wirteverbandes anstatt im Zwei-Wochen-Rhythmus am Donnerstag neu jeden Sonntag erscheinen zu lassen. Wir sahen sie als nützliche Ergänzung für das Publikum, das am Sonntag nicht zur Lega-Zeitung griff. An dem Projekt waren das Verlagshaus Arti Grafiche Rezzonico und Ringier mit jeweils 45 Prozent beteiligt. Zehn Prozent der Aktien hielt die Tessiner Sektion von Gastrosuisse. Warum gerade der Wirteverband Gastrosuisse? Weil wir ein neuartiges Vertriebssystem auf die Beine stellten. Die 42 000 Exemplare wurden nicht nur in Verteilboxen in Dörfern und Städten aufgelegt, sondern auch in den Restaurants und Bars, wo die Tessiner (ähnlich wie die Italiener) am Sonntag gerne einen Espresso oder Cappuccino trinken. *Il caffè* lieferte ihnen den Gesprächsstoff dazu.

Doch wir hatten die Rechnung ohne Bignasca gemacht. Er beurteilte *il caffè* nach anfänglichem Schweigen als eine direkte kommerzielle und politische Konkurrenz. Dementsprechend laut fiel seine Reaktion aus. Er bezichtigte Ringier der «Neokolonialisierung des Tessins» und überzeugte auch die drei Tageszeitungen (den freisinnigen *Corriere del Ticino*, den katholischen *Giornale del Popolo* und die linksgerichtete *LaRegione*), dass Ringier eine Gefahr darstellen würde. Vergeblich versuchte ich zu beschwichtigen und zu erklären, dass wir als nationales Unternehmen – was Werbeeinnahmen betraf – unser eigenes System pflegten und nicht bei Publicitas andocken und den anderen Zeitungen Inserenten abspenstig machen würden. Später zeigte sich: Der Werbekuchen im Tessin war gewachsen, alle profitierten. Doch ich stand damals auf verlorenem Posten.

Die Kampagne, die gegen mich losgetreten wurde, empfand ich in jeder Hinsicht als hart und unfair. Ich erfuhr, was soziale Ächtung bedeutete. Vom Liebling des Tessins zum Profiteur. Freunde fielen von mir ab, Anrufe wurden nicht mehr durchgestellt, Politiker liessen sich nicht mehr blicken, Bekannte wechselten die Trottoir-Seite, wenn sie mich von weitem sahen, einer starrte gar minutenlang in ein leeres Schaufenster. Lediglich die unerschrockene Journalistin Matilde Casasopra gab mir am Radio die Möglichkeit, zu den konstruierten Vorwürfen Stellung zu beziehen.

Die Attacken zielten darauf ab, Michael Ringier zu überzeugen, den Rückzug aus dem Tessin anzutreten, auch weil der unerschrockene Chefredaktor Lillo Alaimo und Verlegersohn Giò Rezzonico sich, sagen wir es diplomatisch, publizistisch keiner Selbstzensur unterwarfen. Ringier hatte jedoch keineswegs im Sinn, die Segel zu streichen, und so griff man mich als Präsident der *Ente Ticinese per il Turismo* (ETT) an. Man konstruierte einen vermeintlichen Interessenskonflikt um meine Rolle als ETT-Präsident und *il caffè*. Die für den Tourismus verantwortliche Regierungsrätin Marina Masoni (FDP) hielt mir auf bewundernswerte Art die Treue. (Sie war eine vielversprechende politische Persönlichkeit und hätte gut nach Bern gepasst. Doch einige politische Fehler wurden ihr zum Verhängnis. Kleinigkeiten in den Augen vieler, aber wie es bereits bei Dante heisst:»*poca favilla gran fiamma seconda*», ein kleiner Funke erzeugt ein grosses Feuer. Sie verlor eine entscheidende Wahl und zog sich mit grosser Würde aus der Politik zurück.) Mutig warf Marina Masoni den Verlegern und Journalisten in einer Erklärung vor dem Grossen Rat vor, aus wirtschaftlichen Interessen eine Kampagne gestartet zu haben, in der sie jeden Sinn für die Verhältnismässigkeit verloren hätten. Trotz dieser Rückendeckung hielt ich es im November 1998 auch im Interesse von Ringier für sinnvoller, mein Amt als Präsident der ETT niederzulegen. Jürg Bischoff, der Tessin-Korrespondent der *NZZ*, kommentierte diesen Schritt wie folgt: «Die Tessiner Tourismusorganisation leidet unter inneren Streitigkeiten und schwachem Management. Probleme, die mit dem Abschied Solaris nicht gelöst sind. Solaris Erfahrungen als ehemaliger Direktor der ETT und als unermüdlicher Vermittler zwischen den Interessengruppen haben die Tourismusbranche aus mehr als einer Sackgasse geführt.»

Die Heftigkeit, mit der im Tessin solche Auseinandersetzungen geführt werden, ist für Aussenstehende oft schwer nachvollziehbar. Erklärungen für die sprichwörtliche Streitsucht der Tessiner gibt es viele. Da ist zum einen die Geografie. In den Tälern ist es eng. Der Feind ist nicht Tausende von Kilometern entfernt, sondern lauert jeweils gleich um die Ecke. Weil während Jahrhunderten Not und Mangel herrschten, musste man täglich ums Überleben kämpfen. Armut, enge Raumverhältnisse, unterschiedliche Charaktere: Das war der Nährboden, auf dem sich Konflikte entwickelten. Als der Berner Aufklärer Karl Viktor von Bonstetten Ende des 18. Jahrhunderts das Tessin bereiste, schrieb er über das mausarme Verzasca-Tal: «Hier werden die Streitigkeiten mit der *Roncola* [Hippe, also ein scharfer Rodehaken] ausgetragen.» Politisch entstanden im Laufe des 19. Jahrhunderts zwei unversöhnliche Lager: Liberale und Konservative. Die Parteigänger waren sich spinnefeind. Das ging so weit, dass auf den Schiffen, welche die Tessiner Emigranten nach Australien brachten, die Liberalen auf der einen Seite und die Konservativen auf der anderen Seite schliefen. Napoleon hatte das in viele Täler zersplitterte Gebiet nach einem ersten, gescheiterten Versuch mit zwei Kantonen in einen einzigen italienischsprechenden Kanton zusammengefasst, womit sich ganz zaghaft so etwas wie ein gemeinsames Staatsverständnis zu entwickeln begann. Doch die innenpolitischen Spannungen blieben intensiv, und noch 1890 musste der Bund Soldaten ins Tessin schicken, um einen Bürgerkrieg zwischen den Liberalen und Konservativen zu verhindern, nachdem es zu einem Staatsstreich gekommen war, in dessen Verlauf der junge, konservative Regierungsrat Luigi Rossi auf den Treppen des Regierungsgebäudes in Bellinzona niedergeschossen wurde.

Nebst den politischen Spannungen gibt es noch die geografische Trennlinie des Monte Ceneri. In Europa gibt es eigentlich nur eine Grenze, und das ist diejenige zwischen Norden und Süden. Die Ost-West-Grenze war immer ein politisches Gebilde, künstlich geschaffen. Die Nord-Süd-Grenze hingegen ist tief in der DNA der Bevölkerung verhaftet. Sie verläuft nicht entlang des Alpenkamms, sondern mitten durch die Berge hindurch. Savoyen in Frankreich, Locarno und Bellinzona im Tessin, das Südtirol, Rovereto und Trento, aber auch Trieste in Italien: sie alle orientieren sich an Nordeuropa, sind alpin ausgerichtet. Der Monte Verità oberhalb von Ascona beispielsweise ist der Balkon auf das Mittelmeer. Lugano hingegen ist eine lombardische Stadt, orientiert sich seit jeher nach Süden. Die Trennlinie zwischen Norden und Süden verläuft also quer durch das Tessin, führt von den Centovalli über die Magadino-Ebene ins Morobbia-Tal. Im Gegensatz zu Napoleon hat Stefano Franscini, der erste Tessiner Bundesrat, diese Bipolarität erkannt. Um die notorische Streitlust der Tessiner zu besiegeln, schlug er vor, auf dem Monte Ceneri einen neuen Kantonshauptort zu schaffen, dem er den programmatischen Namen *Concordia* (Eintracht) geben wollte.

Noch 1978 habe ich erlebt, dass auf der Kantonsstrasse auf dem Monte Ceneri der Schnee auf einer Strecke von 150 Metern zwei Tage lang (!) nicht geräumt wurde, weil sich die Räumungstruppen stritten, in wessen Kompetenzbereich das Teilstück hoch oben bei der *Curva degli ufficiali* fiel. Die Eröffnung des Ceneri-Basistunnels am 4. September 2020 hat schliesslich dazu geführt, dass Locarno, Bellinzona und Lugano näher zusammenrückten. Durch diese Tessiner Metro ist ein grosser Siedlungsraum entstanden, in dem die alten Gräben zunehmend zugeschüttet und der *Campanilismo,* der Lokalpatriotismus, überwunden werden. Zwar beäugt man sich in den politischen Lagern nach wie vor kritisch. Doch der Futterneid ist verschwunden, und gerade bei der jungen Generation ist der Wille zur Zusammenarbeit weit verbreitet. Lugano beispielsweise anerkennt, dass Locarno das Zentrum der Filmwelt ist und akzeptiert, dass die Universität der italienischen Schweiz zusammen mit dem Filmfestival am Lago Maggiore einen Lehrstuhl für *Future of Cinema and Audiovisual Arts* betreibt. Womit wir bei den eingangs erwähnten Revolutionen sind, die oft so schleichend kommen, dass man sie gar nicht recht wahrnimmt.

Übrigens: Auch die Polemiken um meine Person legten sich rasch. Als es in der Tourismusbranche nach diversen kleinen und grösseren Skandalen mal wieder kriselte, berief mich die Kantonsregierung im Jahr 2007 erneut als Troubleshooter zum Präsidenten der ETT. Dass die Missstände und Fehlentwicklungen oftmals von *il caffè* aufgedeckt wurden, stellte eine besondere Pointe der Geschichte dar, für die ich allerdings keine Verantwortung trug. Denn als ich im Jahr 2000 zum Präsidenten des Filmfestivals von Locarno gewählt wurde, legte ich mein Amt bei *il caffè* nieder.

FEST DER POLITISCHEN HOFFNUNG

Durch das Tessin verläuft eine scharfe Trennlinie: Sotto- und Sopraceneri. Für Aussenstehende mag dies schwer nachvollziehbar sein, aber die Tessiner behandelten diese beiden Einheiten lange Zeit wie zwei Halbkantone. Durch den Ceneri-Basistunnel sind Lugano, Locarno und Bellinzona mittlerweile näher zusammengerückt, aber in den 1970er-Jahren war die Rivalität noch allgegenwärtig. Da mir aufgrund meines Heimatortes das Etikett «*Luganese*» anhaftete, riet mir der Richter Gastone Luvini, der mich ermuntert hatte, mich als Direktor der ETT zu bewerben, meinen Wohnsitz nach Locarno zu verlegen. Die neue Tourismusorganisation, sagte er, müsse das gesamte Kantonsgebiet berücksichtigen und dürfe sich nicht auf Lugano beschränken.

So zog ich also im Januar 1973 nach Locarno, in die *Via della Pace*, einen Steinwurf vom Sitz des Verlags der *Arti Grafiche* eines gewissen Raimondo Rezzonico entfernt, dem Herausgeber des *Eco di Locarno*, einer Zeitung, die dreimal in der Woche erschien und mal schonungslos, mal diplomatisch die Schwächen der Provinzstadt und der Region aufdeckte. Rezzonico war damals noch nicht Präsident des Filmfestivals, im Organisationskomitee spielte er aber eine wichtige Rolle. Er machte mich mit dieser kulturell so faszinierenden Veranstaltung vertraut, die jeweils Anfang August stattfindet. Die Begegnungen mit ihm haben mich inspiriert. «Wenn du mit der ETT das Bild des Tessins verändern willst, musst du den Hebel bei der Kultur ansetzen, beispielsweise beim Filmfestival», riet er.

Gesagt, getan! Wir begannen, diese einzigartige Plattform zu nutzen. Den Fokus richteten wir auf auswärtige Journalisten und Meinungsmacher, die während des Festivals am Lago Maggiore weilten. Es lag in der Natur der Sache, dass diese nicht nur an den Filmen, sondern generell an Kunst und Kultur interessiert waren. Ihre Artikel, so unser Plan, sollten den Grundstein für ein neues Image des Tessins legen. Eines Kulturkantons, der stolz auf seine historischen Wurzeln, seine Architekten und seine Künstler ist, aber auch in der Gegenwart etwas zu bieten hat, zum Beispiel dank der Filme und Persönlichkeiten, die Locarno seit 1946 zu einem bedeutenden Ort des kulturellen Austauschs machen.

Paradoxerweise beginnt die Geschichte des Filmfestivals von Locarno in ... Lugano. Dort setzten die Stimmbürger im Juni 1946 der internationalen Filmschau in einer Volksabstimmung ein Ende, indem sie das Projekt eines Amphitheaters für Kinovorführungen im Parco Ciani abschossen. Mit ein Grund für das «Nein» war wohl die Tatsache, dass viele Luganeser Stimmbürger nicht vergessen hatten, dass die Filmschauen von 1941 und 1942 viel – zu viel! – Sympathien für den italienischen Faschismus gehegt hatten. Da die Zukunft in Lugano nach diesem Urnengang verbaut war, wagten fünf von Camillo Beretta angeführte Tessiner Persönlichkeiten das Unmögliche: den Sprung über den Ceneri nach Locarno.

Das Städtchen am nördlichen Ende des Lago Maggiore war wohl klein und provinziell, hatte aber mit der Friedenskonferenz von 1925, welche Deutschland nach der Demütigung des Friedensvertrages von Versailles als gleichberechtigten Partner rehabilitierte, internationale Bedeutung erlangt. Und auch kulturell war es kein unbeschriebenes Blatt, hatten doch in Locarno Intellektuelle wie der junge Virgilio Gilardoni oder der Filmemacher Francis Borghi mit dem Medium Film experimentiert. In diesem Zusammenhang gilt es auch Filippo Sacchi zu erwähnen, der sich in Italien als Journalist beim *Corriere della Sera* einen Namen gemacht hatte und ein «Homme de Lettres» mit einem erstaunlichen Wissen war. Sein Erzfeind Mussolini versuchte vergeblich, ihn mundtot zu machen. Mehr als eine Versetzung Sacchis vom Politressort in die Kulturabteilung der Zeitung erreichte der Duce nicht. Legendär wurde Sacchi mit dem Spruch: «Ich kann auch mit einem Sonett von Petrarca und einer Terzine von Dante meine abgrundtiefe Abscheu vor der Diktatur Mussolinis zum Ausdruck bringen.» Aber auch er musste flüchten, als 1943 in Italien mit Hitlers Unterstützung die Marionettenrepublik von Salò entstand, wo Entführungen, Folterungen und Morde zur Tagesordnung gehörten. Sacchi fand in Locarno Unterschlupf und machte sich bei vielen Familien für das Medium Film stark. So war es naheliegend, dass in Locarno das erste demokratische und freie Filmfestival aus der Taufe gehoben wurde. Am Abend des 23. August 1946 feierte es im Park des Grand Hotels mit dem Streifen «*O sole mio*» von Giacomo Gentilomo Premiere, einem Streifen, der den Aufstand der neapolitanischen Bevölkerung gegen die faschistischen Unterdrücker zelebrierte.

Oben: Der deutsche Bundespräsident Frank Walter Steinmeier im Gespräch mit Frank A. Meyer und seiner Frau Lilith Frey (2016).

Unten: Der Bürgerrechtler Alexei Nawalny erhielt den mit 50 000 Euro dotierten «Europapreis für politische Kultur 2023» der Hans Ringier Stiftung. Joachim Gauck (r.), deutscher Bundespräsident a. D., und Frank A. Meyer überreichen Zakhar und Julija Nawalnaja, Sohn und Ehefrau von Alexei Nawalny, ein Portraitbild des in Russland inhaftierten Bürgerrechtlers.

Locarno erhob mit diesem Film von Anfang an einen künstlerischen Anspruch, der zu seinem Markenzeichen werden sollte. Das Festival eignete sich rasch einen immer grösseren visuellen Horizont an und machte sich den ungeheuren Wissensdurst zu eigen, den seine Zeit ihm mitgab. Dieser Wissensdurst wurde zum Synonym für Freiheit, Dialog und Offenheit. Im Vergleich zu den anderen grossen Festivals wurde am Lago Maggiore eine immer mutigere Auswahl politischer Filme vorgenommen, zum Beispiel mit den ersten Zeugnissen des *Neorealismo* wie «*Roma città aperta*» von Roberto Rossellini oder «*Ladri di biciclette*» von Vittorio de Sica, die die ganze materielle und moralische Misere der italienischen Nachkriegszeit erzählten. Auch der grossen Filmkunst der Sowjetunion, etwa einem Sergej Eisenstein, und der sozialistischen Länder Osteuropas verschloss man sich nicht. Stolz sind die *Locarnesi* auch, dass sie 1955 zum ersten Mal im Westen einen Film aus der Volksrepublik China auf die Leinwand projizierten. Natürlich führte diese Weltoffenheit auch zu Spannungen mit denjenigen Leuten, die Locarno gerne als rein touristischen Ort betrachtetet hätten und sich am Ruf, ein Hort linker Cineasten zu sein, störten. Es waren die Zeiten des fanatischen Antikommunisten Josef McCarthy, dem in den USA auch ein Charlie Chaplin, ja sogar ein Walt Disney, ein Albert Einstein oder ein Thomas Mann suspekt waren. Dem Erfolg des Festivals konnten diese kritischen Stimmen jedoch nichts anhaben. 1971 erfolgte dann der entscheidende Schachzug, als das Festival vom Park des Grand Hotels auf die Piazza Grande zügelte. Die Idee stammte vom Architekten Livio Vacchini. Sie zog nicht nur eine neue Form des Filmgenusses nach sich, sondern liess diese auch zum Markenzeichen des Festivals werden. Wenn man Locarno sagt, denkt man weltweit an seine Piazza mit der 26 mal 14 Meter grossen Leinwand.

Von diesem Zauber wurde ich 1973 an meinem ersten Festival sofort erfasst. In jenem Jahr kam es auch zu einer Begegnung, die in eine tiefe, bis heute anhaltende Freundschaft münden sollte. Der Tessiner Nationalrat Pier Felice Barchi stellte mir einen charismatischen Bundeshaus-Korrespondenten vor, der dem Bieler Journalistenbüro Cortesi angehörte: Frank A. Meyer. Wir funkten auf Anhieb auf derselben Wellenlänge, diskutierten über Gott und die Welt und das mangelnde Interesse der Deutschschweizer Politiker am Festival. Frank lehnte sich zurück und sagte: «Ich bringe dir diese Aufmerksamkeit. Beginnen wir doch beim Bundesrat.» Ich dachte, er wolle mich auf den Arm nehmen. Denn Bundesräte, so schwer das heute nachvollziehbar ist, kamen da-

mals nicht ins Tessin. Die italienische Schweiz war zu weit weg, zu peripher, zu unbedeutend. Doch Frank hielt Wort.

Im folgenden Jahr erschien er in Begleitung seines Freundes, des Arbeiterbundesrates Willi Ritschard. Ihm zu Ehren organisierten wir ein Abendessen in einem Grotto in Tenero. Dazu luden wir einige interessante Persönlichkeiten ein. Zugegen waren Regierungsrat Flavio Cotti, der Journalist Dario Robbiani, Nationalrat Pier Felice Barchi und Raimondo Rezzonico. Wir hatten alle Platz an einem kleinen Tisch. Frank hielt die Eröffnungsrede, in der er über Kino und Politik sprach und darüber, wie gute Filme das Gewissen aufrütteln können. Ritschard war begeistert. Und als er versprach, nächstes Jahr wiederzukommen, schlug Frank vor, ihm neben dem Film weitere Inhalte zu bieten, zum Beispiel eine Ausstellung mit Bildern seines Freundes, des sozial engagierten Malers Mario Comensoli. Ich suchte Sponsoren, und es gelang mir, die Ausstellung als Pendant zum Filmfestival im Grand Hotel zu realisieren. Wieder organisierten wir einen Tisch und ein Nachtessen. Nun sprach Frank vor bereits deutlich mehr Gästen: über die Unruhe der Jugend sowie ihr Verhältnis zur Politik und Gesellschaft. Der freisinnige Franz Steinegger antwortete gekonnt und brillant. Tisch und Reden wurden an jenem Abend zur Tradition er-

Lilith Frey und ihr Gatte Frank A. Meyer, Frank Walter Steinmeier und Michael Ringier bei der Filmvorführung auf der Piazza Grande.

klärt, die es fortzusetzen gelte. Ritschard versprach, im kommenden Jahr mit Kollegen aus dem Bundesrat anzureisen ...

Was an einem kleinen Granittisch im Grotto begann, entwickelte sich zum *Dîner républicain*, einer riesigen Tafel, die jeweils im Park des Hotels Castello del Sole in Ascona stattfindet. Das Dîner ist seit mittlerweile mehr als vier Jahrzehnten die ganz persönliche Einladung von Frank A. Meyer, also kein «Event», sondern ein Gastmahl, wie der Gastgeber – mit seiner Gattin Lilith Frey – betont: «Es geht darum, Menschen zum Gespräch, zum Zusammensein zu versammeln. Das *Dîner républicain* ist ein zweitägiger, man könnte auch sagen: ein zweinächtiger, Salon unter freiem Himmel, den Salons des 18. Jahrhunderts nachempfunden.»

Und warum «républicain»? Die 120 Gäste dinieren am ersten Abend an einem Tisch gross wie ein Tennisplatz. Grund für die spektakuläre Inszenierung: Frank A. Meyer bestand auch für die wachsende Gästezahl auf einem einzigen Tisch: «Jeder sitzt am Ehrentisch; es gibt keine Hierarchie; vom Bundskanzler über Minister, Präsidenten, Professoren, Künstler und Philosophen sind alle Citoyennes und Citoyens – Gleiche unter Gleichen.» Die frühere Bundesrätin Ruhrt Dreifuss erfand den Namen: «Mais c'est un Dîner républicain!», rief sie aus, als sie zum ersten Mal Gast war. Auch der deutsche Bundeskanzler Helmut Kohl war begeistert: «Das ist ja alles wunderbar republikanisch.»

Seit 2006 ist auch der «Europapreis für politische Kultur» Teil des Salonprogramms, ausgerichtet durch die «Stiftung Hans Ringier». Unter den Preisträgern finden sich Politiker wie Mario Draghi oder Frank Walter Steinmeier, Philosophen wie Jürgen Habermas oder Peter Sloterdijk, Historiker wie Heinrich August Winkler oder Christopher Clark. Der Preisträger 2023: Alexei Navalny. Seine Gattin Julia Navalnaya nahm die Auszeichnung entgegen und hielt unter der Tessiner Sonne eine eindrücklichen Rede zur düsteren Dramatik der Gegenwart.

Das *«Dîner républicain»* ist 48 Stunden Weltort der Politik, Kultur und Philosophie in Ascona. Der Schriftsteller Adolf Muschg bezeichnete es einst als «eine Delikatesse demokratischer Zuversicht» respektive «ein wiederkehrendes Fest der politischen Hoffnung». Darüber hinaus kam diesen Tafelrunden das historische Verdienst zu, die Entfernungen der italienischen Schweiz zur Deutschschweiz und zur Romandie verkürzt zu haben. Es entstanden Brücken, die Wahrnehmung und Empfänglichkeit veränderten, sodass man das republikanischste und freiste Festival der Welt auch in Bundesbern als eine unverzichtbare Veranstaltung zu betrachten begann.

Die Gästeliste des *«Diner républicain»* ist geheim. Die Ehrengäste posierer jeweils für ein Gruppenbild, das im *SonntagsBlick* veröffentlicht wird. Im August 2014 zählten zu den Gästen unter anderem die UNO-Hochkommissarin für Menschenrechte Navanethem Pillay, Bundesrat Alain Berset, die Bundes-Umweltministerin Barbara Hendricks, der Vorsitzende des Auswärtigen Ausschusses des deutschen Bundestages Norbert Röttgen, die französische Ministerin Hélène Conway-Mouret, der ehemalige Bundeskanzler Gerhard Schröder, die Landes- und Fraktionsvorsitzende der CDU Rheinland-Pfalz Julia Klöckner, der Chef der deutschen FDP Christian Lindner, der ehemalige Bundesminister Joschka Fischer sowie aus dem Bereich der Kultur unter anderem die Schriftsteller Olga Grjasnowa, Adolf Muschg und Robert Menasse.

STETIGE UNRAST

Im Jahr 2000 herrschte in Locarno Endzeitstimmung. Nach dem von Standing Ovations begleiteten Abgang des charismatischen Präsidenten Raimondo Rezzonico, der nicht umsonst *Presidentissimo* genannt wurde, übernahm FDP-Regierungsrat Giuseppe Buffi die Leitung. Als erfahrener und beliebter Politiker verfügte er über das notwendige Know-how, um das Filmfestival organisatorisch und finanziell neu aufzustellen und fit für die Zukunft zu machen. Er hatte aber den enormen Arbeitsaufwand, den dieses kleine Monster täglich bereitet, völlig unterschätzt. Regierungsrat und Präsident des Filmfestivals in Personalunion – das ist schlicht nicht möglich. Am 20. Juli 2000 erlitt Buffi am Steuer seines Autos einen tödlichen Herzinfarkt. Diese Tragödie ereignete sich nur wenige Tage vor dem Beginn der 53. Ausgabe des Festivals, bei welcher der künstlerische Direktor Marco Müller seinen Abschied nach Venedig verkündete.

Der streitbare Müller, der keinerlei Widerspruch akzeptierte und mit Rezzonico manchen Disput in aller Öffentlichkeit austrug, hatte das Festival stark geprägt. Unter ihm wurde die Ausrichtung in den 1990er-Jahren in jeder Hinsicht kosmopolitisch. Locarno avancierte zum Forum des Autorenkinos, das sich auch unbekannteren Gegenden der verschiedenen Kontinente weit öffnete. Zwar hatte sich das Festival auch zuvor nicht darauf beschränkt, bloss Schaufenster für Filmpremieren zu sein. Doch erst unter Müller avancierte es zu einem Ort der Entdeckungen, sowohl für neue Cineasten als auch für neue Formen des Kinos. Er traf damit den Nerv der Zeit: Die Zuschauerzahlen stiegen von 100 000 im Jahr 1991 auf 170 000 im Jahr 1998.

Dann kam das *Annus horribilis*, das Jahr 2000. Das Festival stand auf einen Schlag ohne Führung da. Die strukturellen Schwächen der Organisation kamen in aller Deutlichkeit zum Vorschein. Was nun? Diese Frage musste in erster Linie die Tessiner Regierung beantworten. Sie entschied sich einstimmig, das Festival nicht einfach seinem Schicksal zu überlassen. Aufgeben war keine Option. Also galt es, eine Person zu fin-

den, die bereit war, das Festival in die Zukunft zu führen. Irgendwie kam mein Name ins Spiel. Ich wurde nach Bellinzona einbestellt, wo mich der Tessiner Regierungsrat mit Marina Masoni, Gabriele Gendotti, Luigi Pedrazzini, Patrizia Pesenti und Marco Borradori in corpore empfing, um mir das Anliegen schmackhaft zu machen. Ich bat um Bedenkzeit. Eine Zusage hätte zur Folge gehabt, dass ich meinen spannenden und recht gut bezahlten Job bei Ringier aufgeben musste. Meine Frau Michela, für die immer die Familie im Zentrum steht, und die weiss, dass mein Verhältnis zum Geld – nun ja – nicht sehr innig ist, brachte das Dilemma folgendermassen auf den Punkt: «Finanziell ist es mehr als ein Rückschritt, da das Präsidentenamt ja nicht bezahlt wird. Aber dafür bist du endlich wieder zu Hause im Tessin.» Sie war überzeugt, dass dieser Aspekt das materielle Opfer wert war – und sollte damit richtig liegen. Mit Michael Ringier prüften wir zunächst, ob ein Doppelmandat infrage käme und probierten es auch aus, doch erwies sich dies mit der Zeit als unrealistisch. Ich bin dem Ringier-Konzern heute noch dankbar, dass er mir den definitiven Weg nach Locarno mit einer vorzeitigen Pensionierung und ohne grosses Aufheben geebnet hat.

Die künstlerische Direktorin und der Präsident: Irene Bignardi und Marco Solari.

Für meine Zusage stellte ich der Tessiner Regierung drei Bedingungen. Erstens: Die Schulden des Festivals in der Höhe von einer Million Franken mussten vom Kanton saniert werden. Zweitens: Die Regierung überzeugt das Parlament, das Festival, das eine hohe Wertschöpfung für die Tourismusregion Ascona-Locarno generiert, mit einem jährlichen Beitrag zu unterstützen. Während diese beiden Bedingungen sofort akzeptiert wurden, löste die dritte Forderung zunächst blankes Entsetzen aus: Ich verlangte die absolute Unabhängigkeit im Management, inspiriert vom französischen Governance-Modell *«président-directeur général»*. Die Anspannung bei den Regierungsräten löste sich erst ein paar Sekunden später, als ich ihnen lächelnd erklärte, dass ich dieses Modell nur zu realisieren gedenke, wenn das als äusserst streng und korrekt geltende kantonale Finanzinspektorat mich dabei eng begleitet. So war gewährleistet, dass der Umgang mit den öffentlichen Mitteln nie und in keinem Moment zu Polemiken Anlass geben konnte. Der Regierungsrat willigte sogleich ein, und damit begann eine Geschichte, die fast ein Vierteljahrhundert dauern sollte.

Eine der ersten organisatorischen Massnahmen, die ich als Präsident in die Wege leitete, war die Aufsplittung in eine künstlerische und eine operative Abteilung. Seitdem gibt es beim Festival einen künstlerischen Leiter, der für alle filmischen Belange verantwortlich ist, und einen operativen Leiter, der für sämtliche organisatorischen, administrativen und finanziellen Aufgaben zuständig ist. Mit der Wahl von Irene Bignardi als erste künstlerische Direktorin, Teresa Cavina als Vizedirektorin und der Bestätigung von Doris Longoni im operativen Bereich bekleideten drei aussergewöhnliche Frauen diese Ämter, was selbstredend ein Novum darstellte.

Irene Bignardi, eine römische Filmjournalistin und Vertreterin einer aufgeschlossenen Linken, ist enorm intelligent und verfügt über ein tiefes kulturelles Wissen. Teresa Cavina kennt wie keine Zweite das Kino und seine Geschichte, und Doris Longoni wiederum ist eine studierte Philosophin, willensstark, nie um Argumente verlegen, das Gegenteil einer *«Yes-Woman»*. Mit Nadia Dresti, Chicca Bergonzi und Tiziana Finzi ergänzte Irene Bignardi ihr Team gleich um drei international bekannte Filmexpertinnen, während Doris Longoni zusammen mit den beiden erfahrenen Mitarbeiterinnen Riccarda Stevan und Pia Ferrari (sie war jahrelang meine umsichtige persönliche Assistentin) das Festival organisatorisch verwalteten. Die interne Dialektik, die durch dieses reine Frauenteam entstand, erlaubte es dem Festival, sich weiterzuentwickeln. Selbstzufriedenheit war für den Präsidenten in dieser Konstellation schlicht unmöglich.

Für die Führung eines Schweizer Filmfestivals, das mit bedeutend weniger finanziellen Mitteln dotiert ist als direkte Konkurrenten wie Cannes, Berlin, Venedig, Toronto oder Sundance, sind drei Aspekte von fundamentaler Bedeutung: Transparenz, Disziplin und Bodenständigkeit. Nur so gelingt der Spagat zwischen der Filmwelt, wo Kosten und Massstäbe eine ganz andere Dimension haben, und der Realität einer Festivalorganisation. Wenn wir beispielsweise einen internationalen Star für einen Auftritt verpflichten möchten, dann nehmen wir es in Kauf, dass wir unter Umständen seinem Friseur einen Flug in der Businessclass offerieren müssen. Aus Marketingsicht kann sich eine solche Investition lohnen. Doch es muss die Sache wert sein, und es ändert nichts an der eisernen Regel, die sowohl für die Mitarbeitenden des Festivals als auch für den Präsidenten gilt: Wenn es einen Bus gibt, nimmt man kein Taxi. So flogen beispielsweise Harrison Ford, Daniel Craig und Olivia Wilde von ihrem Hotel in Lugano mit dem Helikopter ans Festival, während das Festivalteam die Strecke im Zug und in einem hybriden Toyota unseres Mobility-Partners Emil Frey zurücklegte.

Während im organisatorischen Bereich Transparenz, Disziplin und Seriosität die Maximen bilden, so gibt es bei den Inhalten nur das Gebot, das der aktuelle künstlerische Leiter Giona A. Nazzaro einmal mit dem Slogan «Langeweile verboten» auf den Punkt gebracht hat. Die Fähigkeit, überraschen zu können, ist ein wesentliches Prinzip. Deswegen bin ich überzeugt, dass ein Festival immer von einer Art steten Unrast erfüllt sein muss, das heisst, von einer fortwährenden Dialektik zwischen dem Wunsch nach Veränderung und der Notwendigkeit, Kontinuität zu gewährleisten. Die praktischen Folgen dieser Dialektik lassen sich an folgendem Beispiel erläutern: Nach vier bis fünf Jahren hat ein künstlerischer Leiter alles gegeben, was er geben konnte, in Bezug auf seine Energie, sein Netz von Kontakten, vor allem aber seine Fähigkeit zu überraschen. Und gerade weil dieser letzte Aspekt so bedeutsam ist, glaube ich – und das hat nichts mit Undankbarkeit zu tun –, dass es auf künstlerischer Ebene Zyklen mit einem Verfallsdatum gibt, nach dem ein Wechsel guttut. Wenn der *Direttore artistico* zu lange in seinem Amt bleibt, dann droht er in die Routinefalle zu geraten und das Publikum ahnt bereits im Voraus, was es erwarten kann. Für den operativen Leiter wiederum gilt das genaue Gegenteil: Er darf alles tun, ausser überraschen (und schon gar nicht negativ). Er muss solide, unerschütterlich und konkret sein.

Mit der Auswahl der Direktoren hatte ich stets Glück. Jede Direktorin und jeder Direktor hat dem Festival enorm viel gegeben. Auf Irene Bignardi folgte Frédéric Maire, der umsichtige Filmkenner, der nach einigen Jahren dank seinen Fähigkeiten zum Direktor der *Cinémathèque* in Lausanne berufen wurde. Auf Maire folgte Olivier Père, der smarte, immer weiss gekleidete Pariser *Monsieur le Dirécteur*, der hinter seinem geheimnisvollen Lächeln auch Provokatives zu bieten hatte, ohne indes je zu übermarchen. Aber Locarno ist ein Sprungbrett, und bald verpflichtete ihn *Arté* in Paris als Generaldirektor Film. Ich setzte auf Carlo Chatrian, einen fähigen, der Sache ergebenen, kreativen Direktionsmitarbeiter, der eine enorme Loyalität bewiesen hatte. Als wir in Japan wegen der Manga-Retrospektive grosse Schwierigkeiten mit den oft ungewissen Film- und Figurenrechten hatten und nur er uns aus der Patsche helfen konnte, verzichtete er spontan auf bereits gebuchte Ferien mit Frau und Kind. Diese Einsatzbereitschaft war mit ein Grund, warum ich ihn voller Überzeugung zum Nachfolger von Père ernannte. Ich sollte es nicht bereuen, denn er nutzte seine Chance und machte sich rasch einen Namen. Als Chatrian zum Nachfolger von Dieter Kosslick bei den Berliner Filmfestspielen berufen wurde, kam in Locarno wieder eine Frau zum Zug: die Pariserin Lili Hinstin. Sie war künstlerisch begabt, aber die zwei Welten Paris und ihre mitunter autoritär anmutenden Top-Down-Entscheide und Locarno mit seiner traditionellen Bottom-Up-Kultur (auch der Präsident hatte sich mit den Jahren daran gewöhnen müssen ...) waren dann doch etwas zu entfernt, und so nahm die Zusammenarbeit mit Lili trotz guter künstlerischen Resultaten ein vorzeitiges Ende, was ich sehr bedauerte.

Auf der operativen Seite folgte auf die willensstarke Doris Longoni der Finanzexperte Marco Cacciamognaga. In der Organisation begann in diesen Jahren auch Mario Timbal zu wirken. Er hat den kämpferischen Charakter seiner Mutter Carla Del Ponte und das diplomatische Geschick seines Vaters Daniele Timbal geerbt. Nach dem Rücktritt von Cacciamognaga, von touristischer Seite abgeworben, war Mario Timbal der natürliche Nachfolger. Mit ihm, einem grossen Organisationstalent, wuchs das Festival zu einem immer professionelleren Unternehmen heran. Mario Timbal wurde aufgrund seiner Fähigkeiten und seiner Herkunft enorm respektiert. Nicht zuletzt, weil das Tessin ein Kanton ist, in dem Familien das Sagen haben. Dass seine Mutter Carla Del Ponte aus dem Maggia-Tal im Sopraceneri und sein Vater aus Lugano, also dem Sottoceneri, stammten, war für das Festival als kantonal empfundene Veranstaltung nicht unbedeutend. Doch nichts währt ewig. Eines Morgens kam Mario in mein Büro. Ich schaute ihn an und verstand sofort ... Er hatte eine Offerte der Kunstmäzenin Maja Hoffmann erhalten, die abzuschlagen unmöglich war. Dennoch war er unschlüssig und zerrissen zwischen Loyalität zum Festival und Attraktivität des neuen Jobs in Arles. Ich liess ihn nicht hängen und sagte nur einen Satz: «Entweder du kündigst oder ich kündige dir noch heute Morgen», und ergänzte: «Mario, eine solche Gelegenheit kommt nur einmal im Leben.» Mario Timbal akzeptierte und kehrte nach einigen Jahren im Triumph ins Tessin zurück, als neuer Direktor der *Radiotelevisione della Svizzera Italiana* (RTSI).

Mario Timbal hinterliess einen Erben, den jungen Raphaël Brunschwig, seine rechte Hand, den er entdeckt hatte. Sein unübliches CV, das seine psychologischen und humanistischen Seiten widerspiegelt, machte ihn zum idealen Nachfolger Timbals: ein enormer Schaffer, ein Multitasker, gestaltungsfreudig und diszipliniert. Raphaël Brunschwig gelang der Exploit, das Festival nicht nur straff zu organisieren, sondern auch horizontal mit zukunftsweisenden, kostendeckenden Projekten weiterzuentwickeln.

Und der Präsident? Er hat die Aufgabe, dafür zu sorgen, dass innerhalb des Festivals diese stete Unrast immer fruchtbar und das Konstrukt ausgewogen bleibt. Ich bin froh, dass gewisse Ideen, die ich in den ersten Jahren anregte, auf fruchtbaren Boden stiessen, Wurzeln schlugen und bis heute Früchte tragen. Im Jahre 2002 riefen wir zum Beispiel gemeinsam mit Walter Fust, dem damaligen Chef der Direktion für Entwicklung und Zusammenarbeit (DEZA), ein Projekt ins Leben, das bis heute für alle eine Win-win-Situation darstellt, nämlich die Förderung des Filmschaffens in Asien, in Afrika, in Zentral- und Südamerika. Dadurch gelingt es der Schweiz, den Cineasten in vielen Drittweltländern unbürokratisch Hilfe zu leisten und gleichzeitig politische Werte wie Freiheit und Demokratie zu fördern. Das Festival wiederum gelangt mit Hilfe des Bundes an Orte, wo es allein kaum jemals hinkommen würde. Auf diese Weise avancierte Locarno zu einem unverzichtbaren Ort der Begegnung für Filmschaffende aus aller Welt und geniesst damit hohe internationale Bekanntheit und grossen Respekt. Die nachhaltige Wirkung dieses Projekts verdanken wir zum einen dem persönlichen Engagement von Martin Dahinden, dem Nachfolger von Walter Fust und späteren Schweizer Botschafter in den USA, zum anderen der heutigen DEZA-Chefin Patricia Danzi, die das Programm mehrere Male vor einschneidenden Sparübungen verschonte.

GRANDE
ALBERGO

DIE ROTE LINIE

Jedes Festival hat seine Charakteristik und sein Alleinstellungsmerkmal. Locarno ist in der internationalen Film- und Festivalwelt bekannt, dass seine künstlerische Freiheit unantastbar ist. Das hat viel mit seiner Geschichte zu tun, die eng mit derjenigen der übrigen traditionsreichen Festivals – allen voran Venedig, Moskau und Cannes – verbunden ist. Die Filmfestspiele von Venedig entstanden 1932 und wurden sofort vom Kult um den *Duce* vereinnahmt. Das zweite Festival – Moskau – entstand 1935 auf Initiative von Stalin, der dem Treiben jedoch rasch wieder einen Riegel schob, als er feststellte, dass er den exzentrischen, aber genialen Jurypräsidenten und Regisseur Sergej Eisenstein nicht in den Griff bekam (einen der Preise gewann Walt Disney). Die Festivals von Locarno und Cannes, die beide 1946 aus der Taufe gehoben wurden (rein theoretisch war Cannes im Kriegsjahr 1939 gegründet worden, konnte aber, da der Krieg am Morgen des 1. September ausbrach, nicht wie vorgesehen durchgeführt werden), waren die ersten Festspiele, die eine freiheitliche, liberale DNA aufwiesen, auch wenn Cannes vornehmlich auf Brillanz und Mondänität setzte. Die 1952 gegründeten Filmfestspiele von Berlin waren dann erneut eine politisch geprägte Initiative, was in Anbetracht der geopolitischen Lage der geteilten Stadt und vor dem Hintergrund des Kalten Krieges nicht weiter erstaunt. Das *Festival Internacional de Cine de San Sebastián* wiederum, das 1953 erstmals stattfand, deckt den spanischen und südamerikanischen Raum ab und verfügt somit über eine ganz eigene Charakteristik.

Bei der künstlerischen Freiheit, die das Filmfestival von Locarno charakterisiert, kommt die liberale Seele des Tessins zum Tragen, die tief in seiner Geschichte verwurzelt ist. Als Napoleon die ehemaligen ennetbirgischen Vogteien der Cisalpinen Republik einverleiben wollte, stiegen die Tessiner auf die Barrikaden und vertrieben die Invasoren mit dem Schlachtruf «*Liberi e svizzeri*». 1830 gab sich der Kanton Tessin eine der ersten, wenn nicht die erste liberale Verfassung in Europa (!), deren Grundwerte bis heute Bestand haben. Zwei Weltkriege, in denen

Oben: Marlène Dietrich und Joseph von Strohheim Anfangs der 1960er-Jahre in Locarno.

Unten: Wo alles begann: Anfangs wurden die Filme im Park des Grand Hotels von Locarno aufgeführt.

das Nachbarland Italien begierig auf das Territorium der italienischen Schweiz schielte, haben im Tessin die Werte «Freiheit» und «Unabhängigkeit» sowie das Zugehörigkeitsgefühl zur Eidgenossenschaft weiter verstärkt. Es ist daher kein Zufall, dass *«O sole mio»* von Giacomo Gentilomo, der erste Film, der am 23. August 1946 in Locarno aufgeführt wurde, von der Rebellion der Neapolitaner gegen die Nazifaschisten handelte.

Einziger Verantwortlicher für das Programm von Locarno ist der künstlerische Direktor. Weder der Präsident noch sonst ein Gremium haben je Filme zensiert oder ins Programm gedrückt. Das kann selbstverständlich auch zu heiklen Situationen führen, denn die Interpretation über den künstlerischen Wert ist zumindest dehnbar. War *«L.A. Zombie»* eine Provokation des damaligen künstlerischen Direktors Olivier Père oder war dieser Splatterfilm Symbol einer Randgesellschaft, der jeder moralische Wert abhandengekommen ist und im Programm eines Filmfestivals seinen legitimen Platz hatte? Wir haben uns dieser Diskussion gestellt. Denn das Filmfestival ist ein Ort des Dialogs, und künstlerische Direktoren müssen sich mit Demut den intellektuellen Auseinandersetzungen stellen. Anders präsentierte sich die Situation, als der Chefredaktor der katholischen Tageszeitung *Giornale del Popolo* auf Biegen und Brechen einen Film über die Christenverfolgung in Syrien ins Programm drücken wollte, den der künstlerische Direktor Carlo Chatrian jedoch als ungenügend eingestuft hatte. Die mediale Kampagne, welche die Zeitung anschliessend entfachte, stimmte das Festival selbstverständlich nicht um.

Diese konsequente Verteidigung der künstlerischen Freiheit, sowie auf der organisatorischen Seite die transparente Buchhaltung, schätzen auch die Politiker. Ich bin stolz, dass der Tessiner Grosse Rat während meiner Präsidentschaft die Kreditvorlagen für die Finanzierung des Festivals stets bewilligt hat, und zwar fast immer einstimmig. Diese Voten stellen ein wichtiges Bekenntnis zur Freiheit seitens der Tessiner Politik dar. Auch die Sponsoren respektieren die künstlerische Autonomie. Die UBS zum Beispiel, die das Festival seit über vierzig Jahren unterstützt, hat nie, auch nicht in Zeiten, in denen äusserst kritische Filme gezeigt wurden, versucht, auf das Programm Einfluss zu nehmen. Stattdessen hat sie das Prinzip der Freiheit konsequent hochgehalten. Dieselbe Haltung haben auch alle anderen Hauptpartner vertreten, die Locarno teils schon seit Jahrzehnten die Treue halten. Kleinere Sponsoren, die sich nicht mit diesen Prinzipien abfinden konnten, haben das Festival verlassen. Wir haben ihnen, mit Ausnahme unserer Finanzverantwortlichen, keine Tränen nachgeweint.

Oben: Marco Solari mit Regierungsrat Luigi Pedrazzini (der auch als Vizepräsident des Filmfestivals amtierte), der künstlerischen Direktorin Irene Bignardi und Bundesrat Kaspar Villiger.

Unten: Marco Solari im Gespräch mit Bundeskanzler Gerhard Schröder und Bundesrat Pascal Couchepin auf der Piazza Grande.

CREDIT SUISSE

Existenzbedrohend war für das Festival eine Diskussion auf politischer Ebene, die sich zum Glück in der Zwischenzeit wieder gelegt hat. Linke Kreise forderten im Sommer 2015, dass Bundesparlamentarier Einladungen zu kulturellen Anlässen ablehnen sollten, falls eine Hotelübernachtung inbegriffen ist, denn damit würden sie gekauft. So verständlich das Anliegen auf den ersten Blick scheinen mag, so verhängnisvoll wäre eine solche Direktive für Locarno. Denn sie würde dazu führen, dass man nur noch Veranstaltungen im goldenen Dreieck Basel-Luzern-Zürich berücksichtigen könnte, wo man nach der Vorstellung problemlos mit der S-Bahn nach Hause gelangt. Kulturelle Anlässe in der Peripherie der Schweiz, in Graubünden, im Wallis, in der Westschweiz und im Tessin, wären benachteiligt, da sie zwingend eine Übernachtung einschliessen. Das Gleichgewicht zwischen Peripherie und Zentrum wäre gestört worden.

Entsprechend haben wir uns dafür stark gemacht, dass unsere Sponsoren und Partner Politiker zu einem Locarno-Weekend einladen dürfen, ohne gleich in den Ruch der Korruption zu geraten. Schliesslich ist das Filmfestival von Locarno eine Dialogplattform. Sponsoren laden Protagonisten aus der Kultur, aus der Wissenschaft, aus Wirtschaft und Politik ein und bringen sie für einen Abend zusammen. Damit wird nicht nur das Tessin, sondern auch die Schweiz gestärkt. Ohne das Tessin wäre die Schweiz bipolar, dann hätten wir belgische Verhältnisse. Mit dem Tessin ist der Konsensbedarf viel grösser. In diesem Dreieck der Sprachregionen ist das Festival, einer der grössten Kulturanlässe der Schweiz, zu einem sommerlichen Kultur-Davos herangewachsen. Hier treffen sich Politiker und Wirtschaftsvertreter in einem kulturellen Rahmen. Solche kulturellen Veranstaltungen lassen sich in der Schweiz nur durch eine gemeinsame Finanzierung von Staat und Wirtschaft realisieren. In Locarno ist das Verhältnis etwa fifty-fifty, weil hier viele Firmen einerseits Marketinginteressen verfolgen, andererseits aber alles daransetzen, ihrer gesellschafts- und somit auch staatspolitischen Verantwortung gerecht zu werden. Da das Festival auch vom Bund subventioniert wird, ist es selbstverständlich wichtig, dass sich möglichst viele National- und Ständeräte ein Bild vor Ort machen können.

Mein persönliches Ziel war stets, ein Festival zu schaffen, das «*too big to fail*» ist und das dem Tessin und der Schweiz nützt und dient. Diese Rolle kann es nur wahrnehmen, wenn seine künstlerische Freiheit national und international anerkannt wird. Politik und Wirtschaft sind Garanten dieser Freiheit. *Liberi e svizzeri* – das trifft auch auf das Locarno Film Festival zu.

SEX AND CRIME

«Meine lieben Freunde, mit Bedauern muss ich euch mitteilen, dass ich schweren Herzens beschlossen habe, auf meine Teilnahme zu verzichten. Ich musste feststellen, dass mein Auftritt am Festival von Locarno zu Spannungen und Kontroversen geführt hätte, weil manche meine Anwesenheit ablehnen, und ich respektiere ihre Meinung.» Mit diesen Worten begründete der polnisch-französische Filmemacher Roman Polanski im August 2014, weshalb er die Einladung des Festivals ablehnte. Für mich bedeutete dieser Last-Minute-Rückzieher die grösste Niederlage in meiner Zeit als Präsident. Einige wenige, aber sehr aggressive Stimmen hatten ein Kesseltreiben gegen Polanski in Gang gesetzt. Für sie war es inakzeptabel, dass ein wegen Vergewaltigung verurteilter Mann in der Schweiz öffentlich auftreten sollte. Durch die laute und schrille Kontroverse, die sie auslösten, erreichten sie schliesslich ihr Ziel: Polanski verzichtete auf eine Reise nach Locarno. Für ihn gab und gibt es kein Recht auf Vergessen.

Diese mediale Hetzjagd ärgert mich noch heute, denn man prangerte Polanski für ein Vergehen an, das er vierzig Jahre zuvor verübt hatte, unter Umständen, die nie zweifelsfrei geklärt wurden in Zeiten falsch verstandener totaler sexueller Freiheit, und für das er von der amerikanischen Justiz bestraft worden war. Letztendlich war es eine Enttäuschung, dass wir am Festival die liberalen Werte, insbesondere die Diskussionsfreiheit, nicht gewährleisten konnten. Der Geist von Locarno wurde mit den Füssen getreten. «Ich hoffe inständig, dass diese verpasste Möglichkeit, über sich hinauszuwachsen, nicht als ein Sieg derer gedeutet wird, die das Festival mundtot machen wollen, sondern als Sprungbrett dienen wird, um es als Freiraum und Ort des Willkommens neu zu lancieren», sagte der künstlerische Leiter Carlo Chatrian in einer Videobotschaft, die mit viel Applaus quittiert wurde.

99 Prozent der Entscheide habe ich als Präsident den künstlerischen und operativen Leitern überlassen. Das eine Prozent, bei dem ich aktiv wurde, war denn auch sehr überschaubar. Beispiel: Ich hatte

eine lebhafte Diskussion mit Irene Bignardi wegen Theo Van Goghs umstrittenem Film *«Submission»*, den sie am Festival zeigen wollte. Es ging ums Prinzip. Denn eine Sache ist es, die Freiheit hochzuhalten, eine andere, einen Film zu zeigen, der sich nach Auffassung vieler lediglich durch eine provokante, radikal antimuslimische Propaganda auszeichnete. Dadurch wäre das Festival Risiken eingegangen, die nichts mit künstlerischen Aspekten zu tun hatten. Und ein Skandal als Mittel, um Aufmerksamkeit zu erregen, ist mir zutiefst zuwider. Irene insistierte ein wenig starrköpfig, ich hob zum ersten Male die Stimme. Ein Anruf der Bundesanwaltschaft aus Bern, der an Deutlichkeit nichts zu wünschen übrig liess, war schliesslich ausschlaggebend. Irene sah sich den Film noch einmal an und stellte nach einer halben Stunde fest, dass die Qualität des Werks doch nicht ausreichte, um es nach Locarno zu schaffen.

Ich selbst schaute mir Filme nur dann im Voraus an, wenn man mich ausdrücklich darum bat, was nur sehr selten vorkam. Denn die Verantwortung für die Auswahl eines Films, und selbst wenn es sich nur um einen Kurzfilm handelt, liegt immer beim künstlerischen Leiter. Das bedeutet für den Präsidenten, dass sich jede Ausgabe in eine Art Minenfeld verwandeln kann. Denn man muss auch Entscheidungen mittragen, mit denen man nicht einverstanden ist. Das ist mir passiert, als der ehemalige Terrorist Giovanni Senzani ans Festival kam, um Pippo Delbonos Film *«Sangue»* («Blut») vorzustellen. Senzani kam also nach Locarno, gab ein Interview, in dem er sagte, dass er nichts bereue. Und schon war das Pulverfass explodiert. Für mich war das einer der heikelsten Momente in meiner Präsidentschaft. Sogar der mächtige und hoch respektierte Generalstaatsanwalt der italienischen Republik, Gian Carlo Caselli, schaltete sich ein. Er beschuldigte uns in den Medien, dass wir diesen Skandal nur provoziert hätten, damit in Italien über das Festival gesprochen würde, und empörte sich, dass wir einem Terroristen eine Bühne gegeben hätten. Dank der Fürsprache der langjährigen Bundesanwältin Carla Del Ponte konnte ich ein klärendes Telefonat mit Caselli führen. Er nahm mich in eine Art Kreuzverhör und griff mich dabei mit voller Härte an. Ich rechtfertigte mich, ohne irgendetwas zu verbergen, und gab zu, dass wir, wenn auch unabsichtlich, einen Fehler gemacht hatten, indem wir die automatisch an die Produktion versandte Einladung nicht kontrolliert hatten. Nach einer halben Stunde (er hatte mir nur zehn Minuten einräumen wollen) sagte er: «Solari, ich habe Erfahrung, und ich spüre, dass Sie ehrlich sind. Für mich ist die Sache erledigt.» Mit dieser Absolution herrschte augenblicklich auch an der medialen Front Ruhe. Das ist Macht.

Wenn es in Locarno Skandale gab, dann nie um ihrer selbst willen. Nicht einmal jener um den Film *«L.A. Zombie»* von Bruce LaBruce, der 2010 mit seinem grotesken, halbpornografischen Inhalt viel Staub aufwirbelte. Aber dahinter steckte das Thema der jungen Amerikaner der Vorstädte, die von der Splatter-Kultur durchdrungen waren und von den Headhuntern der amerikanischen Armee gesucht wurden, um sie in kulturell so verschiedenartige Länder wie Irak oder Afghanistan zu schicken. Gewiss, ein provozierendes Thema, aber nicht ohne Tiefe. Olivier Père, der damalige künstlerische Direktor, kündigte den Film kurz vor Mitternacht mit ein paar einführenden Worten an und beendete seine Ausführungen mit der Feststellung: «Das Kino nährte sich schon immer vom Leben; Sex ist Teil des Lebens und deshalb auch Teil des Kinos.» Als er kurz darauf die Treppe von der Bühne hinuntergestiegen war, grinste er uns verschwörerisch an und fragte: «Hätte ich noch etwas hinzufügen sollen?» Und dann legte er mit einem ironischen Seufzer nach: «Eigentlich habe ich bloss eine Banalität gesagt.»

DIE HÜTER DER WAHRHEIT

Man könnte denken, dass der Präsident eines Filmfestivals ein Festbruder und Partygänger sei. Das Gegenteil ist der Fall – zumindest bei mir. Wenn das Festival mittlerweile eine Erfolgsgeschichte ist, dann auch deshalb, weil ich eine Betriebskultur eingeführt habe, die auf einer zwinglianischen Arbeitsmoral beruht, sprich auf Präzision sowie Pflicht- und Verantwortungsbewusstsein der Vorgesetzten. Sitzungen beispielsweise beginnen wir, wie ich es bei der Migros gelernt hatte, eine Minute vor dem angesetzten Zeitpunkt. An diese rigiden Vorgaben hielt ich mich als Präsident selbstverständlich auch während des Festivals. In diesen zwölf intensiven Tagen, die um sechs Uhr in der Früh beginnen, um Mitternacht zu Ende gehen und mit organisatorischer Arbeit ausgefüllt sind, beschränkte sich meine «mondäne Präsenz» auf rein repräsentative Aufgaben. Ich zeigte vornehmlich Sponsoren, Partnern und ihren Gästen auf, wie wichtig ihr Beitrag ist und versuchte, sie zu begeistern, damit sie Locarno treu bleiben.

Von zentraler Bedeutung ist, dass sich unsere Partner bewusstwerden, dass sie für ihr Engagement eine Gegenleistung, einen Mehrwert erhalten. Es ist daher kein Zufall, dass das Festival die Anzahl seiner Sponsoren während der Corona-Pandemie von 140 auf 180 erhöhen respektive die Sponsoringeinnahmen um 40 Prozent steigern konnte. Das Erfolgsgeheimnis ist ganz banal: Harte Arbeit und Wertschätzung. Diese Prinzipien gab mir auch mein Freund Stefan Nünlist mit auf den Weg, der in seinen vielen Funktionen in Schweizer Unternehmen das Festival immer wieder mit Rat und materiell unterstützte. Womit wir bei einem weiteren wichtigen Aspekt wären: Vernetzung. Damit ein Netzwerk tragfähig bleibt, muss es gepflegt werden. Als Präsident des Festivals verbrachte ich zwei bis drei Tage in der Woche *Oltre Gottardo,* um Beziehungen zu pflegen. Dazu gehört beispielsweise meine Mitgliedschaft im ältesten Rotary Club der Schweiz, demjenigen von Zürich, der 2024 sein hundertjähriges Bestehen feiern wird. Mit Filz – für mich ein Unwort! – hat das nichts zu tun. Beim Sponso-

Im Rampenlicht: Marco Solari bei einer Ansprache auf der Piazza Grande.

ring geht es immer um Vertrauen. Für einen Sponsor ist es wichtig, seinen Partner persönlich zu kennen und einzuschätzen. Und dieses Vertrauen konnte ich in der Rotarier-Vereinigung sehr gut aufbauen, gerade bei jüngeren Managern, die mich noch nicht persönlich kennen. Darüber hinaus stellt der menschliche Kontakt eine Bereicherung dar, denn man kommt mit Persönlichkeiten in Kontakt, die unter vielen Gesichtspunkten äusserst interessante Gesprächspartner sind. Dies trifft nicht nur auf den Rotary Club zu, sondern auch auf den Cercle de la Grande Société, die fast zweihundert Jahre alte, noble Vereinigung der ehemaligen regimentsfähigen Familien Berns, die manchmal auch eidgenössisch bekannte nichtbernische Persönlichkeiten aufnimmt. Die Beziehungen, die in diesem Zirkel mit Respekt und Herzlichkeit gepflegt werden, möchte ich nicht missen.

Martin Meyer wiederum, dem ehemaligen Kulturchef der *NZZ*, verdankte ich die hochkarätigen Einladungen des Schweizerischen Instituts für Auslandforschungen. Neben den oft unglaublich interessanten Vorträgen und Analysen internationaler Persönlichkeiten bot diese Plattform die Möglichkeit, in zwangslosen Gesprächen während dem Essen die Beziehungen zu den Präsidenten und Generaldirektoren unserer wichtigsten Partner zu pflegen. In diesem Kontext gilt es auch die Vereinigung Widenmoos zu erwähnen, eine private Initiative der Unternehmerfamilie Bühler, die Führungskräfte aus Wirtschaft, Politik und Kultur im wunderschönen Resort in Reitnau zusammenbringt und ein effizientes Networking ermöglicht.

Mit einer Mischung aus Stolz, Freude und Dankbarkeit stelle ich fest, dass viele grossartige Unternehmer-Persönlichkeiten die Unterstützung des Locarno Film Festival nicht nur als Marketing-Aktivität betrachten, sondern sich bewusst sind, dass sie mit ihrem kulturellen Engagement den Kanton Tessin, die italienische Schweiz schlechthin, wirtschaftlich und politisch stärken. Ihr Sponsoring weist somit eine staatspolitische Dimension auf. Gerne würde ich hier jeden namentlich aufführen, der sich für das Locarno Film Festival eingesetzt hat. Doch die Liste der grossartigen Persönlichkeiten, denen das Festival viel verdankt, ist lang. Die Gefahr, jemanden zu vergessen, ist denn auch gross. Daher sei stattdessen eine eindrückliche Zahl genannt: In zwanzig Jahren hat die Schweizer Wirtschaft das Locarno Film Festival und dessen Spin-off in Ascona, die *Eventi Letterari Monte Verità*, mit rund hundert Millionen Franken unterstützt.

Hatte ich bei den Treffen in Bern, Zürich, Basel, Lausanne oder eben in Reitnau ausreichend Zeit für vertiefte Gespräche, so war mein Ta-

Der schönste Kinosaal der Welt: Die Piazza Grande strahlt eine einmalige Magie aus.

Oben: Der russische Regisseur Aleksandr Sokurow wurde 2006 mit dem Ehrenleoparden des Filmfestivals ausgezeichnet. Links im Bild: Der ehemalige Festival-Direktor Marco Müller.

Unten links: Alain Delon wird 2012 mit einem Ehrenpreis für sein Lebenswerk ausgezeichnet.

Unten rechts: Der Auftritt von Susan Sarandon sorgt für ein grosses Medieninteresse.

Rechte Seite, oben: Marco Solari mit der italienischen Schauspielerin Ornella Muti.

Rechte Seite, unten: 2011 landen Daniel Craig, Harrison Ford und Olivia Wilde in Locarno, um ihren Film *«Cowboys & Aliens»* vorzustellen.

64°
Festival del film
Locarno
3–13 | 8 | 2011

gesablauf während des Filmfestivals fremdbestimmt. Ein Termin folgte auf den anderen. Es bedingte ein eisernes Pflichtbewusstsein, den Zeitplan einzuhalten. Abschweifungen lagen nicht drin. Das war auch mein ganz persönliches kleines Drama. Denn in all den Jahren ist eine eindrucksvolle Zahl von Persönlichkeiten an mir vorbeigezogen, mit denen ich mich gerne länger unterhalten hätte. Doch ich musste mich leider allzu oft auf ein paar Grussworte und einen kurzen Austausch beschränken, weil meine Anwesenheit anderswo verlangt war und ich mich den Sponsoren, den Partnern und den Vertretern der Institutionen widmen musste. Für mich stellte es beispielsweise ein grosses Opfer dar, als Präsident des Filmfestivals beim *Dîner républicain* von Frank A. Meyer nur noch zum Teil dabei sein zu können, weil zeitgleich die wichtigsten Partner des Festivals mit ihren Gästen meine Anwesenheit erforderten.

Doch eng getaktete Agenda hin oder her: Manchmal kommt es vor, dass man während des Festivals Menschen trifft, deren Charisma man sich nicht entziehen kann. Mir ist das im August 2007 mit der Filmlegende Michel Piccoli passiert. Er zog mich derart in seinen Bann, dass ich alle nachfolgenden Termine sausen liess (zu meiner Verteidigung kann ich anführen, dass es sich nicht um Termine der Kategorie «absolut zwingend notwendig» handelte). Piccoli war damals 81 Jahre alt und kam nach Locarno, um den *Excellence Award* entgegenzunehmen. Ich ging in das Restaurant, in dem er zu Abend ass, um ihn kurz zu begrüssen, so wie es das Protokoll vorsah. Den Festivalchauffeur bat ich derweil, auf mich zu warten. Als Piccoli mich erblickte, begann er von der Atmosphäre in Locarno zu schwärmen. «Setzen Sie sich doch, *Monsieur le Président*», sagte er. Das war weniger eine Einladung als eine Anweisung. Aber eine angenehme Anweisung, denn das Gespräch, das sich entwickelte, war so erhellend, dass ich mich nicht mehr vom Stuhl erhob. Ich schaffte es nicht, denn während der gesamten Dreiviertelstunde, während der wir uns unterhielten, gab er keine einzige Banalität, nicht mal aus Versehen, von sich. Für mich war dieses Vier-Augen-Gespräch einzigartig, auch wenn ich mich bei den Menschen entschuldigen musste, mit denen ich danach verabredet gewesen wäre und die ich unweigerlich enttäuscht hatte.

Ebenfalls sehr eindrücklich war die Begegnung mit Harry Belafonte, den alle als wunderbaren Sänger kennen. Für seine Abstecher in die Filmwelt überreichten wir ihm am 6. August 2012 einen *Pardo alla carriera*. Als er auf der Bühne das Mikrofon ergriff, zog er das Publikum mit folgendem Auftaktsatz in den Bann: «Als Künstler ehrt mich diese

Auszeichnung, aber ich sehe sie vor allem als Anerkennung für mein Engagement für die soziale Gerechtigkeit.» Während er über die Verantwortung des Künstlers gegenüber der Wahrheit referierte, war es auf der Piazza mucksmäuschenstill. Gegen Ende hin wurde der Ton seiner Rede immer drängender: «Ich glaube, dass Künstler heute mehr denn je gebraucht werden, um den Regierenden dieser Welt den richtigen Ausweg aus der gegenwärtigen Krise aufzuzeigen.» Dann brach der bis dahin zurückgehaltene Applaus wie ein Sturm über die Piazza. «Ja, denn Künstler sind die Hüter der Wahrheit», fügte er abschliessend hinzu.

Ähnlich denkwürdig war der Auftritt des italienischen Theaterautors, Regisseurs und Nobelpreisträgers Dario Fo im Jahr 2007. Er wirkte hinter den Kulissen extrem nervös, verzauberte dann aber aus dem Nichts das Publikum mit einer improvisierten Rede, die er in einer für die Bühne erfundenen Sprache hielt, die auch aus Gesten und Tonalitäten bestand, nämlich ein spanisch gefärbtes Gramelot, um Carmen Maura zu würdigen. Dem deutschen Schauspieler Armin Müller-Stahl gelang diese Magie 2014 ebenfalls, allerdings in dramatischeren Tönen, und zwar als er den Monolog «Der Gaukler» vortrug und dem Publikum so aufzeigte, wie sich Leoncavallos *Bajazzo* fühlte, der die Leute zum Lachen bringen muss, obgleich sein Herz voller Schwermut ist.

Manchmal legen Persönlichkeiten, die oft im Scheinwerferlicht stehen, vor ihrem Auftritt auf der Bühne eine Verunsicherung an den Tag, die man so nicht erwartet hätte – auch wenn es sich um eine zutiefst menschliche Verunsicherung handelt. Das habe ich im August 2012 erlebt, als die Filmikone Alain Delon in Locarno zu Gast war, um den *Leopard Club Award* entgegenzunehmen. Als ich und meine Frau Michela im Hotel eintrafen, in dem Delon logierte, empfingen uns Denise und Rolando Benedick, der Präsident und Gründer des Leopard Club, voller Besorgnis. Delon weigere sich, sein Zimmer zu verlassen. Er fühle sich zu alt und sei nicht mehr schön. «Wir wissen nicht, was wir tun sollen», sagten sie ratlos. Da nahm Michela die Situation in die Hand, klopfte an die Tür und bat Delon, die Zimmertüre einen Spalt zu öffnen. Er liess sie eintreten, die beiden diskutierten kurz und schon führte sie Delon Richtung Piazza. Als ich sie später fragte, wie sie dieses Wunder geschafft habe, antwortete sie, dass ein paar ehrliche Worte gereicht hätten: «Sie sind ja noch attraktiver als auf den Fotos», habe sie gesagt. Der Abend war gerettet.

Andere Künstler wiederum überwinden ihre Schwächephasen dank des grossen Verantwortungsgefühls, das sie auszeichnet. Mir fällt da eine denkwürdige Begegnung mit der amerikanischen Schauspielerin

Oben: Harry Belafonte mit dem Ehrenleoparden (2012). Seine Dankesrede auf der Piazza Grande ging unter die Haut.

Unten links: Zwei künstlerische Direktoren, die das Festival geprägt haben: Frédéric Maire (links) und Carlo Chatrian.

Unten rechts: Isabelle Huppert und René Burri.

Rechte Seite, oben: Dario Fo mit seiner Ehefrau Franca Rame beim Spaziergang auf der Piazza Grande.

Rechte Seite, unten links: Michel Piccoli.

Rechte Seite, unten rechts: Claudia Cardinale und der künstlerische Direktor Olivier Père.

PRIX DU PUBLIC UBS

Susan Sarandon ein. Sie kam 2005 mit 39 Grad Fieber nach Locarno. Ihr ging es nicht gut, aber das war für sie kein Grund, ihren Auftritt abzusagen. «Ich kann die 8000 Menschen, die auch wegen mir gekommen sind, nicht enttäuschen», entgegnete sie auf unsere besorgten Einwände. Sie bewahrte die Haltung einer Königin, während sie auf ihren Auftritt wartete. Als ich sah, dass sie Schüttelfrost hatte, bot ich ihr meine Jacke an. Sie legte sie sich über die Schultern, bis ihr Auftritt an der Reihe war. Bevor sie auf die Bühne ging, gab sie mir die Jacke mit einer freundlichen Geste zurück, denn dort oben musste Susan Sarandon vollkommen sein. Und das war sie. Ein Triumph des Willens sondergleichen.

Apropos Perfektion: Die italienische Schauspielerin Claudia Cardinale verfügt über eine magnetische Schönheit, bei der man sofort spürt, dass sie nicht nur mit ihrem Aussehen zu tun hat, sondern in die Tiefe geht, ebenso wie ihr strahlendes Lächeln. «Ich habe tausend Falten im Gesicht. Wenn Sie wüssten, wie viel Mühe mich jede von ihnen gekostet hat», sagte sie mir. Eine unnachahmliche Würde strahlte auch die britische Schauspielerin Charlotte Rampling aus, eine *Grande Dame,* die mit einer Handvoll Worte ihre ganze intellektuelle Eleganz entfaltete. Nicht zu vergessen eine weitere grosse Schauspielerin, Isabelle Huppert, die bekannt dafür ist, keinen einfachen Charakter zu haben. Doch auch sie liess sich nach und nach von Locarno betören. Am Anfang war sie skeptisch angesichts des provinziellen Umfelds, das sie vor ihren Pariser Augen sah, aber dann war sie so entzückt, dass sie nicht mehr abreisen wollte. Am Tag darauf traf ihr Landsmann Gérard Depardieu ein, und sie blieb. Ebenso am übernächsten Tag und fast bis zum Ende des Festivals.

Ein ähnliches Erlebnis hatten wir 2011 mit Harrison Ford und Daniel Craig. Da es leicht regnete, musste Nadia Dresti, die künstlerische Vizedirektorin, die Assistenten der beiden Stars regelrecht beknien, trotzdem auf die Piazza zu kommen. Immerhin handelte es sich um die Europapremiere ihres Films *«Cowboys & Aliens».* Als Ford schliesslich auf die Piazza kam, rief er als erstes: *«Wow, what a place!»* Dann: *«Wow, what a screen!»* Und schliesslich: *«Wow, what a sound!»* Nach der Präsentation wollten die Assistenten die beiden Künstler sofort wieder zurück ins Hotel schleppen. Doch Ford widersetzte sich mit den Worten: «Ich bleibe.» So standen wir schliesslich unter der Leinwand, zu meiner Rechten Ford, zu meiner Linken Daniel Craig. Jedes Mal, wenn eine gute Szene kam, haute mir der stämmige Craig auf den Rücken und rief: «Schau!»

Das ist genau der Zauber, den Locarno ausmacht. Aber es kann natürlich auch das exakte Gegenteil eintreten. Die Piazza ist gnadenlos, denn auf dieser Bühne gibt es keinen Mittelweg: Entweder man schafft es, oder man schafft es nicht. Häufig entwickelt sich eine unvorhersehbare Alchemie. Da kann es passieren, dass erfahrene, abgeklärte Schauspieler ins Stottern geraten, während manchmal Persönlichkeiten aus nahezu unbekannten Filmwelten, die sich nicht an ein grosses Publikum gewohnt sind, die Herzen der Leute erobern und völlig unerwartet stürmische Ovationen erhalten. Da geht es um Feinstoffliches, doch weiss man nie, ob sich der Effekt einstellt. Und während entschieden unkonventionelle Regisseure wie Aki Kaurismäki oder Abel Ferrera mit einem Jubel empfangen wurden, der weit über alle Erwartungen hinausging, stellte sich bei anderen der Dialog nur schleppend ein, obwohl sie als Cineasten sehr geschätzt werden. Das ist zum Beispiel an einem Abend mit Nanni Moretti passiert, es war wirklich unerklärlich. Und wenn der Funken nicht überspringt, kann es ganz schnell gehen, dass eine gleichgültige Piazza auf einmal sogar abweisend wirkt.

Mir schlug das Herz jedes Mal bis zum Hals, wenn ich auf die Bühne ging, weil man sich nie an diese Situation gewöhnt. Der Magen zieht sich zusammen, und gleichzeitig weiss man, dass man sich dem Publikum mit ehrlicher Demut stellen muss. Da oben wiegt jedes Wort tonnenschwer, und ein einziger falscher Satz reicht, um alles zu ruinieren, was man vorher gemacht hat, denn die Leute werden sich nur an diesen einen Satz erinnern, auch nach Jahren noch. Doch all diese Gefühle und Ängste verschwinden wie von Zauberhand, wenn das Publikum spürt, dass man ihm nahe, dass man ehrlich ist. Dann erfüllt einen ein Gefühl von Zuneigung und Dankbarkeit.

Wie beeindruckend die Reaktion des Publikums sein kann, habe ich bereits früh erfahren. Wenn ich meinen bewegendsten Festival-Moment überhaupt auswählen müsste, dann ist das einer, den ich nicht als Präsident, sondern als Zuschauer erlebt habe. Es war die Nacht des 10. August 1982. Auf der Leinwand lief *«La notte di San Lorenzo»* von Paolo und Vittorio Taviani (die Nacht von San Lorenzo ist die Nacht der Sternschnuppen). Dieses Meisterwerk über den schauerlichen, dramatischen italienischen Bruderkrieg 1943 unter dem sommerlichen Sternenhimmel mit den zahlreichen *«stelle filanti»* zu sehen – der Kontrast zwischen Poesie und Brutalität, war für alle Anwesenden unvergesslich. Dieser Filmabend hat alle berührt.

Oben: Die Magie der Piazza Grande. «Mir schlug das Herz jedes Mal bis zum Hals, wenn ich auf die Bühne ging», sagt Marco Solari.

Unten links: Tessiner Frauenpower: Marco Solari und Festival-Vizepräsidentin Carla Speziali im Gespräch mit der Tessiner Regierungsrätin Marina Masoni.

Unten rechts: Ein gern und häufig gesehener Gast in Locarno: Moritz Leuenberger (rechts), der von 1995 bis 2010 als Bundesrat amtierte.

Rechte Seite, oben: Ein grosser Freund des Kinos und Förderer des Festivals: Bundesrat Alain Berset (rechts) im Gespräch mit Marco Solari.

Rechte Seite, unten: Ein Prosit auf die Zukunft des Locarno Film Festivals: Rolando Benedick, Gründer des Leopard Clubs, und sein Nachfolger Felix Ehrat

76
Locarno Film Festival
2–12 | 8 | 2023
UBS swisscom la Mobiliare SWC

DER LETZTE AKT

Meine Ziele für das Locarno Film Festival waren stets klar, pragmatisch und ehrgeizig: Es soll zum einen auf einem starken Fundament stehen, zum anderen soll es bei meinem Abgang als Präsident über ein grosses Entwicklungspotential verfügen. Als ich mein Amt antrat, zählte die Organisation gerade mal fünf Angestellte, die das ganze Jahr über für das Festival tätig waren – heute sind es etwa dreissig. Im Winter und im Frühling werden es immer mehr, sodass während den zwölf Tagen im August ein Team von 800 Mitarbeitenden dafür sorgt, dass das Publikum bestens unterhalten wird. Das Budget wiederum stieg von vier Millionen Franken im Jahr 2000 auf 17 Millionen Franken (2023). Ökonomisch bringt das Festival je nach Schätzung jedes Jahr zwischen 30 und 50 Millionen Franken ins Tessin. Das sind beachtliche Zahlen, aber sie dürfen nie endgültig sein, denn für Locarno ist der Status quo keine Option. Schliesslich gibt es weltweit über 6000 Filmfestivals, darunter etliche mit grossen Ambitionen. Wie gut Locarno etabliert ist, verdeutlich die Plattform ChatGPT, die auf über 150 Milliarden Daten basiert: Sie platzierte Locarno im Frühjahr 2023 unter den ersten acht Festivals der Welt. Will man den internationalen Appeal erhalten, der die Voraussetzung dafür ist, dass man weiterhin zu den Top Ten der Filmfestivals der Welt gehört, muss man stetig weiterwachsen. Eine kleine Verlangsamung, und schon droht der Fall in die Bedeutungslosigkeit.

Das Wunder des Locarno Film Festival besteht darin, dass es ihm gelungen ist, sich trotz begrenzten finanziellen Mitteln an der Spitze zu etablieren. Ohne Geld gehts allerdings nicht. Der schnöde Mammon ist in der Kultur und in der Kunst seit jeher die Triebfeder. Ohne Gönner, die ihm den Marmor zur Verfügung stellten, hätte Michelangelo die *Pietà* nicht realisieren können. Wenn ein Festival in finanzieller Hinsicht keinen Raum zum Atmen hat, dann muss es die Freiheit der künstlerischen Direktion beschneiden. Doch gerade diese Freiheit ist es, die den Erfolg von Locarno garantiert. Die künst-

Gruppenbild der Festivalleitung von 2023: Giona A. Nazzaro, Simona Gamba, Marco Solari, Fabienne Merlet und Raphaël Brunschwig (von links).

lerische Direktion kann daher völlig autonom entscheiden, wen sie einlädt. Die Einladung eines Hollywoodstars aus den USA oder eines Jurymitglieds aus Neuseeland darf nicht an den Finanzen scheitern. Eine Mischung aus öffentlichen Geldern und privaten Mitteln ermöglicht diesen Kraftakt.

Erfreulicherweise können das Festival und seine Spin-offs auf viele schützende Hände aus der Wirtschaft zählen: Die Palette reicht von Präsidenten, Generaldirektoren und Marketingchefs von Grossfirmen wie UBS, Swisscom, Manor, Mobiliar, Toyota, Azienda Elettrica Ticinese, Swatch, Swiss, SBB, Post, SRG, RSI und Swisslife über die Raiffeisen-Bank, die zusammen mit der grosszügigen Mobiliar-Versicherung die *Eventi letterari* in Ascona unterstützen, bis hin zum Coiffeursalon Rosi in Minusio. Insgesamt 180 Partner! Von fundamentaler Bedeutung ist auch der Leopard Club. Ins Leben gerufen wurde dieser exklusive Gönnerverein vom Unternehmer Rolando Benedick, dem langjährigen CEO von Manor und Präsidenten der Valora AG, und dessen Frau Denise. Der Leopard Club erlaubt es dem Festival, unternehmerische Risiken einzugehen und mit gezielten Einladungen auch Glamour zu erzeugen. Dieses persönliche Engagement des Ehepaars Benedick war für die Entwicklung des Festivals von grosser Bedeutung.

Im Jahr 2022 löste Felix Ehrat, ein brillanter Anwalt, während vieler Jahre auch Mitglied der Konzernleitung und General Counsel der Novartis, Rolando Benedick als Präsidenten des Leopard Clubs ab. Er ist dem Festival seit langem verbunden, war während Jahren Mitglied unseres Ausschusses und ist heute wertvoller Verwaltungsrat. Felix hat sich grosse Verdienste erworben, nicht zuletzt, weil er uns juristisch aus der Patsche half, als wir durch einen unvorsichtigen Vertrag mit dem Gerichtsstand London ein finanzielles Debakel riskierten. Wertvoll war auch seine Idee, zusammen mit der *Università della Svizzera italiana* einen Lehrstuhl zu lancieren, als im unseligen Covidjahr alle Aktivitäten ruhen mussten. In seiner Antrittsrede als Präsident des Leopard Clubs hat er sein Ziel klar formuliert: «Ich will das Festival als wichtigen Teil der international ausstrahlenden Kultur unseres Landes stärken, Locarno zusammen mit den Mitgliedern des Leopard Clubs nachhaltig unterstützen und dabei immer wieder ausserordentliche Erlebnisse und Momente vermitteln.»

Somit sind weitere Voraussetzungen gegeben, damit das Festival ein unverzichtbarer Event bleibt, sowohl in kultureller als auch in wirtschaftlicher und politischer Hinsicht. Weil unser Land auf dem Prinzip der Ausgewogenheit beruht, trägt die Stärkung des Tessin automatisch

Oben: Marco Solari und Nadia Dresti, seit Mai 2023 Vizepräsidentin des Festivals, auf dem Roten Teppich.

Unten: Der «Pardo d'oro», der goldene Leopard, ist mehr als bloss die Auszeichnung für den besten Film des Festivals. Er avancierte zu einer Ikone, die Poster und sogar Briefmarken ziert. Die Sondermarke wurde anlässlich der 70. Ausgabe des Festivals produziert.

dazu bei, das System Schweiz zu stabilisieren. Das Tessin ist aber ebenfalls gefordert: Damit eine verhältnismässig kleine Region im globalen Wettbewerb bestehen kann, müssen sich alle kulturellen Kräfte vernetzen, die in ihm wirken. Es ist daher kein Zufall, dass das Festival die Nähe zu den anderen Institutionen im Tessin sucht, sei es das LAC, das kulturelle Herzstück Luganos, sei es das von Mario Postizzi und Marco Netzer präsidierte *Orchestra della Svizzera italiana* oder die *Università della Svizzera italiana* (USI), mit der das Festival dank dem ehemaligen Rektor Boas Erez und Professor Francesco Lurati eine Zusammenarbeit aufgegleist hat, der angesichts der Herausforderungen der audiovisuellen Zukunft eine zentrale Bedeutung zukommt: die bereits erwähnte Einrichtung eines mit dem Festival verbundenen Lehrstuhls. Auf diese Weise können Anstrengungen und Wissen vereint und Kompetenzen verdoppelt werden. Die USI, die Fachhochschule SUPSI sowie Forschungsinstitute wie das *Istituto Dalle Molle di studi sull'intelligenza artificiale* und das *Istituto di Ricerca in Biomedicina* sind, zusammen mit den kulturellen Initiativen, die wahren Motoren des neuen, selbstbewussten Kantons Tessin.

Den Mangel an Infrastruktur, der sich mit dem Wachstum des Festivals immer weiter akzentuiert hatte, konnte Locarno mit der Eröffnung des PalaCinema am 9. August 2017 endlich beheben. Das 35-Millionen-Franken-Projekt war nur durch die Zusammenarbeit der Gemeinden des Locarnese möglich. Treibende Kraft war hier die langjährige Vizepräsidentin und ehemalige freisinnige Stadtpräsidentin Carla Speziali, eine hochintelligente, engagierte und erfahrene Politikerin, die als Vizepräsidenten der FDP nationale Bekanntheit genoss. Wir gewannen die Volksabstimmung in Locarno nur, weil wir wohlweislich auf ein grosses Neubauprojekt verzichteten und stattdessen das alte Schulgebäude, mit dem viele Einheimische Kindheitserinnerungen verbinden, auf in jeder Beziehung gelungene Weise umstrukturierten. Finanziell halfen dabei die grosszügige Spende der Gebrüder Peter und Martin Hellstern, Kinospezialisten der ersten Stunde, die in Lugano mit grossem Erfolg Kinosäle betrieben hatten und mit denen Carla Speziali eng verbunden war. Die Locarnesin Carla Speziali, *figlia d'arte* (denn bereits ihr Vater war Stadtpräsident, Regierungsrat und Nationalrat gewesen) war für mich die ideale Vizepräsidentin. Denn Locarno ist eine Konstellation für sich und erwartet von allen Aussenstehenden Zurückhaltung. Als Luganese war und blieb ich in Locarno ein *Sottocenerino,* der sich nicht in Locarneser Politik einzumischen hatte. Carla übernahm alle Ver-

Marco Solari und Nationalbank-Chef Thomas Jordan im Mai 2017 bei der Präsentation der neuen 20-Franken-Note, auf deren Rückseite die Piazza Grande während des Filmfestivals abgebildet ist.

mittlungsgeschäfte und führte sie erfolgreich zu Ende. Diese erfolgreiche Weiterentwicklung hing auch damit zusammen, dass wir bei Alain Scherrer, Spezialis Nachfolger im Amt des Stadtpräsidenten, offene Türen einrannten. Egal, ob man ihn als *«sindaco poeta»,* weil seine Reden ans Herzen gehen, oder *«sindaco rock»,* weil er auch ein grossartiger Musiker ist, schätzt: Er ist in der Bevölkerung enorm beliebt.

Was das Erbe betrifft, das ich als Präsident hinterlasse, so wünsche ich mir, dass das Festival ungeachtet seiner Entwicklung und seines Wachstums immer ein Instrument der Wahrheit bleibt, ohne je auch nur einen Millimeter zurückzuweichen im Kampf für die Freiheit und die Würde des Menschen. Für die Verteidigung liberaler Werte des Festivals habe ich mich fast ein Vierteljahrhundert lang stark gemacht. Jetzt gilt es für mich, auch den zweiten Teil des Mottos der Berner Patrizier – *Servir et disparaître* – in die Tat umzusetzen. Disparaître! Dies fällt mir umso leichter, weil das Festival künftig von Maja Hoffmann präsidiert wird, einer der einflussreichsten und bestvernetzten Persönlichkeiten in der Kunstwelt. Sie ist ein Glücksfall für Locarno und als Weltbürgerin die richtige Frau für den Paradigmenwechsel, der nun ansteht.

Das Festival werde ich selbstverständlich weiterhin besuchen. Wahrscheinlich werde ich in der hintersten Reihe auf der Piazza Grande Platz nehmen.

Linke Seite: Neue Heimat für das Filmfestival: Carla Speziali bei der feierlichen Eröffnung des PalaCinema am 9. August 2017. Im Hintergrund Regierungsrat Manuele Bertoli.

Linke Seite, unten rechts: Marco Solari und Alain Scherrer, Stadtpräsident von Locarno.

Rechts: Marco Solari mit Maja Hoffmann, die sein Erbe als Präsidentin des Locarno Film Festival antreten wird.

CLAUDIA UND PETER-CHRISTIAN FUETER-CORTI   1 DR CHÄMIWISE   8413 NEFTENBACH

Herrn
Marco Solari, Presidente
Festival Internazionale del film di Locarno
Via Franchino Rusca 1
CH-6600 Locarno

Suvereto, 10. März 2023

Dein Abschied am 12. August 2023

Lieber Marco
Im Rundschreiben vom Februar des Festivals wird Dein Abschied am 12. August angekündigt. Da ich bereits weiss, dass ich an diesem Termin leider unabkömmlich sein werde, nehme ich die Gelegenheit in Ruhe wahr, Dir heute schon aus diesem Anlass zu schreiben. Es ist mir ein Anliegen!

Wie ich anlässlich der Übergabe des Pardo alla Carriera 2012 an mich betonte, hat das Locarno Filmfestival eine ganz besondere Bedeutung in meinem beruflichen Leben. Auch wenn Wesentliches sich vor Deiner Präsidentschaft abspielte, verbinde ich dennoch viel und Besonderes mit Dir. Da ist natürlich einmal der Umstand, dass Du bestimmt nicht unschuldig daran warst, dass mir der ehrenvolle Preis überhaupt verliehen wurde, der mir nach wie vor viel bedeutet. Dazu aber kommt ganz wesentlich, dass Du seit über zwanzig Jahren die Präsidentschaft in meinen Augen geradezu makellos ausübst. Das hat viel mit Deiner Persönlichkeit und damit mit Deiner Herkunft, Deinem Selbstverständnis, Deinem Verantwortungsbewusstsein und schliesslich der Dir eigenen Souveränität und Noblesse zu tun. In Deinem Wesen verbindet sich Switzerland at its best!

Du bist stets und unverbrüchlich zu Deiner Wirkstätte gestanden, vereinst in Dir deutschschweizerischen Protestantismus und südländischen Charme unnachahmlich und schlägst Brücken in alle Himmelsrichtungen und in die Höhen und Niederungen schweizerischer Politik, Kultur und Gesellschaft. Immer hast Du mit feinem Gespür verstanden, im richtigen Moment brillant in der Öffentlichkeit aufzutreten oder, um der Sache oder den Erfolg von Mitstreitenden willen, bewusst im Hintergrund zu bleiben. Lokales ist Dir ebenso vertraut wie Weltläufigkeit, schweizerische Bodenständigkeit Dir ebenso eigen wie internationales Flair. Und – und darin bist Du wohl in unserem Land besonders – Du musstest Dich dafür nie in irgendeiner Weise verbiegen. Mit dieser Souplesse hast Du eine Leistung vollbracht, vor der ich den Hut ziehe und für die ich Dich beglückwünsche! Sie ist dem Tessin und der Schweiz, dem Tourismus gleichermassen wie dem Film und damit der Kultur in unserem Land und schliesslich allen Menschen, die mit Dir zu tun haben durften, zugutegekommen.

Ich weiss, wovon ich spreche und bin damit beim letzten Aspekt des Besonderen, für das Du für mich stehst: bei der Zusammenarbeit mit Dir. Während drei Jahren durfte ich unter Deiner Leitung zusammen mit Yves Yersin den Bereich «Film und Audiovision» für die 700 Jahrfeier der Eidgenossenschaft gestalten und betreuen. Das Vertrauen, das Du damals in uns beide hattest und die Konsequenz, mit der Du uns dieses spüren liessest, habe ich bei wenigen

Brief von Peter-Christian Fueter an Marco Solari.

Menschen, mit denen ich zusammengearbeitet habe, so stark und motivierend erlebt. Vor allem aus zwei Gründen war dies alles andere als selbstverständlich: 1. Der 700 Jahrfeier wurde insbesondere von Künstlerinnen und Künstlern und damit auch von Filmschaffenden damals wenig Goodwill entgegengebracht und 2. war unsere Berufssparte zu jener Zeit ein disparater, schwierig zu zähmender Haufen. Skepsis, ja Misstrauen wäre nicht ganz ungerechtfertigt gewesen. Du aber hast damals mit Deiner Klarheit, Deiner Grosszügigkeit, Deinem Vertrauen und nicht zuletzt Deinem Vorbild die Grundlage zu unserer, angesichts der Umstände erfolgreichen Präsentation des Schweizer Films gelegt und darüber hinaus – noch wichtiger – der Schweiz ein würdiges Fest bereitet. Il faut le faire! Dies zeichnet Führungskräfte aus, die diesen Namen verdienen. Sie sind nicht zahlreich.

Lieber Marco, täuscht mich mein Gedächtnis nicht, warst Du vor nicht zu langer Zeit gesundheitlich angeschlagen. Ich freue mich, dass Du Dich inzwischen offenbar wieder erholt hast und aktiv bist. Geniesse deshalb Dein letztes Festival und die damit verbundenen Aktivitäten ebenso wie die verdiente Anerkennung und die Festivitäten, welche Dir zweifelsfrei gewidmet werden. Ich gönne Dir alles von Herzen und grüsse Dich freundschaftlich aus der Maremma, die zu meinem Lebensmittelpunkt geworden ist.
Dein

Peter-Christian Fueter
Rosackerstrasse 2
CH-8413 Neftenbach

Loc. "Il Falconcino
IT-57028 Suvereto (Li)

VERITÀ

DER ZAUBERBERG

Mit einer Höhe von bloss 553 Metern ist der Monte Verità eigentlich gar kein Berg, sondern bloss ein Hügel, der den Ortskern von Ascona nur knapp überragt. Dieser Flecken Land, den die Einheimischen *Monte Monescia* nannten, war um 1900 für einen Pappenstiel zu haben. Der belgische Fabrikantensohn Henri Oedenkoven griff zu. Er glaubte, in der Natur und in deren kaum erschlossenen Kräften das Heil zu finden. Hier, nur hier, fernab von der Hektik der industriellen Gesellschaft, war – die Wahrheit. Daher nannte er den Hügel, auf dem er seine Naturheilstätte aufbaute, Monte Verità. Sein Ziel war es, eine befreite Gegenwelt zur patriarchalisch-bürgerlich-kapitalistischen Gesellschaft zu schaffen. Der Monte Verità sollte zur Keimzelle für eine bessere Welt werden. Ob Oedenkoven dieses Ziel erreicht hat, sei dahingestellt. Fakt ist, dass der Monte Verità Denker, Dichter und Künstler in seinen Bann zog. In der Besucherliste finden sich Namen wie Wladimir Iljitsch Lenin, Leo Trotzki, Erich Mühsam, Hermann Hesse, Erich Maria Remarque, Rudolf Steiner, Hugo Ball, Richard Strauss, Arthur Segal, Paul Klee, Carl Gustav Jung, Max Weber, Billy Wilder, Thomas Mann ...

Oben: Joachim Sartorius, erster künstlerischer Direktor der Eventi Letterari Monte Verità (ELMV).

Unten: Marco Solari zusammen mit dem Philologen und Schriftsteller Luciano Canfora (li.) und Paolo Di Stefano, dem zweiten künstlerischen Direktor der ELMV.

Als ich mein Amt als Direktor der ETT antrat, spürte man auf dem Monte Verità zwar noch immer den «Geist der Utopie», um den Titel des Jahrhundertwerks von Ernst Bloch zu zitieren, das dieser 1917 in Locarno vollendet hatte. Doch das Hotel und die Hütten aus der Gründerzeit befanden sich in einem desolaten Zustand. Aus meiner Zeit in Spanien kannte ich eine Hotel-Direktorin, Hannelore Burkhart, die schliesslich das Bauhaus-Hotel auf dem Monte Verità übernehmen und zu neuer Blüte führen sollte. Gleichzeitig begeisterte Ingeborg Lüscher ihren Partner, den Berner Ausstellungsmacher Harald Szeemann, für den Monte Verità. Szeemann arbeitete die Geschichte des Hügels in einer viel beachteten Ausstellung mit dem Titel *«Brüste der Wahrheit»* auf, die in ganz Europa zu einem grossen Erfolg wurde, weil sie dem Bedürfnis nach Alternativen eine historische Grundlage gab. Der Monte Verità, das «Bermuda-Dreieck des Geistes» (Szeemann), ist somit der

Ausgangspunkt einer Bewegung, die unsere Gesellschaft heute mehr denn je prägt: Green Lifestyle.

Wie gross seine Strahlkraft noch immer ist, erfuhr ich 2012 an einem Empfang in der Schweizer Botschaft in Berlin. Auf Einladung von Botschafter Tim Guldimann durfte ich das Filmfestival von Locarno deutschen Journalisten und Opinion Leaders näherbringen. Doch der Funke sprang nicht über. Es gelang mir nicht, mit meiner Rede das Publikum zu begeistern. Je länger ich sprach, desto verzweifelter wurde ich. Etwa bei der Hälfte meiner Ansprache kam ich auf die drei Schweizer Kraftorte par excellence zu sprechen: Caux oberhalb von Montreux, wo der amerikanische Pastor Frank Buchman in den 1920er-Jahren die «moralische Aufrüstung» begründete, Sils Maria im Engadin, wo der stets unruhige Nietzsche seine beste schöpferische Phase erlebte, und eben der Monte Verità. Beim Stichwort Monte Verità veränderte sich die Stimmung schlagartig. Plötzlich vibrierte die Luft. Das Publikum wurde hellhörig und aufmerksam, und im Anschluss entstand eine konstruktive Diskussion, wie ich es noch selten erlebt hatte. An diesem Abend wurde mir bewusst, wie viel Potenzial im Monte Verità steckt. Wir mussten versuchen, es auszuschöpfen.

Zurück im Tessin, sprach ich bei Regierungsrat Manuele Bertoli vor, der für das Dossier Kultur verantwortlich war. Ich schlug ihm vor, auf dem Monte Verità ein Literaturfestival zu organisieren, ein Spin-off des Filmfestivals. Er war sofort Feuer und Flamme und sorgte dafür, dass der Kanton Tessin den Anlass unterstützte. Frank A. Meyer wiederum vermittelte den idealen künstlerischen Direktor, Joachim Sartorius, eine aussergewöhnliche Persönlichkeit, Lyriker, Diplomat, Festspielintendant, eine kulturelle Ikone in Berlin und Deutschland. Er und seine Frau Karin Graf zauberten 2013 erstmals die literarisch hochstehenden *Eventi letterari* hin, für deren Finanzierung zwei Persönlichkeiten aus der Wirtschaft als Mäzene in Erscheinung traten: Markus Hongler, CEO der Mobiliar Versicherung, und Patrik Gisel, CEO der Raiffeisenbank – zwei Persönlichkeiten, die Sponsoring nie bloss als rein ökonomische Transaktion im Sinne von *«do ut des»* (ich gebe dir Geld, du gibst mir Visibilität) auffassten.

Diese Literaturtage an der Schnittstelle zwischen Mitteleuropa und Mittelmeer, zwischen Westen und Osten, stiessen bereits bei ihrer Premiere auf ein grosses Echo. Der Erfolg misst sich dabei nicht an den Zuschauerzahlen, sondern an der Resonanz, die der Anlass auslöst, insbesondere in den Feuilletons und Kulturseiten der Medien. Und an den Autoren, Schriftstellern, Philosophen, Literaten und Intellektuellen, die dem Ruf des Monte Verità folgen. Dass Nobelpreisträger wie Svetlana Aleksievič, Herta Müller und Orhan Pamuk als Referenten auftraten, spricht Bände über die Anziehungskraft, welche die *Eventi letterari* innert kürzester Zeit entwickelt haben.

Als künstlerischer Direktor folgte auf Sartorius zuerst Paolo Di Stefano, ein hochbegabter italienischer Schriftsteller und Journalist beim *Corriere della Sera,* zusammen mit Maike Albath, die mit den meisten europäischen Verlagshäusern vernetzt ist, und anschliessend, unter der Präsidentschaft des umtriebigen Raphaël Brunschwig, der Zürcher Journalist, Philosoph und Theatermacher Stefan Zweifel, der einem breiten Publikum aus der Sendung *Literaturclub* des Schweizer Fernsehens bekannt ist. Um all den literarischen Persönlichkeiten Auftritte vor einem grösseren Publikum zu ermöglichen, beschlossen wir im Jahr 2018, am Seeufer in Ascona ein Zelt mit einem Fassungsvermögen von 400 Personen aufzustellen. Dank der Unterstützung des freisinnigen Gemeindepräsidenten Luca Pissoglio konnten wir die strengen Auflagen ein wenig lockern und das Zelt ohne bürokratische Schwierigkeiten auf dem *Lungolago* von Ascona aufstellen. Doch obwohl bloss wenige Hundert Meter Luftlinie vom Monte Verità entfernt, war die Stimmung dort ganz anders. Einfach normal. Viel zu normal. Die Schriftsteller rebellierten denn auch. Sie wollten zurück auf den Hügel, diesen unerklärlichen Kraftort. Dass dort die Zuschauerkapazitäten beschränkt sind, nehmen sie in Kauf. Die Magie des Ortes ist ihnen wichtiger. Der Monte Verità – er ist der eigentliche Zauberberg. Seine Renaissance ist ein weiteres Element, das dazu beiträgt, die Rolle des Tessins als kulturellen Hotspot an der Grenze zwischen Norden und Süden zu stärken.

Dasselbe gilt für das zweite Spin-off des Locarno Film Festival, nämlich *Immagine e Parola,* das sich jeweils im Februar als Mini-Festival in Locarno Gedanken über das Verhältnis zwischen Bild und Wort macht. Und da aller guten Dinge bekanntlich drei sind, wirkt das Filmfestival noch an einem weiteren Spin-off mit, und zwar an dem 2019 erstmals durchgeführten *Festivallibro* in Muralto. Dieses Buch-Festival geht auf eine Initiative von Stefano Gilardi, den langjährigen *Sindaco* von Muralto, und den Literaturwissenschaftler Renato Martinoni zurück und ist auf die lokalen Verleger dies- und jenseits der Grenze zugeschnitten, womit die lange Tradition der Tessiner Druckereien und Verlage eine moderne Plattform erhält.

Für Aussenstehende mögen das auf den ersten Blick bescheidene Aktivitäten sein. Doch wie bei einem Puzzle ergibt sich aus vielen Einzelteilen ein harmonisches, facettenreiches Gesamtbild. Die Tessiner Events und Institutionen stehen daher in der Pflicht, sich weiter zu vernetzen und eng zusammenzuspannen. Das Filmfestival mit dem universitären Lehrstuhl und seinen Spin-offs, das Kunst- und Kulturzentrum LAC in Lugano und die dreissig grossen und kleinen Museen im ganzen Kanton, die privaten Mediengruppen, die Verleger, die öffentlich-rechtliche RSI wie auch das lokal stark verankerte *TeleTicino*, dazu noch die Universität und die Fachhochschule: Wenn sie alle ihre Kräfte bündeln, entsteht ein Netzwerk, in dem eins plus eins mehr ergibt als zwei – nämlich einen grossen Mehrwert. Nur so, davon bin ich felsenfest überzeugt, kann sich das Tessin in Zukunft zwischen den Grossregionen Zürich und Mailand kulturell behaupten.

DANTE – EIN SCHWEIZER FREIHEITSHELD

«An seiner Zeit als Präsident des Filmfestivals fällt auf, wie wenig Kritisches über ihn geschrieben wird», schrieb Kultur-Redaktor Pascal Blum vom *Tages-Anzeiger* im Juli 2022 in einem Portrait über mich. «Zum Beispiel seine mäandrierenden Reden auf der Piazza Grande oder an Empfängen, voll von Bezügen zurück zu Spinoza und Dante.» In diesem Punkt bekenne ich mich schuldig. Insbesondere meine Bewunderung für Dante Alighieri ist grenzenlos. Die Bedeutung, die er als Nationaldichter in Italien bis heute geniesst, habe ich bereits in verschiedenen Kapiteln angedeutet. Das kommt nicht von ungefähr, denn mit der *Divina Commedia* hat Dante im Spätmittelalter ein Werk geschaffen, das heute noch von verblüffender Aktualität ist.

Nicht nur Dante Alighieri, sondern auch Leopardi, da Vinci, Manzoni, Visconti oder Pasolini – sie alle sind auch Schweizer. Denn sie sind Teil der italienischen Kultur, die im Tessin gelebt wird. Und die italienische Schweiz ist Teil der Schweiz. Das Tessin ist verpflichtet, diesen unermesslichen Reichtum seiner Kultur in der Schweiz zu verbreiten. Dazu gehört auch, dass wir nicht nur ökonomisch-technisch denken, sondern – gerade auch an den Universitäten – die humanistischen Geisteswissenschaften fördern. Es besteht die Gefahr, dass wir in der Schweiz wie in einer Ehe in getrennten Betten leben, wo jeder neben dem anderen ein eigenes Leben führt. Wenn man sich nicht mehr für den anderen interessiert, ist das ein grosser Verlust.

Deshalb werde ich nicht müde, die Lehren für den Alltag, die man beispielsweise aus der *«Divina Commedia»* ziehen kann, zu betonen. Gerade in Sachen Freiheit bietet uns Dante ein Lehrstück. In seinem Hauptwerk, das er im Exil vollendete, sieht er sich als ein Werkzeug Gottes, dessen unermessliche Gnade ihm zuteilwurde, damit er Hölle, Fegefeuer und Paradies ergründe, um die Menschheit auf den Weg der Tugend und somit zu Gott zu führen. Auf seiner Läuterungsreise begegnet er zahlreichen Persönlichkeiten der italienischen und europäischen Geschichte sowie mythischen Heldengestalten. Für die meisten

Verdammten, die in der Hölle schmoren, hat er nur Verachtung übrig. Für mindestens vier Figuren hegt er jedoch eine heimliche Bewunderung: für Francesca da Polenta, die Adelstochter aus Rimini, die ermordet wurde, weil sie ihren Liebesgefühlen freien Lauf liess; für Farinata degli Uberti, einen politischen Widersacher, der sich aber stets für die Freiheit und Unabhängigkeit von Florenz eingesetzt hatte; für Cato, den Widersacher Caesars, der für die römischen Freiheiten kämpfte und schliesslich im Namen der Freiheit Selbstmord beging und von Dante als Wärter des Purgatoriums eingesetzt wird; und für Odysseus, den grossen Helden der Antike.

Mit Homers Epos war Dante nicht vertraut. Nur einzelne Begebenheiten aus aristotelischen, arabischen und römischen Überlieferungen waren ihm bekannt. So nahm er sich die dichterische Freiheit, für Odysseus ein Lebensende zu erfinden, das diesen nicht – wie im Original von Homer – zurück nach Ithaka in die Arme von Penelope führt. Stattdessen gibt er der Geschichte einen anderen Dreh: Die Götter hatten bestimmt, dass man die Säulen des Herkules (also diejenige Gegend, die wir heute als Meerenge von Gibraltar kennen) nicht überqueren dürfe. Doch mit Verweis auf die Freiheit und die Suche nach neuen Erkenntnissen rebelliert der danteske Odysseus. Er ist neugierig und will die Grenze überschreiten. Seine müden Weggefährten motiviert er mit den Worten:

«Fatti non foste a viver come bruti, ma per seguir virtute e canoscenza.» («Geschaffen wurdet ihr nicht, um wie Tiere zu leben, sondern um nach Tugend und Erkenntnis zu streben.»)

Doch in Dantes Weltbild entsprach das nicht der wahren Suche nach Gott; ein solches Aufbegehren gegen die himmlische Ordnung war Hybris. Die Strafe folgt daher auf dem Fuss: Schiffbruch und ewige Verdammnis – ob für dieses Vergehen oder andere, bleibe dahingestellt!

Diese neben dem Einstieg («Lasst jede Hoffnung fahren, ihr, die ihr eintretet ...») wohl berühmtesten Verse verdeutlichen jedoch, dass der grosse Dante trotz seines strengen scholastischen Denkens die Freiheit, die Willensfreiheit, als Grundwert des menschlichen Lebens betrachtet. Exemplarisch zeigt sich bei ihm (notabene einem Menschen des Mittelalters und nicht etwa der Renaissance oder des aufgeklärten *«Siècle des lumières»),* dass der Begriff Freiheit, wie auch immer er verstanden wird, der menschlichen Existenz erst ihren eigentlichen Sinn verleiht. Das Streben nach Freiheit und Erkenntnis unterscheidet den Menschen vom Tier: *Fatti non foste a viver come bruti!*

Dante Alighieri, portraitiert von Domenico di Michelino. Das Gemälde zeigt Dante mit einer historischen Ansicht der Stadt Florenz um 1465 sowie Szenen aus der *«Divina Commedia»*: die Hölle, der Berg des Fegefeuers und das irdische Paradies mit Adam und Eva.

Darüber hinaus kommt bei der Odysseus-Saga sehr schön zum Ausdruck, dass der Handlungsspielraum des Menschen stets von Grenzen definiert ist. Dante, der von der florentinischen Gesellschaft ins Exil ausgegrenzt wurde, erfuhr diese Einschränkung am eigenen Leib. Freiheit ist daher ein Gut, das ständig verteidigt beziehungsweise neu erkämpft werden muss – damals wie heute! Machthungrige, Obskuranten, Fanatiker oder Populisten werden immer versuchen, sie einzuschränken. Jeder Einzelne ist daher gefordert, sich für die Freiheit einzusetzen, und sei es auch nur in seinem meist kleinen und bescheidenen Umfeld. Oft erfordert dieser Einsatz nicht nur Mut, sondern auch Verzicht auf Privilegien, materielle Vorteile oder auch nur auf Ruhe. – Es handelt sich um Einsichten, wie sie viele Politiker an 1.-August-Reden von sich geben, wenn sie die Freiheit und Unabhängigkeit der Schweiz beschwören. Dante, ein Schweizer Patriot.

STELLA
D'ITALIA

ALS VORBILD DIENEN

Wo befindet sich eigentlich die italienische Schweiz? So einfach die Frage, so unmöglich die Antwort. Überall! In der ganzen Schweiz! Selbstverständlich bezieht man sich in erster Linie aufs Tessin und die Bündner Täler auf der Alpensüdseite, wenn man von der *Svizzera italiana* spricht. Doch das ist nicht einmal die halbe Wahrheit. Denn über die Hälfte der italienischsprachigen Bevölkerung lebt ausserhalb der italienischen Schweiz, was zum Teil auch auf die Einwanderung aus Italien zurückzuführen ist, namentlich diejenige der 1960er- und 1970er-Jahre. Laut Angaben des Bundes sprechen in der Schweiz knapp 600 000 Personen die dritte Landessprache, was 8 Prozent der Bevölkerung entspricht.

Italianità ist jedoch mehr als nur die italienische Sprache, *la lingua del sì*, wie sie Dante nannte. Es ist ein Lebensstil. Eine Kultur mit unendlich viel Tiefgang: Die Meisterwerke eines Leonardo da Vinci, Michelangelo Buonarroti oder Gian Lorenzo Bernini; die Musik eines Giuseppe Verdi, Gaetano Donizetti oder Vincenzo Bellini; die Literatur eines Dante Alighieri, Alessandro Manzoni oder Ugo Foscolo – sie sind alle integraler Teil der Schweiz, der italienischen Schweiz. Es obliegt jedem einzelnen, sich diese Schweiz zu eigen zu machen. In dieser kulturellen Vielfalt besteht die Einzigartigkeit der Schweiz. Nick Hayek sen. hat diesen Mehrwert einmal folgendermassen erklärt: «Wenn ich Manager einstelle, suche ich Persönlichkeiten, die sowohl mit der Schweiz als auch mit Italien vertraut sind. Denn sie sind in der Lage, italienische Eleganz mit Schweizer Pragmatismus zu verknüpfen.»

Der Orden «Grande Ufficiale dell'Ordine della Stella (della Repubblica Italiana), eine der höchsten Auszeichnungen, die Italien ausländischen Bürgern verleiht.

Wie können wir im Alltag dieses Potenzial besser ausschöpfen? Bundesrat Flavio Cotti hat im Jubiläumsjahr 1991 in Lausanne in einer vielbeachteten Rede seine «Zehn Gebote für die Vielsprachigkeit» aufgeführt. Sie haben heute noch Gültigkeit. Deshalb lohnt es sich, sie kurz zusammenzufassen:

1. Reisen Sie so oft wie möglich in die anderen Landesteile und lernen Sie diese Regionen kennen, auch abseits der touristischen Hotspots.

ORDINE DELLA STELLA D'ITALIA

IN VIRTUTE VIRTUS

IL PRESIDENTE DELLA REPUBBLICA
PRESIDENTE DELL'ORDINE DELLA STELLA D'ITALIA
VISTO L'ART. 87 DELLA COSTITUZIONE; VISTO L'ART. 6 DEL DECRETO LEGISLATIVO 9 MARZO 1948 N. 812,
MODIFICATO DALL'ART. 5 DELLA LEGGE 3 FEBBRAIO 2011 N. 13
SENTITO IL CONSIGLIO DELL'ORDINE
SU PROPOSTA DEL MINISTRO DEGLI AFFARI ESTERI
HA CONFERITO L'ONORIFICENZA DI GRANDE UFFICIALE
CON FACOLTÀ DI FREGIARSI DELLE INSEGNE DELL'ORDINE
A

Sig. Marco Solari

DATO IN ROMA, LI 1 GIUGNO 2017

IL PRESIDENTE DELLA REPUBBLICA

IL MINISTRO DEGLI AFFARI ESTERI
E DELLA COOPERAZIONE INTERNAZIONALE

Die offizielle Auszeichnung durch den italienischen Staatspräsidenten.

2. Seien Sie neugierig und interessieren Sie sich für die Geschichte und Geschichten aus anderen Landesteilen.
3. Schauen Sie zwischendurch mal einen Film oder eine Sport-Übertragung auf einem anderen Sender als demjenigen Ihrer Muttersprache. Was fürs TV gilt, funktioniert auch mit dem Radio.
4. Pflegen Sie persönliche Freundschaften über die Sprachgrenzen hinweg.
5. Der jungen Generation sei ans Herzen gelegt, einen Teil ihrer Ausbildung in einem anderen Landesteil zu absolvieren.
6. Nehmen Sie sich die Zeit, eine andere Landessprache zu lernen.
7. Schützen und unterstützen wir die sprachlichen Minderheiten! Dieser Appell richtet sich insbesondere an die deutschsprachige Mehrheit.
8. Lieben wir Deutschland, Frankreich und Italien! Sie sind die Quelle unserer Kultur, wir sind über eine Nabelschnur mit ihnen verbunden und können so auch unsere Besonderheiten bewahren.
9. Verteidigen wir im Ausland unseren *Plurilinguismo*. Die Toleranz, der Respekt und das Verständnis, das die Vielsprachigkeit erfordert, müssen wir als das präsentieren, was es ist: eine interessante Perspektive, auch für Europa.
10. Das zehnte Gebot ist emotional: Freuen wir uns über unsere Vielsprachigkeit, von der ein aussergewöhnlicher Zauber ausgeht.

So wichtig der Beitrag jedes einzelnen ist, so bedeutend ist für die Vielsprachigkeit eine institutionelle Absicherung. Bei all den politischen Diskussionen um den *Service public* und dessen Kosten darf man nicht vergessen, dass sich das *Schweizer Radio und Fernsehen (SRF)* um die Kohäsion des Landes grosse Verdienste erworben hat. Die Entwicklung des Tessins – ohne das *SRF* und die *Radiotelevisione Svizzera di lingua italiana* wäre sie ganz anders verlaufen. Wie wichtig institutionalisierte Plattformen sein können, lässt sich auch am *Forum Italia Svizzera* aufzeigen, einer Initiative, die Lucio Caracciolo, Chefredaktor des politischen Magazins *LIMES* und in Italien ein wichtiger Opinion Leader, und der ehemalige Schweizer Botschafter in Rom, Bernardino Regazzoni, ins Leben gerufen haben und an der ich von Beginn an mitwirken durfte. Im Jahresrhythmus werden hier alle anstehenden Probleme zwischen Italien und der Schweiz diskutiert. Der Austausch ist sehr hilfreich, da es sich um informelle Gespräche und Workshops handelt. Es erstaunt daher nicht, dass diese Plattform unter der Leitung der beiden Botschafter Monika Schmutz Kyrgöz und Silvio Mignano ausgebaut und professionalisiert wurde.

Die delikate Botschafterstelle in Rom wird seit jeher nur von den besten Diplomaten unseres Landes besetzt. Monika Schmutz Kyrgöz, unsere Botschafterin in Rom, beweist es. Sie ist sich sicher, dass die Beziehungen zwischen der Schweiz und Italien derzeit optimal sind: «In den vergangenen Jahren sind viele Abkommen unterzeichnet worden, andere stehen vor dem Abschluss. Ich unternehme alles, um die Bande zwischen Italien und der Schweiz in jeder Hinsicht – wirtschaftlich, kulturell, aber auch sozial – enger zu gestalten. Die fast achthundert Kilometer lange Grenze verbindet viel mehr, als dass sie trennt. Viel Zeit investiere ich, um die gängigen Stereotypen über unser Land zu brechen und entkräften! Wir sind ein Land, welches in vielerlei Hinsicht avantgardistisch ist. Wir sind spitze in Innovation, Wettbewerbsfähigkeit sowie in Nachhaltigkeit. Auch kulturell wissen wir zu überraschen. Die gemeinsame Sprache allein genügt nicht (mehr), Italien muss uns unbedingt noch besser kennen lernen. Das ist mein übergeordnetes Ziel.»

Silvio Mignano, der Botschafter Italiens, sucht immer wieder das Gemeinsame, das die beiden Länder verbindet: «Die engen Bande zwischen Italien und der Schweiz reichen weit zurück. Enea Silvio Piccolomini gründete als Papst Pius II vor fünfhundert Jahren die Universität von Basel, während Borromini und andere grosse Tessiner Künstler in Rom und Neapel europäische Kunstgeschichte schrieben. Giuseppe Mazzini, einer der grossen Europäer der ersten Stunde, Verfechter republikanischer Werte des italienischen *Risorgimento,* des Wiedererwachens Italiens als Nation, erhielt Zuflucht in Bern und gründete hier am 15. April 1834 la *Giovine Europa*, Vorläuferin der grossartigen europäischen Konstruktion, die mit Altiero Spinelli und dem Manifest von Ventotene ihren eigentlichen Ursprung fand. Ein wichtiges Kapitel schrieben auch die italienischen Emigranten, die ihr Zuhause und ihre Lieben verlassen mussten, in der Hoffnung, fern der Heimat bessere Lebensbedingungen zu finden. Sie leisteten einen wichtigen Beitrag zum Wohlstand und Erfolg der Schweiz.»

Obwohl *Elvezia* und *Italia* in den letzten Jahrzehnten sehr eng zusammengerückt sind, gibt es zwischen den beiden Ländern nach wie vor feinstoffliche Unterschiede. Dies erfuhr ich, als mir der italienische Staatspräsident Sergio Mattarella am 1. Juni 2017 zu meiner eigenen Überraschung den *Ordine della Stella d'Italia* verlieh, eine der höchsten Auszeichnungen, die Italien an ausländische Persönlichkeiten vergibt. In Amerika wurde dieser Orden zum Beispiel Frank Sinatra und John F. Kennedy – als er noch Senator war – verliehen. Ich erhielt von Präsident Mattarella eine Lektion, als ich ihm in republikanischer Bescheidenheit erklärte, dass man mit dieser Auszeichnung nicht prahlen und sie zur Schau stellen dürfe: «Wenn wir einen solch hohen Orden verleihen, dann wünschen wir, dass er auch getragen wird», entgegnete er, «und dass Sie als Vorbild dienen.»

... AUSSER MAN TUT ES!

«Auch aus Steinen, die einem in den Weg gelegt werden, kann man etwas Schönes bauen.» – Diese Erkenntnis von Goethe trifft wie keine zweite auf die Schweiz zu. Der Stein respektive der Fels ist der eigentliche Mythos der Schweiz. Die Deutschen verehren ihren Wald, die Italiener als Seefahrernation huldigen (immer noch) ihrem *Mare nostrum*, die Franzosen sind beseelt von den Idealen der Aufklärung, die im Dreiklang *Liberté, Egalité et Fraternité* zum Ausdruck kommen und Grossbritannien weint im Klang von *«Britannia rules the waves»* seinem verlorenen Imperium der Weltmeere nach. Unseren Mythos hingegen bilden weder Tell und der Tyrannenmord noch General Guisan mit seinem personifizierten Verteidigungswillen, sondern eben: der Stein, der Fels, der Berg.

Das gilt sowohl für die Bergregionen als auch fürs hügelige «Flachland», und zwar von Kreuzlingen bis Genf respektive von Chiasso bis Basel. Der Genfer Fotograf und Reiseschriftsteller Nicolas Bouvier («Die Erfahrung der Welt») hat mir diesen Mythos während der 700-Jahr-Feier sehr eindrücklich vor Augen geführt. Man begegnet ihm heute noch auf Schritt und Tritt: In den Gärten der Schweizer und in den Parks wimmelt es von Steinen und Findlingen, Strassen sind oft so angelegt, dass Felsbrocken in weiten Kurven umfahren werden, und wenn das nicht ging, dann versetzte man den Felsbrocken, koste es, was es wolle, wie das Beispiel des Teufelsteins in Göschenen zeigt.

Seit Menschengedenken versuchen die Schweizer, den Berg zu bändigen. Oft ist es ihnen gelungen. Mit den Tunneln durch die Alpen oder imposanten Brücken haben unsere Ingenieure und Bauarbeiter die Welt in Staunen versetzt. Manchmal gewinnt auch der Berg – die Liste der Katastrophen ist lang, von der *Buzza di Biasca* (1512/13) über den Felssturz von Goldau (1806) bis hin zu den Steinschlägen und Schlammlawinen von Gondo oder Brienz. «Tand, Tand ist das Gebilde von Menschenhand», zitierte meine Mutter jeweils die Ballade der eingestürzten Brücke am Tay von Theodor Fontane, wenn der Berg mal wieder die Oberhand behielt und Verkehrswege infolge von Steinschlag gesperrt werden mussten.

Die Solidarität mit der Bergbevölkerung in der Schweiz ist ebenso einzigartig wie der Mythos Fels. Davon zeugt die durch Spenden finanzierte Stiftung Schweizer Berghilfe, die seit 1943 die Bevölkerung in den alpinen Gebieten unterstützt, um deren Existenzgrundlagen und Lebensbedingungen zu verbessern. Für mich war es denn auch eine Ehrensache, Mitglied des Berghilferates sein zu dürfen. Getreu dem Motto «Es gibt nichts Gutes, ausser man tut es» habe ich schon früh begonnen, mich in Stiftungen und Institutionen zu engagieren. Gerade für das Tessin ist die Integration in solchen national tätigen Netzwerken wichtig, um Präsenz zu markieren.

Mein erstes Ehrenamt bekleidete ich als Mitglied der Unabhängigen Beschwerdekommission für Radio und Fernsehen, die ab 1979 vom Publizisten Oskar Reck präsidiert wurde (sein Vorschlag, mich als Generaldirektor der SRG zu bewerben, ging allerdings gründlich schief; die SRG setzte auf einen anderen Tessiner, Antonio Riva). Als junger ETT-Direktor wurde ich auch in den Vorstand der Schweizer Verkehrszentrale berufen, der Vorgängerorganisation von Schweiz Tourismus, und verteidigte vehement die touristischen Interessen meines Tessins. In der Schweizerischen Multiple-Sklerose-Gesellschaft wiederum trat ich die Nachfolge von Adolf Ogi an. Dieses Engagement war mir besonders wichtig, da auch Mitarbeitende von mir von dieser schlimmen Nervenkrankheit betroffen waren. Ein wichtiges Anliegen war mir auch die Tätigkeit im Vorstand des *Musée de l'Elysée,* weil ich stets auch die Verbindung zur französischen Schweiz suchte.

Weiter war ich jahrelang Mitglied im *Advisory Board* der Credit Suisse. Dieses Gremium stellte für die Bank eine Art Antenne zur Aussenwelt dar. Von mir erwartete man Einschätzungen zur Welt der Kultur. An den Sitzungen war die *Crème de la Crème* der Credit Suisse anwesend. Während Präsident Walter Kielholz und CEO Oswald Grübel den Ausführungen jeweils höchst aufmerksam zuhörten, hinterliess Brady Dougan einen eher gelangweilten Eindruck. Der Amerikaner war ein Jahr als CEO der Credit Suisse im Amt, als der *Advisory Board* im Jahr 2008 aufgelöst wurde. Als Mitglied des Stiftungsrates der gemeinnützigen Dachstiftungen Accentus, Empiris und Symphasis blieb ich der CS aber weiterhin verbunden. Diese drei Institutionen vereinigen Dutzende und Aberdutzende von gemeinnützigen und karitativen Stiftungen. Präsidiert wurden sie von Flavio Cotti und aktuell von Felix Gutzwiller, während Guido Braschler als Direktor für das operative

Steine prägen die Schweiz. Im Bild der Weiler Foroglio im Bavona-Tal.

Geschäft dieser Stiftungen verantwortlich war, die je nach Zweck Hunderte von Projekten im In- und Ausland förderten und fördern. Ein einziges Beispiel sei erwähnt: das Los eines ehemaligen Kindsoldaten aus dem Südsudan, der mit der Ermordung seiner ganzen Familie unsägliches Leid erfahren hatte, von den Rebellen gezwungen wurde zu töten, desertierte, in einem Flüchtlingslager aufwuchs, in Nairobi umherirrte und schliesslich dank der Unterstützung einer dieser CS-Stiftungen im Tessin die Matura machte und anschliessend Bachelor- und Mastertitel an der Università della Svizzera italiana erwarb. Dank persönlicher Intervention von CEO Thomas Gottstein erhielt er die Chance, sich bei Credit Suisse in Lugano zu bewähren ... morgen wird er vielleicht bei der von Sergio Ermotti präsidierten UBS Karriere machen. Manchmal geschehen Wunder!

Bilden nicht die Solidarität und Hilfsbereitschaft der Schweizer Bevölkerung, ganz im Geiste von Henry Dunant, den zweiten grossen Mythos der Schweiz?

PS: An dieser Stelle drängt sich eine Hommage an eine weitere grossartige Schweizer Persönlichkeit auf, an den Tessiner Weltbürger Cornelio Sommaruga. Luganeser Bürger, in Rom geboren und aufgewachsen, einer der besten Diplomaten, den die Schweiz je hatte, Delegierter des Bundesrates für die Handelsverträge, Staatssekretär und schliesslich engagierter Präsident des Internationalen Komitees des Roten Kreuzes. Für mich war er stets ein Vorbild und Mentor. Sein leidenschaftliches Wirken als Verfechter der Menschlichkeit und des Völkerrechtes haben bis heute einen enormen Einfluss auf mich. Das Buch von Jürg Bischoff im Gespräch mit dieser aussergewöhnlichen Persönlichkeit kann ich jedem empfehlen: «Diplomatie im Dienste der Menschlichkeit», *NZZ Libro,* Zürich 2004.

DER STRECKENWÄRTER VON SILENEN

Im Winter 1950/51, der als «Lawinenwinter» mit insgesamt 265 Todesopfern im Alpenkamm in die Annalen einging, fiel ungewöhnlich viel Schnee. Nicht nur in den Bergen, sondern auch am Luganersee war alles weiss. Dank dem Kaminfeuer war es im Haus meiner Grosseltern in Casoro wohlig warm gewesen, als wir dort Weihnachten – ohne Tannenbaum, aber mit der obligaten *Presepio* (Krippe) – feierten. Nach dem Dreikönigstag brachen wir mit dem Nachmittagsschnellzug Richtung Norden auf. Der Zug kam unüblich langsam voran. Die Verspätung wurde immer grösser, mein Vater immer nervöser. Würde der Anschlusszug in Luzern nach Wolhusen-Langnau-Bern warten?

In Airolo standen wir zunächst still. Schliesslich rollte der Zug langsam in den Gotthardtunnel. Doch in Göschenen lief nichts mehr. Auf den Nebengeleisen warteten bereits andere Züge. Unser Zugführer mit der an einem langen Riemen befestigten roten Tasche wanderte von einem Abteil ins nächste und erklärte, dass Lawinengefahr herrsche und man warten müsse. Auf Englisch übersetzte mein Vater einem erschrockenen afrikanischen Geschäftsmann, wie gefährlich die Lage sei. Dann vernahm man tatsächlich ein Donnern. Wir liessen die Fenster herunter, und das Grollen wurde immer stärker. Eine Lawine hatte sich gelöst. Die Bahnstrecke und die Strasse waren zugeschüttet. Die Personenzüge wurden zurückgeführt. Es dauerte Tage, bis die Strecke wieder befahrbar war.

Als ich mit einer Woche Verspätung in die Schule in Bern zurückkehrte, musste ich meinen Schulkameraden in gebrochenem Deutsch mein Abenteuer erzählen. Hierauf nahm Fräulein Gribi, unsere Schullehrerin im Pestalozzischulhaus, ein altes, noch in Frakturschrift gedrucktes Lesebuch hervor, und las uns einen Text vor. Eine Erzählung um den Gotthard und die Gotthardbahn. Es war Winter, und seit Tagen hatte es in Uri geschneit. Noch war die Strecke frei und die Streckenwärter wachten. Der luxuriöse Expresszug mit der Dampflokomotive war in voller Fahrt Richtung Süden unterwegs und hatte in Erstfeld die Rampe in Angriff genommen. Da ging zwischen Silenen und Amsteg eine Lawine nieder. Der Streckenwärter wusste: Jetzt geht es um Leben und Tod ... er musste den Zug stoppen. Eingehüllt in seinen Mantel, legte er Knallpatronen auf die Geleise, die dem Lokomotivführer die Gefahr anzeigen sollten. Der erleuchtete Zug näherte sich Silenen in voller Geschwindigkeit. Die Knallpatronen wurden überhört. Der verzweifelte Streckenwärter nahm seine Laterne, stieg auf das Geleise und signalisierte mit grossen runden Bewegungen die Gefahr. Der Lokführer vollzog eine Notbremsung. Ein aufgebrachter Reisender der ersten Klasse liess das Fenster herunter und schrie den Zugchef an: «Was soll das denn nun wieder?» Er erhielt keine Antwort. Vorne unter der Lokomotive lag der Streckenwärter von Silenen. Er war tot.

Seit der Eröffnung des NEAT-Basistunnels im Jahr 2016 hat der Gotthard seinen Schrecken verloren. Die Lawinen sind nur noch Erinnerung, und das einst periphere Tessin ist so nah wie noch nie an die Deutschschweiz gerückt. Die Bahn ist mehr denn je die Lebensader des Kantons.

GIÙ LE MANI!

Am 7. März 2008 brach in den SBB-Werkstätten eine Rebellion aus, die während Wochen in der ganzen Schweiz für Schlagzeilen sorgen sollte: Streik in Bellinzona! Tatsächlich war es das erste Mal seit dem Generalstreik von 1918, dass Schweizer Bähnler ihre Arbeit niederlegten. Auf der Alpennordseite rieb man sich verwundert die Augen: Auch in Basel und Freiburg mussten doch Hunderte von Angestellten die vorgesehenen betriebswirtschaftlich motivierten Massnahmen der SBB-Leitung teuer bezahlen, und dennoch gab es dort keine Proteste gegen den Stellenabbau. Was wollten die aufmüpfigen Tessiner eigentlich? Die Tessiner wollten nur eines: *«Giù le mani dalle officine!»* – Hände weg von den Werkstätten. Je länger der Streik dauerte, desto grösser wurde die Solidarität in der Bevölkerung. Am 30. März und 2. April 2008 demonstrierten in Bellinzona jeweils rund zehntausend Personen. Eine grössere Protestaktion hatte es in der Geschichte des Kantons nie gegeben.

Zugegeben, ich konnte mir eine solche Entwicklung auch nicht vorstellen, als mich SBB-CEO Andreas Meyer am 6. März 2008 anrief und mir mitteilte: «Ich komme ins Tessin. Leider habe ich schlechte Nachrichten. Können wir uns treffen?» Er hatte zusammen mit seinem Management in einem *Agriturismo* in der Nähe von Bellinzona Quartier bezogen. Dort traf ich ihn zum Frühstück. «Wir müssen die Werkstätten in Bellinzona redimensionieren», eröffnete mir Meyer seine Pläne. Ich schaute ihn entsetzt an und erwiderte: «Für das Tessin ist das ein schwerer Schlag. Das akzeptiert man nicht. Mach dich auf böse Reaktionen gefasst.»

Meyer nahm meine Warnung zur Kenntnis und machte sich anschliessend entschlossen Richtung *Officine* auf. Die Reaktionen fielen noch heftiger aus, als ich es mir in meinen pessimistischsten Szenarien ausgemalt hatte. Der ganze Kanton solidarisierte sich in den folgenden Tagen und Wochen mit den streikenden SBB-Arbeitern. Freisinnige, Linke, Leghisten, SVPler, CVPler und Gewerkschafter zogen Hand in Hand durch Bellinzonas Gassen und skandierten Kampfparolen. Der fünfköpfige Regierungsrat mischte sich unter die Demonstranten, Streikführer Gianni Frizzo durfte im Kantonsparlament eine Rede halten, in der er der SBB-Führung «kriminelle Unfähigkeit» vorwarf, und Bischof Pier Giacomo Grampa zelebrierte die Ostermesse in der «Kathedrale», wie die Tessiner die SBB-Werkstätten ehrfürchtig nennen. Dort werden seit 1884 die Lokomotiven der Gotthard-Bahn gewartet und repariert. Die SBB-Werkstätten sind somit das industrielle Herz des Tessins, während die Bahn – *la ferrovia* – die eigentliche Lebensader ist, die den Kanton mit dem Rest der Schweiz verbindet. Die Gotthard-Zölle verhinderten zwar ein breites industrielles Wachstum im Tessin. Lediglich die Tabak- und Granitindustrie konnten den widrigen Rahmenbedingungen trotzen; die übrigen Produkte wurden durch die Zölle derart verteuert, dass ihre Herstellung für Betriebe im Tessin nicht rentabel war. Doch mit der Gotthard-Bahn kamen ab 1882 auch Touristen. Der Tourismus – mit all seinen Schattenseiten – brachte schliesslich auch den Wohlstand. Dass das Tessin während Jahrzehnten auf Gedeih und Verderb von der SBB abhängig war, zeigte sich jeweils in den Wintermonaten, als die Autos mit der Bahn durch den Gotthard-Tunnel transportiert wurden.

Während die SBB-Arbeiter ihre Protestaktionen vorantrieben, weilte ich in Frankfurt, wo ich als Präsident der ETT das Tessin zu repräsentieren hatte. Dort erreichte mich ein Anruf von Matteo Pronzini von der Gewerkschaft Unia, eine der treibenden Kräfte im Streikkomitee. «Marco, zu deiner Information: Wir haben beschlossen, an Ostern die Gotthard-Linie zu blockieren.» Ich erwiderte: «Stopp! So weit darf es nicht kommen. Eine solche Blockade hätte für den Tourismus katastrophale Konsequenzen und würde zu einem internationalen Skandal führen.» Ich versprach Pronzini, mit dem nächsten Flugzeug ins Tessin zurückzukehren und bat ihn, zu mir nach Hause zu kommen. Am Abend besprachen wir die Lage in Casoro am Kaminfeuer. Die beiden Lager hatten sämtliche Brücken eingerissen und verharrten auf ihren Standpunkten. Das politische Tessin steckte in einer Sackgasse. Es galt, einen Ausweg zu finden. Ich schlug Pronzini vor, dass sich das Streikkomitee und die SBB-Spitze im Kloster Bigorio treffen sollten. Er sorgte dafür, dass seine Leute an diesem Gespräch teilnahmen; ich wiederum konnte Meyer überzeugen, dass dies ein erster Schritt in die richtige Richtung war. Meyer schaute mich erstaunt an, als ich ihm den Treffpunkt kommunizierte. Ein Kloster – das sei nicht gerade das, woran er gedacht habe …

In meiner Karriere habe ich viele Seminare veranstaltet. Wenn ich eine «Chropfleerte» herbeiführen wollte, dann wählte ich jeweils den Monte Verità als Tagungsort. Die Seminare dort endeten nie harmonisch, aber die Probleme waren anschliessend auf dem Tisch. Wenn es hingegen darum geht, versöhnliche Töne einzuschlagen und konstruktive Lösungen zu suchen, dann ist das ruhige Kloster Bigorio oberhalb von Tesserete der ideale Ort. Das mag esoterisch klingen, hat

Die SEB-Werkstätten in Bellinzona.

sich aber vielfach bewährt. Auch beim Streit zwischen der SBB-Spitze und den Bähnlern sollte sich Bigorio als Ort entpuppen, an dem das Tauwetter einsetzte.

Als die beiden Parteien am Mittag eintrafen, war das Klima allerdings noch frostig. «Wie immer in Bigorio gilt folgende Regel», begann ich die Moderation: «Sagt alles, was es zu sagen gibt. Aber denkt daran: Wir brauchen eine Lösung.» Daraufhin umriss ich in groben Zügen die historische Bedeutung der SBB für das Tessin. Meyer sprang jedoch nicht auf diesen Zug auf und behielt seine Manager-Optik bei. Er wollte die politische Dimension der Restrukturierung nicht wahrhaben und realisierte nicht, dass sich sogar das institutionelle Tessin, allen voran der Regierungsrat, mit den Streikenden solidarisiert hatte. Die Streikenden, galvanisiert von der Unterstützung des Kantons, wichen ihrerseits keinen Millimeter von ihren Positionen ab. Das Gespräch wurde zum *«dialogue des sourds»*. Deshalb rief ich während der Versammlung Verkehrsminister Moritz Leuenberger an. Er entsandte umgehend per Flugzeug seinen Generalsekretär Hans Werder, den Lotsen des Departements, wie man ihn nannte, nach Agno. Da auch dieser Schlichtungsversuch fehlschlug, flog er abends unverrichteter Dinge wieder zurück nach Bern. Nachts um elf Uhr gab es dann trotzdem einen kleinen Durchbruch im Kloster: Die beiden Parteien einigten sich auf weitere Gespräche. Immerhin!

Doch auch die zweite Runde, die im Kursaal in Bern über die Bühne ging, blieb de facto erfolglos. Gespannt wartete man im Tessin auf die Ostertage. Bischof Pier Giacomo Grampa kündigte an, dass er die Oster-Messe in der SBB-Werkstätte zelebrieren würde. Er rief mich an, las mir seine geplante Predigt vor und bat mich um eine Einschätzung. Er hatte harte Worte gewählt, die zu keiner Deeskalation führen würden. Im Gegenteil. Ich entgegnete ihm daher: *«Monsignor Vescovo,* das geht nicht. Wir befinden uns in einer Sackgasse. Ihr als Bischof müsst der Erste sein, der für eine Öffnung eintritt. Plädiert bitte für eine konstruktive Lösung.» Er nahm diesen Rat zu meinem Erstaunen an und schlug in seiner Predigt konziliante Töne an. Das kam bei den SBB-Arbeitern jedoch gar nicht gut an. Sie hatten eine andere Osterbotschaft erwartet. Aber Grampas Worte waren wichtig und richtig.

Nach Ostern verliefen die Gespräche zwischen den Streikenden und der SBB-Spitze irgendwo im Bereich zwischen chaotisch und aggressiv. Die Situation geriet aus den Fugen. Jeder gegen jeden, lautete die Devise. Ich weilte zufällig gerade in Bern, als mich Moritz Leuenberger anrief: «Ich suche einen Delegierten, der mir hilft, den Streik in Bellinzona zu beenden. Wann kannst du bei mir im Büro sein?» – «In drei Minuten.» Gesagt, getan. «Sieh zu, was du machen kannst», sagte mir Leuenberger. Da eine erneute Plenarversammlung vorerst wenig erfolgsversprechend war, versuchten wir es mit bilateralen Gesprächen. Leuenberger nahm die SBB-Spitze ins Gebet. Martina Buol, seine Stabsleiterin, versuchte, vor allem linke Parlamentarier für eine Lösung zu gewinnen. Insbesondere zur Tessiner SP-Nationalrätin Marina Carobbio fand sie einen guten Draht. Ich wiederum versuchte jede Tür zu öffnen, an die man anklopfen konnte. Ich war in Lumino bei alt Nationalrat Werner Carobbio, dem Vater von Marina, und sprach in Bern bei allen involvierten Gewerkschaften vor. An einem Tag fuhr ich dreimal im Auto von Bellinzona nach Bern und zurück. Es waren dramatische Stunden. Ein Durchbruch begann sich abzuzeichnen, als der mächtige und charismatische Gewerkschaftspräsident Renzo Ambrosetti einem Treffen an einem Samstag im Bernerhof in Bern zustimmte.

Ich begleitete Leuenberger zum Tag der grossen Aussprache. Da ich um die Macht der Bilder wusste, hatte ich einen kleinen Olivenbaum mitgenommen. Als wir im Bernerhof eintrafen, hatte die Polizei die ganze Strasse abgeriegelt. Stacheldraht, Wasserwerfer und Panzerfahrzeuge! Man wähnte sich in einem Guerillakrieg. «Wenn ihr die SBB-Arbeiter so empfängt, eskaliert die Situation», warnte ich Leuenberger. Dieser ordnete umgehend eine Räumung an. Die Polizei zog sich zurück. Die Diskussion im Bernerhof verlief dann erfreulich konstruktiv. Nach anderthalb Stunden vereinbarte man eine kurze Pause. Eine Viertelstunde später entnahm ich dem Lächeln von Ambrosetti, dass die Arbeiter der *Officine* den Kompromiss akzeptierten. Somit war der 33-tägige Streik zu Ende, und über die Zukunft der SBB-Werkstätten wurde fortan an einem runden Tisch unter der Moderation des ehemaligen FDP-Präsidenten Franz Steinegger diskutiert. Es war ein typisch schweizerisches Ende: Man sprach miteinander und suchte gemeinsam nach einem Konsens.

Für das Tessin hat sich der Kampf gelohnt: Im Jahr 2026 wollen die SBB in Arbedo-Castione, einem Vorort von Bellinzona, eine neue Werkstätte in Betrieb nehmen. Die geplanten Investitionen belaufen sich auf 580 Millionen Franken, und es sollen 360 Vollzeitstellen und 80 Ausbildungsplätze geschaffen werden. Ein solches Szenario hatte sich am 7. März 2008 nun wirklich niemand vorstellen können.

BILDER THOMAS BURLA

Tourismus-Präsident Marco Solari wünscht sich am Gotthard «ein grosses Projekt mit dem Ziel, dort einen respektvollen grünen Tourismus zu entwickeln».

«Heute mit der Expo 2020 beginnen»

Das Filmfestival Locarno feiert Jubiläum. Doch sein Präsident Marco Solari denkt schon weiter: Er schlägt zur Eröffnung des Gotthardtunnels eine Expo 2020 in Uri und im Tessin vor.

Mit **Marco Solari sprachen Peter Hartmeier und Christina Leutwyler**

Am kommenden Mittwoch beginnt das 60. Internationale Filmfestival von Locarno. Was dürfen die Besucher von der Jubiläumsausgabe Besonderes erwarten?

Das Filmfestival hat sich immer wieder durch Inhalt, durch Substanz ausgezeichnet, nicht durch Glamour. Die Identität dieses Festivals ist die «diversità», das Anderssein. Der künstlerische Direktor Frédéric Maire hat letztes Jahr für seine erste Ausgabe konsequent auf Inhalt gesetzt und damit Erfolg gehabt. Das soll auch beim 60. Festival so sein.

Die Filmfestivals von Cannes und Venedig trumpfen mit Stars auf. Nicolas Bideau, der Chef der Sektion Film im Bundesamt für Kultur, hat kritisiert, in dieser Hinsicht laufe in Locarno zu wenig. Wie sieht Ihr «Red Carpet»-Konzept aus?

Ein bisschen Glamour gehört dazu, aber er ist nicht die «raison d'être» des Filmfestivals. Wenn schon Glamour, dann intelligenter: Susan Sarandon, Ken Loach. Das sind Leute, die etwas zu sagen haben.

Nächste Woche gibt der Bund bekannt, mit welchen Beiträgen er in den kommenden drei Jahren die verschiedenen Schweizer Filmfestivals unterstützt. Bekommt Locarno vom Bundesamt für Kultur mehr als die bisherigen 1,2 Millionen Franken?

Für alle Festivals stehen 2,5 Millionen Franken zur Verfügung. Ich muss egoistisch dafür einstehen, dass Locarno mehr bekommt als bisher, auch wenn das den anderen weh tut. Nun beruht aber die ganze Schweiz auf tausend subtilen Gleichgewichten. Deshalb träume ich hin und wieder von einer speziellen «Lex Locarno». Denn dieses Filmfestival hat nicht nur einen kulturellen Zweck, sondern ist für die Schweiz insgesamt wichtig.

Wie viel also erwarten Sie vom Bund?

Wir gehen realistischerweise von 1,5 Millionen Franken aus. Es wäre aber mehr nötig.

Soll sich der Staat in der Kulturförderung auf gewisse Spitzenanlässe konzentrieren oder alle ein bisschen unterstützen?

Zunächst einmal: Kultur ohne Mäzene gibt es nicht. Das war schon immer so. Es gäbe keinen Borromini, keinen Maderno, keinen Fontana, keine Trezzinis, wenn es nicht Päpste, Könige, Zaren gegeben hätte, die damals bezahlt haben. Diese Rolle muss heute der Staat übernehmen.

Der schweizerische Staat hat immer etwas Mühe mit der Förderung des Elitären …

… Vielleicht weil er kein Staat ist, sondern ein Bund von verschiedenen Staaten.

Er unterstützt viele ein bisschen, um nicht Stellung nehmen zu müssen?

Dafür habe ich Verständnis. Ich erinnere daran, dass die 700-Jahr-Feier nicht zentral, sondern dezentral durchgeführt wurde. Auch der Entscheid, einen Neat-Tunnel durch den Lötschberg zu bauen, ist in dieser Logik zu sehen. Der Sonderfall Schweiz besteht aus Gleichgewichten. Da wäre es sehr unschweizerisch, sich auf eine Veranstaltung zu konzentrieren.

Locarno gibt jedes Jahr eine halbe Million für den Auf- und Abbau der provisorischen Infrastruktur aus. Wie lange noch?

Erstens: Gäbe es einen «Palazzo del Cinema», müssten wir zweifellos Miete bezahlen – und diese wäre nicht klein. Zweitens: Locarno verlöre einen Teil seines Charmes, wenn statt im offenen Spazio Cinema mitten im Sommer in einem geschlossenen Saal debattiert werden müsste. Dieser Palazzo ist nötig. Aber nicht für das Festival, sondern für die Zukunft des Locarnese als Tourismusregion.

Wer über die Homepage von Ticino Turismo ein Zimmer fürs Festival buchen will, muss nach Bellinzona oder Lugano ausweichen. Fehlt es im Locarnese an Hotelzimmern?

Ja.

Wie viele?

Eine Quantifizierung ist schwierig. Sicher ist: Es muss in allen Kategorien mehr Betten geben.

> «Eine Lex Koller hat keinen Platz mehr. Sie wird langsam zum Anachronismus.»

Wer soll in diese Hotels investieren?

Wir veranstalten im September einen Tourismustag, an dem ich einige provokative Fragen stellen will. Eine davon lautet: Tessiner Tourismus im Jahr 2020 – Touristen ohne Hotels? Es werden Vertreter der Banken und Hotellerie diskutieren.

Konkret: Das Hotel Reber in Locarno-Muralto wurde aus kurzfristigen familiären Überlegungen geschlossen.

Man kann kein Hotel mehr führen in der vierten Generation, wenn zwanzig Cousins ausbezahlt werden müssen.

Die Nachfrage nach Immobilien und der Druck auf die Hotellerie dürften steigen, wenn die Lex Koller aufgehoben wird, wie dies der Bundesrat will. Was halten Sie davon?

Schauen Sie sich um: Diese Gegend ist zu schön. Wer wollte hier kein Haus bauen! Die Immobilienpreise im Tessin sind tiefer als im benachbarten Italien. Doch das ändert jetzt rasch, weil die Grenzen aufgehen und das Tessin zur privilegierten Gegend für ganz Norditalien wird. Die Preise werden rasant steigen. Wenn der Quadratmeterpreis so 20 000 Franken erreicht, wird es wirklich schwierig, ein Hotel weiterzuführen.

Da müssten Sie als Touristiker doch gegen die Aufhebung der Lex Koller sein.

Luganos Zukunft liegt in der Zusammenarbeit mit der Dienstleistungsregion rund um den Mailänder Flughafen Malpensa. Da hat eine Lex Koller keinen Platz mehr. Sie wird langsam zum Anachronismus.

Der St. Moritzer Verkehrsdirektor Hanspeter Danuser fordert, der Zweitwohnungsverkauf im Engadin müsse gestoppt werden. Sonst gingen die Landschaft und die Hotellerie kaputt.

Er hat im Prinzip ja Recht, und ich würde das auch gerne sagen. Aber ich bin Realist. Beschränkungen werden langfristig nichts bewirken.

Die Kantone könnten flankierende Massnahmen ergreifen, zum Beispiel den Zweitwohnungsanteil beschränken.

Wenn es uns beruhigt, machen wir das. Aber im Tessin geht es nicht nur um Zweitwohnungen. Italiener suchen hier zunehmend auch Erstwohnungen.

Wie wird denn das Locarnese im Jahr 2020 aussehen?

Da kommen wir zu einem Thema, das mir sehr am Herzen liegt. Das Tessin war und bleibt geteilt in Norden und Süden: geologisch, historisch, kulturell. Salopp gesagt: Das Sopraceneri ist die südlichste Region Mitteleuropas, das Sottoceneri die nördlichste Provinz des levantinischen Reichs. Das Sopraceneri hat nur eine Chance: Kultur, Grossevents, Tourismus. Alles andere ist reine Illusion. Das Locarnese muss sich überlegen, was es will. Ohne Hotels wird es zum Altersheim.

Aber es fehlen ja heute schon Hotelbetten.

Ich habe die Hoffnung nicht aufgegeben, dass Radisson, Accor, Mövenpick, Ramada oder wer auch immer kommt und Hotels baut. Das hat Ramada ja auch in Solothurn getan.

Was ist mit dem Tessin oberhalb von Bellinzona?

Das ist das vergessene Tessin. Es ist geschichtlich sehr eng mit der Deutschschweiz verbunden. Noch heute ist der grösste Fanklub von Ambri Piotta in Uri. Diese Täler dürfen nicht aussterben. Sie brauchen ein grosses Projekt mit dem Ziel, dort einen respektvollen grünen Tourismus zu entwickeln.

Grüner Tourismus dank einem grossen Projekt?

2020 wird eines der grössten Bauwerke eröffnet, der 57 Kilometer lange Gotthard-Basistunnel. Das bedeutet eine Revolution. Natürlich verbindet er zunächst einmal Erstfeld mit Bodio, dann aber auch Zürich mit Mailand und vor allem das zusammenwachsende Mitteleuropa mit der dynamischen Mittelmeerregion. Jetzt sage ich ein Stichwort, bei dem alle aufschreien werden: Expo 2020. Das braucht es zur Eröffnung des Gotthardtunnels. Es genügt nicht, ein Band durchzuschneiden, wie man es beim Lötschbergtunnel gemacht hat. Das war Mittelmass.

Wie stellen Sie sich eine Expo 2020 vor?

Es muss gelingen, an den beiden Tunnelportalen in Uri und im Tessin etwas auf die Beine zu stellen, das eine europäische Dimension hat. Wir müssen heute mit der Expo 2020 beginnen. Es braucht ein Urkomitee von ein paar Leuten, die daran glauben. Das sind vielleicht auch 60-Jährige. Aber sie müssen etwas auslösen, das die nächste Generation verwirklichen kann.

Wen sehen Sie denn in diesem Urkomitee?

Aus Uri vielleicht Franz Steinegger – auch wenn er davon noch gar nichts weiss. Dann braucht es Sponsoren. Ich weiss schon, bei wem ich zuerst anklopfe.

Bei wem?

Das kann ich noch nicht sagen. Nur so viel: Ich denke an eine Institution, die auch historisch mit dem Gotthard verbunden ist. Wenn sich dann die Urner und die Tessiner Regierung begeistern lassen, dann wird Bern nicht mehr Nein sagen können. Und wenn eine Bundesrätin, ein Bundesrat mitzieht und alle begeistert, ist die Sache gewonnen.

Suchen Sie einen neuen Job?

Natürlich nicht.

Die Expo 02 war so angelegt, dass sie praktisch keine Spuren hinterlassen hat. Sehen Sie das für 2020 auch so?

Nein, nein – im Gegenteil. Ziel der Schweiz muss es auch sein, sich in Europa einzubringen und die Sensibilität für die Alpenregion, für die Berge, zu entwickeln. Der EU-Staat Ungarn etwa hat keine Beziehung zu den Bergen, da er ein Land der Ebenen ist. Die Expo 2020 muss zum Projekt der ganzen Schweiz werden. Die Sponsoren müssten jetzt beginnen, jedes Jahr einen Betrag auf die Seite zu legen. Bis 2020 käme eine stattliche Summe zusammen – eine Milliarde, anderthalb.

Mit wem haben Sie die Idee der Expo 2020 schon diskutiert?

Erstens hat meine Frau sie gut gefunden, das zählt. Ein zweiter, der sofort begeistert reagiert hat, war Mario Botta. Ich sage es noch einmal: Wir sind 60, wir werden die Expo 2020 nicht realisieren. Aber wir können den Grundstein legen.

Und wer hat noch positiv reagiert?

Ein Freund, Felix Ehrat.

Der Verwaltungsratspräsident der Banca del Gottardo …

… als Freund, nicht als Verwaltungsratspräsident. Voilà, das muss genügen für den Anfang. Wir dürfen die Idee jetzt nicht zerreden. Sie ist wichtig für das Tessin, für Uri, für die Schweiz.

ZUR PERSON

Marco Solari

Lugano. – Der 63-jährige Tessiner Marco Solari ist trotz Frühpensionierung voll ausgelastet. Er präsidiert seit sechs Jahren das Internationale Filmfestival Locarno. Vor kurzem hat er zudem das Präsidium des Tessiner Verkehrsvereins ETT übernommen, das er bis vor neun Jahren schon innegehabt hatte. Bekannt geworden war Solari als langjähriger ETT-Direktor und Delegierter des Bundesrats für die 700-Jahr-Feier der Eidgenossenschaft im Jahre 1991. Anschliessend war er als Topmanager bei Migros und Ringier tätig. *(cl)*

Expo: Kantone zeigen Interesse

Tessiner und Urner Regierungsvertreter sind offen für die Idee einer Expo 2020. Der SVP-Präsident lehnt sie ab.

Aufgezeichnet von **Christina Leutwyler**

«Eine Expo macht Sinn, wenn sie nationalen Charakter hat. Denn der Gotthard ist ein Symbol und wichtig für die Identität der Schweiz – im Norden vielleicht noch mehr als im Süden. Die Eröffnung des Eisenbahntunnels leistet einen konkreten Beitrag gegen die Klimaerwärmung. Das wird 2020 noch wichtiger sein als heute und sollte in einer Expo auch deutlich werden. Noch ein Gedanke: Warum nicht von Anfang an die junge Generation einbeziehen? Jene, die – um den Filmtitel von Alain Tanner zu paraphrasieren – 25 sein wird im Jahr 2020?»

Patrizia Pesenti, Tessiner Regierungspräsidentin (SP)

«Es ist gerechtfertigt, zur Eröffnung dieses Jahrhundertbauwerks etwas Besonderes zu machen. Der Raum Gotthard reicht aber nicht nur nach Norden und Süden, sondern auch nach Osten ins Bündnerland und nach Westen ins Wallis. Zentrale Voraussetzung ist, dass sich die lokale Bevölkerung mit dem Projekt identifizieren kann. Das geht am besten, wenn man etwas realisiert, das für alle da ist, aber dem Tourismus der Region nachhaltig etwas bringt. Das Besondere einer solchen Expo könnten echte Naturerlebnisse sein, die den urbanen Menschen fehlen: Es braucht keine künstliche Wolke wie an der Expo 02, hier gibt es natürliche Nebelwolken. Die Gotthardregion ist ein grüner intakter Lebensraum. Man kann Leute begeistern mit Landschaft, mit Bewegen und Leben vor Ort. Ansprechen müsste man vor allem jene, die heute in die Schule gehen.»

Isidor Baumann, Urner Volkswirtschaftsdirektor (CVP)

«Der Gotthardtunnel eignet sich nicht als Anlass für eine Landesausstellung. Denn er ist einer der grössten Flops. Wir müssen uns auch nicht immer gegenüber Europa darstellen. Eine Landesausstellung muss dem inneren Zusammenhalt dienen. Täte sie das, könnte ich mich dafür erwärmen. Ich glaube aber nicht, dass jetzt jemand Geld lockermacht. Für die letzte Expo wurden zwei Milliarden Franken verpufft. Da muss erst etwas Gras darüber wachsen.»

Ueli Maurer, SVP-Präsident

«Das Land braucht die Auseinandersetzung mit Ideen, um vorwärts zu kommen. Eine Landesausstellung ist immer ein umstrittenes Projekt, da es um die Identität der Schweiz geht. Man darf nicht Angst haben vor Skeptikern. Es braucht Leute, die vorangehen. Das sind nicht unbedingt jene, welche die Expo dann verwirklichen. Es wird auch nicht unbedingt ihre ursprüngliche Idee realisiert. Nach einem ungeschriebenen Gesetz braucht es für einmalige Anlässe wie Landes- und Weltausstellungen immer drei Teams bis zur Verwirklichung.»

Christophe Hans, Informationschef des EVD und Ex-Mitarbeiter von Expo-02-Direktorin Wenger

Rubrikinserate

Autos/Nutzfahrzeuge	32
Bildung/Kurse	14
Boote	36
Büro/Multimedia	29
Erotik	39
Ferien/Reisen	14
Finanzen/Geschäfte	29
Immobilien Miete	38
Büro-/Gewerberäume Miete	38
Immobilien Kauf	36
Büro-/Gewerberäume Kauf	-
Kultur/Veranstaltungen	42
Kunst/Antikes	49
Marktplatz	14
Mitteilungen	16
Privatmarkt	24
Todesanzeigen	16
www-Adressen	29
Zweiräder	36
Impressum	19

ES BEGANN MIT EINEM INTERVIEW

Das Scheitern des Expo-Projektes *Gottardo 2020* anlässlich der Eröffnung des Gotthard-Basistunnels war für mich wenn nicht eine Niederlage, so doch eine der grössten Enttäuschungen meiner Karriere. Ich bin heute noch überzeugt, dass die vier Gotthard-Kantone Tessin, Uri, Wallis und Graubünden eine grossartige Chance verpasst haben. Die Interessenlagen der Kantone waren jedoch zu verschieden, und auch historische Gründe spielten eine Rolle. So goutierten es beispielsweise in Uri nicht alle, dass das Tessin die Federführung bei diesem Projekt innehatte (ein Regierungsrat sagte unverhohlen, dass er sich von einem ehemaligen Untertanengebiet nichts vorschreiben lasse!). Fakt ist, dass das Autonomiedenken der Bergkantone stark ist. Und was man auch nicht unterschätzen darf: In diesen Kantonen gibt es Tausende von subtilen Gleichgewichten, die mit einem Grossanlass gestört werden.

Gerade für die Leventina, eine der strukturschwächsten Regionen der Schweiz, hätte ein solches Projekt jedoch eine grosse Chance dargestellt. Im Juli 2007 fragten mich die beiden Journalisten Peter Hartmeier und Christina Leutwyler vom *Tages-Anzeiger*, wie ich die Zukunft der nördlichen Täler des Tessins sähe. Ich antwortete, dass es sich dabei um «das vergessene Tessin» handle:

«Geschichtlich ist es eng mit der Deutschschweiz verbunden. Noch heute ist der grösste Fan-Klub des HC Ambrì-Piotta in Uri. Diese Täler dürfen nicht aussterben. Sie brauchen ein grosses Projekt mit dem Ziel, dort einen respektvollen grünen Tourismus zu entwickeln.»

«Heute mit der *Expo 2020* beginnen»: Mit dieser Aussage löste Marco Solari im Sommer 2007 eine Diskussion aus, welche die Schweiz jahrelang beschäftigen sollte.

Das war die Steilvorlage, die zur Frontschlagzeile «Solari lanciert die Idee einer *Expo 2020* in der Gotthardregion» führen sollte. Was ich unter einem grossen Projekt verstehe, wollten die Journalisten als nächstes wissen.

«2020 wird eines der grössten Bauwerke eröffnet, der 57 Kilometer lange Gotthard-Basistunnel. Das bedeutet eine Revolution. Natürlich verbindet er zunächst einmal Erstfeld mit Bodio, dann aber auch Zürich mit Mailand

und vor allem das zusammenwachsende Mitteleuropa mit der dynamischen Mittelmeerregion. Jetzt sage ich ein Stichwort, bei dem alle aufschreien werden: Expo 2020. Das braucht es zur Eröffnung des Gotthardtunnels. Es genügt nicht, ein Band durchzuschneiden, wie man es beim Lötschbergtunnel gemacht hat. Das war Mittelmass.»

Wie stellen Sie sich eine *Expo 2020* vor?

«Es muss uns gelingen, an den beiden Tunnelportalen in Uri und im Tessin etwas auf die Beine zu stellen, das eine europäische Dimension hat. Wir müssen heute mit der Expo 2020 beginnen. Es braucht ein Urkomitee von ein paar Leuten, die daran glauben.»

Die *Expo 02* war so angelegt, dass sie praktisch keine Spuren hinterlassen hat. Sehen Sie das für 2020 auch so?

«Nein, nein – im Gegenteil. Ziel der Schweiz muss es auch sein, sich in Europa einzubringen und die Sensibilität für die Alpenregion, für die Berge, zu entwickeln. Der EU-Staat Ungarn etwa hat keine Beziehung zu den Bergen, da er ein Land der Ebenen ist. Die Expo 2020 muss zum Projekt der ganzen Schweiz werden. Die Sponsoren müssen jetzt beginnen, jedes Jahr einen Betrag auf die Seite zu legen. Bis 2020 käme eine stattliche Summe zusammen – eine Milliarde, anderthalb.»

Mit wem haben Sie die Idee *Expo 2020* schon diskutiert?

«Erstens hat meine Frau sie gut gefunden, das zählt. Ein zweiter, der sofort begeistert reagiert hat, war Mario Botta. Wir sind 60, wir werden die Expo 2020 nicht realisieren. Aber wir können den Grundstein legen.»

Und wer hat noch positiv reagiert?

«Ein Freund, Felix Ehrat.»

Der Verwaltungsratspräsident der Banca del Gottardo …

«… als Freund, nicht als Verwaltungsratspräsident. Voilà, das muss genügen für den Anfang. Wir dürfen die Idee jetzt nicht zerreden. Sie ist wichtig für das Tessin, für Uri, für die Schweiz.»

Dieses Interview warf Wellen wie ein grosser Felsbrocken in einem Teich. Einer der wenigen, der die Idee von Anfang an verwarf, war der damalige SVP-Präsident Ueli Maurer: «Eine Landesausstellung muss dem inneren Zusammenhalt dienen. Täte sie das, könnte ich mich dafür erwärmen. Ich glaube aber nicht, dass jemand Geld lockermacht. Für die letzte Expo wurden zwei Milliarden Franken verpufft. Da muss erst etwas Gras drüber wachsen.» Der Tessiner Regierungsrat Gabriele Gendotti, ein Sohn der Berge, stammt er doch aus der Leventina, war hingegen begeistert und legte sich mächtig ins Zeug. Doch die drei anderen Gotthard-Kantone waren skeptisch, und in Bern waren die Reaktionen (mit Ausnahme des damaligen Staatssekretärs und Leiter des

SECO, Jean-Daniel Gerber) – diplomatisch ausgedrückt – eher zurückhaltend.

Ende 2007 beauftragte der Tessiner Regierungsrat den ETT, einen Projektentwurf zu erarbeiten, um die Eröffnung des Gotthard-Basistunnels auf angemessene Weise zu würdigen. Rolf Dörig, heute Präsident der Swiss Life und Adecco, half bei der Finanzierung. Das *Steering Comitee Gottardo 2020* unter meiner Leitung, das auf das Know-how von Charles Barras und Michela Fiscalini vom ETT zurückgreifen konnte, kam schliesslich in einem achtzig Seiten umfassenden Grobkonzept zum Schluss, dass das Projekt «interessant, nützlich und machbar» sei. Wir sahen Eingangsportale im Norden, Süden, Westen und Osten vor, wo man die vier Themen Mobilität, Kultur, Natur und Energie hätte inszenieren können. Neben zwei Ausstellungsdörfern bei den Tunnelportalen in Erstfeld und Biasca wollten wir auch die Surselva, das Urserental, die Leventina und das Goms miteinbeziehen, mit zukunftsgerichteten, nachhaltigen Projekten. Denkbar wäre auch die Schaffung von Erlebnisorten und -routen entlang der historischen Wege über die Alpen gewesen, analog zum erfolgreichen Weg der Schweiz, der anlässlich der 700-Jahr-Feier geschaffen worden war. Waren es 1939 an der Landi in Zürich, an der *Expo 1964* in Lausanne und an der *Expo 02* die Kantonstage gewesen, welche die Begeisterung des Publikums weckten, so hätte man bei *Gottardo 2020* europäische Städte einladen und damit die europäische Dimension des Jahrhundert-Bauwerks unterstreichen können. «Es braucht Mut und Ehrgeiz. Ich glaube, dass wir es schaffen werden», sagte ich 2009 bei der Präsentation des Grobkonzeptes. Ich sollte mich irren.

Die anfängliche Begeisterung für das Projekt flaute zunehmend ab. Die Tessiner Regierung, die gehofft hatte, mit *Gottardo 2020* eine Lokomotivfunktion übernehmen zu können, fühlte sich bald einmal allein gelassen. Der Bündner Regierungsrat Stefan Engler vermisste ein griffiges Ausstellungskonzept und kritisierte: «Schwärmereien für eine Landesausstellung zum Preis von Hunderten von Millionen Franken sind das eine, die günstigen Voraussetzungen für die Realisierung zu schaffen, das andere», sagte er im August 2010 in einem Interview in der *Südostschweiz*. Das war faktisch der Anfang vom Ende der Idee.

Aus «Kostengründen» sowie wegen «Schwierigkeiten bei der Konsensfindung» und «fehlender Realisierungszeit» begruben die Gotthardkantone schliesslich im November 2010 das Projekt. Gleichzeitig bekannten sie sich einstimmig zu einem auf zehn Jahre ausgelegten Programm, welches die Umsetzung von langfristigen Projekten in der

Gotthard-Region vorsah. So wurde aus *Gottardo 2020* das «Programm *Gotthard 2020*». Es beinhaltete, «vorhandene Potenziale in der Region zu erschliessen und Infrastruktur- und Dienstleistungsvorhaben umzusetzen, welche langfristigen und nachhaltigen Charakter haben und Wertschöpfung in die Gotthard-Region bringen», wie es in der Medienmitteilung hiess.

Wenn man bedenkt, dass es ein Zeitungsinterview war, das diese Initiativen ausgelöst hatte, dann könnte man eigentlich stolz sein. Trotzdem überwiegt bei mir die Enttäuschung, zumal das «Programm Gotthard 2020» für die Gotthard-Region bestenfalls eine homöopathische Wirkung zeigte. Eine gut gemachte Expo hätte da wesentlich tiefgreifendere Impulse verleihen können. Es wäre eine gute Gelegenheit gewesen, die trennenden Gebirge zwischen Norden und Süden ein wenig einzuebnen. Wo ein Wille, ist auch ein Weg, sagt man. Beim Projekt *Gottardo 2020* war beides nicht vorhanden.

LIBERI E SVIZZERI

Hunderte von Referaten und Vorträgen durfte ich im Laufe meiner Karriere halten. Oft wurde ich in der Deutschschweiz gebeten, «das Tessin zu erklären». So einfach das tönt, so schwierig ist diese Aufgabe. Denn man kann sie auf unterschiedliche Weise angehen. Ein Blick zurück ist dabei unabdingbar, denn Identität ist stets eng mit der Geschichte verbunden. Als ich im März 2013 vor der Schaffhauser Vortragsgemeinschaft den Versuch wagte, das Tessin «im Spannungsfeld zwischen Norden und Süden» zu erläutern, begann ich mein Referat denn auch mit der Invasion vom 15. Februar 1798, einem Schlüsselmoment der Tessiner Geschichte, als rund 250 schwer bewaffnete Lombarden, *Patrioti* nannten sie sich, die Bevölkerung von Lugano zu ihrem Glück zwingen wollten. Im Morgengrauen setzen sie mit Booten vom damals österreichischen Campione ans andere Seeufer über. Ziel ihrer Mission: Sie wollten eine Vereinigung der Landvogtei Lugano mit der von Napoleon kontrollierten Cisalpinen Republik erzwingen. Doch die vermeintlichen Befreier wurden am Seeufer von den *Luganesi* in die Flucht geschlagen, erschreckt durch das Sturmgeläut der Kirchenglocken, das den Alarm in die umliegenden Dörfer trug. In den Dörfern und Städten der «ennetbirgischen Vogteien», wie das Tessin von den Eidgenossen genannt wurde, errichteten die Einheimischen Freiheitsbäume. *Liberi e svizzeri,* lautete das Motto. «Frei und Schweizer!»

So will es die Geschichte, so will es der Mythos. Doch Geschichte ist nie ganz wahr, und Mythen sind nie ganz falsch. Eigentlich, so könnte man meinen, sprach alles dafür, dass sich die *Luganesi* und die Bewohner der Täler südlich des Gotthards nach fast dreihundert Jahren Ausbeutung und Unterdrückung durch die 13-örtige Eidgenossenschaft für die Lombardei entscheiden würden. Doch auch in der Geschichte, so mahnte mein Lizentiatsvater Professor Jean-François Bergier in seiner Abschiedsvorlesung an der Universität Zürich, darf man ein unscheinbares Detail nie unterschätzen: den Zufall.

Denn hätten sich die *Patrioti* an jenem Februarmorgen im Jahre 1798 nicht voreilig zurückgezogen, weil sich die Verstärkung hinter einer Hausmauer versteckt hielt, dann wären Lugano und sein Hinterland wohl der Cisalpinen Republik einverleibt worden. Die Schweiz wiederum wäre im 19. Jahrhundert zu einem Nationalstaat bestehend aus einer deutschsprachigen Mehrheit und einer frankophilen Minderheit herangewachsen. Hätte ein solch unausgewogenes Konstrukt die Zerreissproben des 20. Jahrhunderts überstanden? Dieser kalte Februarmorgen in Lugano: Er kann als Flügelschlag des Schmetterlings interpretiert werden ...

Die fast drei Jahrhunderte währende Kolonialherrschaft der Eidgenossen war alles andere als ein Ruhmesblatt gewesen. Ende des 18. Jahrhunderts gab es in den ennetbirgischen Vogteien keine Strassen, die diese Bezeichnung verdient hätten. Der Monte Ceneri wurde von Banditen unsicher gemacht, denen man nicht Herr wurde. Höhere Schulen existierten mit Ausnahme des katholischen *Collegio Papio* in Ascona keine. Die wirtschaftliche Ausbeutung hatte verheerende Hungersnöte zur Folge gehabt, und die willkürliche Justiz der Landvögte, insbesondere die ziemlich locker angewandte Blutjustiz, war demütigend gewesen. Noch 1755 hatte Uri wegen einer Bagatelle drei Todesurteile verhängt: Die Bevölkerung von Faido musste der Hinrichtung der drei Rädelsführer Giovan Antonio Forni, Lorenzo Orsi und Angelo Sartori auf dem Dorfplatz kniend beiwohnen. Die eidgenössischen Orte hatten sich das Tessin übriges auf Ewigkeit aufgeteilt. Einem 1691 in Einsiedeln durch Joseph Ochsner gedruckten Kalender, der bis ins Jahr 2000 reichte und den jährlichen Turnus der Landvogteien bestimmte, entnehmen wir, dass Mendrisio im Jahr 2000 einen Luzerner Landvogt, Lugano einen Freiburger gehabt hätte, dass Locarno von einem Solothurner und das Maggia-Tal von einem Schaffhauser Magistraten regiert worden wäre.

Als der aufgeklärte Berner Patrizier Karl Viktor von Bonstetten 1795, also sechs Jahre nach der französischen Revolution, im Auftrag der eidgenössischen Tagsatzung die ennetbirgischen Vogteien inspizierte, bot sich ihm ein Bild des Grauens. «In diesen elendiglichen Hütten würde keine Deutschschweizer Sau leben wollen!», notierte er bei einem Besuch im Verzasca-Tal. Schon Hans Rudolf Schinz, ein protestantischer Zürcher Pastor, hatte einige Jahre zuvor in seinen «Beyträgen zur näheren Kenntnis des Schweizerlandes» auf das Elend und die Verzweiflung der Bevölkerung in den Tälern auf der Alpensüdseite hingewiesen. Noch Ende des 19. Jahrhunderts lebten im oberen Maggia-Tal viele Leu-

te in einem Bretterverlies unter grossen Felsbrocken, um sich vor der gröbsten Kälte zu schützen. Plinio Martini, der im August 1979 verstorbene Dichter und Schriftsteller aus Cavergno, fragte in seinen Schriften ebenso provokativ wie rhetorisch: «Was unterschied unsere Väter und Grossväter eigentlich von den Höhlenbewohnern?» Noch im Winter 1880, so erzählt Piero Bianconi, ein weiterer grosser Tessiner Schriftsteller, habe seine Grossmutter mit blossen Händen unter dem Schnee scharren und die wenigen Grashalme, die sie fand, im Wasser kochen müssen, damit ihre Enkel nicht verhungerten.

Die einzige Möglichkeit, dieser unsäglichen Not zu entgehen, bestand in der Emigration. Tatsächlich kehrten vor allem im 19. Jahrhundert Tausende von jungen Männern ihrer Heimat den Rücken. Sie sahen in den Tälern, die heute touristisch so attraktiv sind, schlicht keine Perspektiven mehr. Das Tessin ist ohne die Kenntnis seiner Auswanderungswellen nicht zu verstehen.

Blick auf Lugano, den See und den Monte San Salvatore (18. Jahrhundert).

Seit dem 15. Jahrhundert sahen sich die Bewohner der heutigen italienischen Schweiz aus wirtschaftlichen Gründen immer wieder gezwungen, ihr Glück in der Fremde zu suchen. Zuerst wanderten sie nur nach Mailand aus, dann nach Paris, nach London; später fanden sie Arbeit auf den Ranches in Kalifornien, in den Hafenstädten Argentiniens und Uruguays oder in den schrecklichen Goldminen Australiens, wo Krankheiten und Tod lauerten, aber kaum je Gold gefunden wurde. Für die Frauen des Onsernone-, des Bavona-, des Maggia- oder des Verzasca-Tals waren die Perspektiven auch nicht gerade verheissungsvoll: Am Samstag wurden sie verheiratet, in der Hochzeitsnacht geschwängert – und am Sonntag mussten sie von ihrem jungen Gemahl, meistens für immer, Abschied nehmen. De facto waren sie bereits bei ihrer Hochzeit Witwen, und Generationen von Kindern wuchsen als Halbwaisen auf.

Apropos Kinder! Der Roman «Die Schwarzen Brüder», den Lisa Tetzner 1941 veröffentlichte, ist zwar frei erfunden, kommt der Wahrheit aber sehr nahe. Tatsächlich wurden die spindeldürren Kinder aus den Dörfern des Centovalli, des Bavona- oder Verzasca-Tals jahrzehntelang nach Norditalien verdingt. Man beutete sie aus, gab ihnen nichts zu essen, damit sie ja mager blieben und gleichsam als lebende Besen die engen Kamine reinigen konnten. Viele diese Kaminfegerkinder verunfallten, viele erstickten. Ein unaussprechliches Leid.

Doch die italienische Schweiz hat auch ihre stolzen Seiten. So bekannt auf der Alpennordseite die Geschichte der «Schwarzen Brüder» ist, so unbekannt ist die Geschichte der Tessiner Künstler, die mit ihren Bauten zahlreiche Städte in ganz Europa massgeblich geprägt haben. Bauherren, Architekten, Ingenieure, Maler, Bildhauer und Stuckateure, fast alle aus Dörfern rund um den Luganersee stammend, haben während Jahrhunderten europäische Kunstgeschichte geschrieben. Diese Erfolgsgeschichte beginnt mit Adamo di Arogno und dem Bau des Domes von Trient im 13. Jahrhundert. Knapp zwei Jahrhunderte später rief Zar Iwan der Grosse Tessiner Architekten aus dem Dorf Carona nach Moskau: Zusammen mit Mailänder Bauherren wie Marco Ruffo und Aristotile Fioravanti bauten sie die Kremlmauer und deren wichtigste Türme, den Spasskaya- und den Nikolskaja-Turm.

In Rom, unter Papst Sixtus V., wirkte Domenico Fontana aus Melide. Er hat das römische Stadtbild so verändert, wie wir es noch heute kennen. Sein Ruhm basiert auf der Aufrichtung des Obelisken auf der Piazza San Pietro vor dem Petersdom, der unter Kaiser Caligula nach Rom gebracht worden war. Es war ein gigantisches, äusserst gewagtes Unternehmen, bei dem über tausend Arbeiter und fast hundert Pferde zum Einsatz kamen. Bei einem solchen Unterfangen riskierte ein Architekt nicht nur seine Karriere, sondern auch seinen Kopf. Nebst dem Obelisken gehören auch der Lateranpalast, die *Scala Santa* und der Palazzo Mattei zu Fontanas Werken, die er in Rom realisierte, ehe er in Ungnade fiel und nach Neapel zog, wo er für den spanischen König Felipe III. den Königspalast baute.

Auf Fontana folgte in Rom Carlo Maderno. Dieser baute die Fassade des Petersdoms, den Palazzo Giustiniani, den Quirinalspalast, den Palazzo Barberini und die Kirche Sant'Andrea della Valle (die Kirche von Puccinis *Tosca*) und festigte den Ruhm der *Maestri Comacini*, wie die Tessiner Baumeister in Rom und Italien genannt wurden (in Italien wurde das Tessin als das Hinterland von Como wahrgenommen, deshalb das Adjektiv *Comacini*). Der Barock Roms und Neapels ist vornehmlich das Werk dieser Künstler. Der Grösste von ihnen ist zweifellos Francesco Borromini. Er, der stille, introvertierte Bissonese, litt enorm unter seinem extrovertierten neapolitanischen Rivalen Gian Lorenzo Bernini. Nichtsdestotrotz sind seine römischen Werke von unglaublicher Schönheit und Zartheit: San Carlo alle Quattro Fontane, Sant'Ivo alla Sapienza, l'Oratorio dei Filippini, il Collegio di Propaganda Fide, Sant'Agnese auf der Piazza Navona ...

Beinahe hätten wir Domenico Trezzini vergessen, den Baumeister des Zaren aus dem Dorf Astano im Malcantone, dem hügeligen, dicht bewaldeten Hinterland von Lugano. Trezzini baute im 18. Jahrhundert auf den hundert Inselchen im Sumpfgebiet der Newa aus dem Nichts eine neue Hauptstadt für Zar Peter den Grossen: Sankt Petersburg. Als Hofarchitekt trug er wesentlich zum Bau der repräsentativsten Gebäude der neuen russischen Hauptstadt bei. Seine herausragenden Werke sind namentlich die Peter-und-Paul-Kathedrale und der Sommerpalast des Zaren.

Zeugnisse von Tessiner Künstlern findet man auf allen Kontinenten, in Nordafrika von Algier bis Ägypten, in Indien, in Australien, in Nord- und Südamerika. Zeitgenössische Architekten wie Rino Tami, Livio Vacchini, Tita Carloni, Aurelio Galfetti und natürlich Mario Botta setzten diese seit nunmehr acht Jahrhunderten andauernde Tradition fort. Dieser Tessiner Beitrag an die europäische Kunstgeschichte hat etwas Erstaunliches. Mir ist es ein Rätsel, warum diese enorme Schaffenskraft bis heute nicht näher und tiefer studiert und analysiert worden ist. Unbestritten aber ist die Tatsache, dass dieses künstlerische Erbe, das wir mit dem Slogan *«Ticino: terra d'artisti»* vermarktet haben, im Gegensatz zur wirtschaftlichen Emigration ein Grund berechtigten Stolzes für das Tessin ist.

Ein weiterer Aspekt, den es zu beachten gilt, wenn man das Tessin respektive die italienische Schweiz verstehen will, ist die Beziehung zu Italien. Die Tessiner zeigten in der ersten Hälfte des 19. Jahrhunderts eine grosse Sympathie, ja geradezu Begeisterung, für das italienische *Risorgimento*. Das *Risorgimento*, die «Wiedererstehung» Italiens als Nation, beginnt mit den *Carbonari* (den «Köhlern»), den Geheimbündlern, die der österreichischen Herrschaft in Norditalien trotzten. In unzähligen geheimen Treffen wurde in der Lombardei und in Venetien der Kampf gegen die Fremdherrschaft in die Wege geleitet. Um den Widerstand zu organisieren, benötigte man Zeitungen, Schriften, Pamphlete, die in Italien nicht gedruckt werden konnten. Denn die österreichische Zensur und Repression waren allgegenwärtig. Nicht aber im Tessin: Hier entstanden zwei Druckereien, die weit über die Landesgrenze hinaus berühmt und berüchtigt wurden: die *Tipografia Elvetica* in Capolago am südlichen Ende des Luganersees und die aus der *Tipografia Ruggia* entstandene *Tipografia della Svizzera Italiana* der Gebrüder Giacomo e Filippo Ciani, nach denen heute der grosse Park am Seeufer in Lugano benannt ist.

Still und heimlich wurden die Widerstandspamphlete über die nahe Grenze geschmuggelt und in Italien in Umlauf gebracht. Feldmarschall Josef Wenzel Radetzky schäumte vor Wut. Wien schlug der Schweiz allen Ernstes eine Grenzkorrektur vor, um die ungeliebten Druckereien im Tessin auszuschalten. Eine Forderung, die unser Land – diese Ehrenmeldung verdient Erwähnung! – mit Entrüstung zurückwies. Auf dem Luganersee defilierten derweil österreichische Barken mit den gehängten Patrioten zur Einschüchterung all derer, die das *Risorgimento* unterstützten. So schauerlich die Szenerie, so erfolglos war die Wirkung. Zahlreiche *Carbonari* flüchteten ins Tessin und in die italienischsprachigen Bündner Täler, etwa ins Misox, wo der grosse Schriftsteller Ugo Foscolo Unterschlupf fand.

Doch der Preis, den das Tessin für diese Hilfeleistung zahlen musste, war hoch, sehr hoch. Dreimal verhängte Österreich eine Grenz- und Handelsblockade: 1848, 1849 und 1853. Die schlimmsten Folgen hatte die Blockade vom Februar 1853: Von einem Tag auf den anderen mussten über 6500 Tessiner die Lombardei verlassen. All die Spinnerinnen, Maurer, Köche, Kellner, Kaminfeger, Kupferschmiede, Klempner und Marroniverkäufer kehrten als Arbeitslose in ihre Heimat zurück, wo sie das nackte Elend erwartete. Wegen Missernten, verursacht durch die Kartoffelkrankheit, nagte die Bevölkerung am Hungertuch. Zusätzliche Mäuler, die es zu stopfen galt, waren das Letzte, was man brauchen konnte.

Doch im Vergleich zu den Hungersnöten des 18. Jahrhunderts hatte sich etwas geändert: Der Kanton Tessin war mittlerweile ein vollwertiges Mitglied der Eidgenossenschaft. Und der Bund reagierte prompt: Um einerseits die Arbeitslosigkeit zu bekämpfen und andererseits die Grenze zu sichern, wurde südlich von Bellinzona ein von General Guillaume-Henri Dufour geplanter, 2600 Meter langer Sperrriegel errichtet. Der Begriff *Fortini della fame* («Hungerburgen») erinnert heute noch an den Umstand, dass damals eine grosse Hungersnot herrschte.

Mit Stefano Franscini, der 1848 als erster Tessiner in den Bundesrat gewählt wurde, war das Tessin auch in der Landesregierung vertreten. Franscini war ein grosser Statistiker, allerdings introvertiert und verschlossen, eher ein Aussenseiter, ein Seelenverwandter von Borromini. Dies erklärt auch, weshalb er nach sechs Jahren im Bundesrat die Wahl in den Nationalrat, damals Voraussetzung, um überhaupt in den Bundesrat gewählt oder wiedergewählt zu werden, nicht schaffte. Der Kanton Schaffhausen bot ihm – ein geschichtliches Kuriosum! – einen Sitz an und ermöglichte Franscini so den Verbleib in der Landesregierung. Das war eine grossartige und weitsichtige politische Geste der Schaffhauser, denn nur ein Jahr später wurde, nicht zuletzt auf Initiative von Franscini, in Zürich das Polytechnikum (die heutige ETH) gegründet. Die Konzentration auf eine mathematisch-technische Ausbildung und Forschung zeigte eine nachhaltige Wirkung, erlaubte sie es doch der rohstoffarmen Schweiz, sich eine internationale Position zu erobern, die sie bis heute innehat.

Auf Franscini folgten weitere Tessiner Bundesräte, etwa der freisinnige Giovanni Battista Pioda, der sich für den Gotthardeisenbahntunnel stark machte, ein Jahrhundert-Bauwerk, das schliesslich auch dank Bundesrat Emil Welti und dem umtriebigen Unternehmer Alfred Escher realisiert wurde (unter tatkräftiger Mithilfe von Tausenden von italienischen Mineuren!). Im Gegensatz zur NEAT, welche die Schweiz alleine finanzierte, floss damals viel deutsches und lombardisches Kapital. Und auch folgender Aspekt sei am Rande noch erwähnt: Der Gotthardtunnel wurde gegen den Willen der katholischen Kirche, die den bismarckschen Kulturkampf fürchtete, gebaut

Der Gotthard ist eng mit der Sehnsucht der Nordeuropäer nach dem Süden verbunden. «Kennst Du das Land, wo die Zitronen blühn?», fragte Johann Wolfgang von Goethe. So gross die Sehnsucht nach Italien, so gross war der Respekt vor dem «Berg und seinem Wolkensteg», wie Goethe die Hängebrücke in der Schöllenenschlucht nannte. Es war ein Tessiner, der dem Albtraum von Generationen von Kaufleuten, Reisenden und Pilgern ein Ende setzte: Pietro Morettini aus Cerentino im Maggia-Tal sprengte 1707 den ersten Alpentunnel in den Fels, das 64 Meter lange «Urnerloch», ein vergessenes Jahrhundert-Bauwerk. Etwas mehr als hundert Jahre später bestand eine der ersten Leistungen des jungen Kantons Tessin darin, die Tremola für Kutschen auszubauen, um den Transport auf der Nord-Süd-Achse zu beschleunigen. Das berühmte Gemälde «Die Gotthardpost» von Rudolf Koller mit dem verängstigten Kalb, das vor der Postkutsche flüchtet, ist Sinnbild für dieses neue Zeitalter. Mit dem Bau der 1882 eröffneten Gotthard-Bahn verkürzte sich dann die Reisezeit zwischen Norden und Süden auf ein paar wenige Stunden.

Die Bahn öffnete dem Fremdenverkehr im Tessin die Pforten. Die Zahl der Hotels verzehnfachte sich zwischen 1880 und 1912 von 20 auf 208. Wirtschaftlich war der Tourismus sicherlich ein Segen, kulturell war er für das Tessin allerdings lange problematisch. Warum? Weil das Tessin kulturell vergewaltigt wurde. Bereits in Airolo, bei der Ausfahrt aus dem Gotthard-Tunnel, erwarteten die Reisenden aus dem Norden italienisches Flair. «Plötzliches Italien», schwärmte etwa Franz Kafka, als der Zug in Airolo eintraf. Eine Wahrnehmung, die nur teilweise mit der Realität übereinstimmt. Diese Erwartungshaltung hatte zur Folge, dass sich die grundsätzlich arme und notleidende, von der Auswanderung gezeichnete Tessiner Bergbevölkerung über Nacht in ein in der Realität weit entferntes, südländisches fröhliches Volk verwandeln musste. Zum Stereotyp der Sonnenstube gehörten die Boccalini und Zoccoli, von Deutschschweizern komponierte lustige Lieder (mit Gitarren und Mandolinen vorgetragen), Winzerumzüge und Kamelienfeste ... Kurz: Aus dem Tessin wurde ein Neapel der Schweiz, anstelle der Realität wurde ein künstliches Idealbild geschaffen, *ad usum turistae*.

Das Tessin bekundet mit dieser Vorstellung bis heute Mühe. Denn sie ging einher mit einer erneuten, wenn auch friedlichen Okkupation. Die Tessiner mussten nun ihre Heimat teilen. In den Dörfern und Städten wurde plötzlich Deutsch gesprochen, mit der *Tessiner Zeitung*, die bis heute existiert, gründete die deutschsprachige Gemeinschaft 1907 sogar ein eigenes Sprachrohr. Diese Germanisierungswelle nahm im Tessin teilweise Züge eines Kulturkampfes an. Verschärft wurden die Spannungen noch durch Interventionen aus Bern. Um partei-politischen Streitigkeiten ein Ende zu setzen, entsandte der Bund auch schon mal Truppen, die im Tessin für Ruhe und Ordnung sorgten.

Für die wirtschaftliche Entwicklung des Tessins kann die Bedeutung der Bahn nicht hoch genug eingeschätzt werden. Der kapitalintensive Bau der Eisenbahn-Linie barg die Keimzelle des Finanzplatzes in Lugano. Das moderne Tessin entwickelte sich entlang der Bahnlinie, wo sich Industrie und Gewerbe ansiedelten. Das Tessin? Im Grunde genommen gibt es drei Tessin: ein lombardisches, ein piemontesisches und ein alpines Tessin. Alle drei haben unterschiedliche Entwicklungspotenziale und Perspektiven.

- Das lombardische Tessin, also der Südzipfel der Schweiz, muss zum Zürich Norditaliens avancieren. Die Voraussetzungen sind gegeben. Die 1996 gegründete Universität in Lugano und in Mendrisio hat der Tessiner Wirtschaft, aber auch dem Tessiner Selbstverständnis, mächtig Aufschub verliehen. Sie ist von unschätzbarem Wert für die Entwicklung nicht nur des Sottoceneri, sondern des ganzen Kantons.
- Das piemontesische Tessin, das Gebiet um den Lago Maggiore, muss auf den Tourismus setzen. Es verfügt in Locarno und Ascona über gut verankerte Events und kulturelle Institutionen sowie über eine noch weitgehend intakte Natur im Hinterland. Ganz zu schweigen von der Hotellerie, die alles bietet, was man sich als Gast wünschen kann.
- Weniger rosig sind die Aussichten für das alpine Tessin nördlich von Bellinzona: Dieses Gebiet zählt zu den Verlierern der Eröffnung des Basistunnels. Eine feinfühlige, aber zielgerichtete touristische Entwicklung ist unabdingbar.

Die NEAT hat das Tessin grundlegend verändert. Zürich, Zug und Luzern sind auf Pendlerdistanz herangerückt. Man kann mittlerweile im Tessin wohnen und *oltre Gottardo* arbeiten. Dieses Zusammenrücken hat selbstverständlich auch negative Auswirkungen. Die Immobilienpreise, um ein konkretes Beispiel zu nennen, sind in den urbanen Ballungszentren ins Unermessliche gestiegen. Für die Einheimischen wird der Erwerb von Wohneigentum immer schwieriger. Gleichzeitig wächst das Tessin immer mehr zu einer Stadt zusammen. Mit dem Ceneri-Basistunnel ist die Fahrzeit zwischen Lugano und Bellinzona auf 12, zwischen Lugano und Locarno auf 19 Minuten Metrofahrt geschrumpft. Der Stadtstaat Ticino ist geografisch definitiv nicht mehr peripher, sondern in den Mittelpunkt Europas gerückt. Mit dem Ausbau des zweispurigen Schienenstrangs nach Mailand auf vier und mehr Spuren werden das Mendrisiotto und Lugano definitiv zu Villenvororten der Metropole Mailand.

Ob sich das Verhältnis zu Italien dadurch verbessert, wird sich zeigen. Die Zahl der italienischen Grenzgänger, die täglich ins Tessin zur

Arbeit pendeln, hat sich seit der Einführung der Personenfreizügigkeit von 30 000 auf über 75 000 mehr als verdoppelt. Die Angst vor einer Überfremdung und einem Identitätsverlust, der dadurch entstehen kann, ist der Nährboden für den Erfolg der *Lega dei Ticinesi,* die seit den Wahlen vom April 2011 zwei von fünf Tessiner Regierungsräten stellt und somit dem jahrzehntelangen Primat der FDP ein Ende bereitet hat. Lega-Gründer Giuliano Bignasca wollte den Zustrom aus dem Süden mit einer Mauer stoppen. Einmal davon abgesehen, dass es sich bei diesem Vorschlag um eine Provokation handelt, kommt man nicht um folgende Feststellung umhin: In der Tessiner Bevölkerung herrscht seit Generationen ein bis heute anhaltendes Misstrauen, ja echte Opposition, zum offiziellen Italien.

Das Tessin hatte, wie eingangs erwähnt, die *Risorgimento*-Bewegung eifrig unterstützt. 1861 bewies Graf Camillo Benso von Cavour, der erste Ministerpräsident des Königreichs Italien, aber wenig Dankbarkeit gegenüber dem Tessin und dessen Verdiensten für Italiens Unabhängigkeit. Statt dem freien Warenverkehr Tür und Tor zu öffnen, riegelte er die Grenze zwischen dem Tessin und dem nach Autarkie strebenden italienischen Nationalstaat ab. Dies führte zu neuer Armut, neuem Elend und Ressentiments in der Bevölkerung gegen die italienische Obrigkeit.

Den italienischen Oppositionellen wurde im Tessin fortan grosszügig Asyl gewährt, in den achtziger Jahren des 19. Jahrhunderts insbesondere den Anarchisten. 1898 wurden in Mailand aufständische Sozialisten von den Kanonen des Generals Fiorenzo Bava-Beccaris massakriert oder vertrieben. Die meisten führenden Köpfe setzen sich nach Lugano oder Locarno ab. Als nach dem Ersten Weltkrieg der Faschismus in Italien an die Macht kam und 1924 mit dem Mord am sozialistischen Deputierten Giacomo Matteotti seine hässliche Fratze zeigte, begann der Exodus der politischen und intellektuellen Führungsschicht Italiens in das nahe Tessin. Während über zwanzig Jahren wurde das Tessin – und während des Krieges auch die übrige Schweiz – zum Zufluchtsort der Vertreter der drei politischen Grundströmungen, der liberalen, der konservativen und der sozialistischen.

Die internationalen Unstimmigkeiten liessen das Tessin aber nie vergessen, dass es Teil des italienischen Kulturkreises ist. Auch in der schlimmsten Zeit vor und während des Zweiten Weltkrieges waren die kulturellen Bande ziemlich eng. Das offizielle Italien hatte mit seinem sympathischen, charismatischen Vertreter Giovanni Battista Angioletti einen Repräsentanten nach Lugano entsandt, der mit seinem Wesen nicht nur die Intellektuellen und die Frauen für sich einnahm, sondern in weiten Kreisen der Bevölkerung Sympathien genoss.

Geschichte, dies eine weitere Erkenntnis, ist nie schwarz-weiss. Und die Zukunft? Was wird aus dem Tessin, was wird aus der Schweiz? Haben wir eine Vision?

Die Diskussion um unsere Zukunft reduziert sich oft auf politische und wirtschaftliche Aspekte. Doch gestatten Sie die Frage: Haben Sie sich je überlegt, ob Petrarca, Ariosto, Tasso, Leopardi, Manzoni, Calvino, Quasimodo, Montale, Ungaretti und selbstverständlich Dante nicht auch Ihnen gehören?

- *«La gloria di colui che tutto muove per l'universo penetra e risplende in una parte più e meno altrove.»*
- *«La fama ch'invaghisce a un dolce suono gli superbi mortali, e par si bella. Un eco, un sogno, anzi d'un sogno un'ombra che ad ogni vento si dilegua e sgombra.»*
- *«L'uomo monotono universo ... attaccato sul vuoto al suo filo di ragno non teme e non seduce se non il proprio grido.»*
- *«Ognuno sta solo sul cuore della terra, trafitto da un raggio di sole. Ed è subito sera.»*

Ist diese Poesie, oder auch nur die Musikalität dieser Verse, nicht auch Ihre Poesie, Ihre Musikalität? Oder identifizieren Sie sich nur mit Goethe, mit Stifter, mit Novalis, mit Thomas Mann und Peter von Matt? Kann sich die Romandie nur auf Montaigne, Hugo, Proust oder Ramuz beziehen – oder sind wir in der Schweiz nicht aufgefordert, zwangsläufig auf die anderen Kulturen einzugehen, weil wir als Schweizer immer Teil eines Ganzen sind? Ist also die italienische Kultur nicht auch ein Teil Ihrer Kultur, die Sie zu verstehen haben? Ist es nicht Ihre Pflicht, auf diese Kultur einzugehen? Ist es nicht Pflicht des Romand, sich mit Adolf Muschg und Thomas Hürlimann auseinanderzusetzen? Genauso wie es für die Tessiner Gebot ist, die Werke eines Gottfried Keller, eines Max Frisch, aber auch von Bündner Literaten wie Reto Roedel oder Iso Camartin zu kennen?

Die Welt ist im Wandel. Früher oder später wird die Welle der Anglophilie zurückschwappen. Englisch wird man aus rein utilitaristischen Gründen beherrschen müssen. Man wird sich in Zukunft, diese These sei gewagt, vermehrt auf all das besinnen, was uns von anderen differenziert. Der kulturelle Reichtum der einzelnen Nationen unseres Kontinentes wird eine Renaissance erleben. Wenn wir unsere schweizerische Spezifizität bewahren und behaupten wollen, so müssen wir die Chance, auf die anderen Kulturen des Kontinentes einzugehen, intensiver angehen.

Dies wird unser Selbstverständnis ausmachen. Es wird viel Mühe kosten, aber bereits die Erkenntnis, dass in Zukunft unsere schweizerische Besonderheit, unsere eigentliche Identität, über das Verstehen und das Assimilieren verschiedener Sprachen und Kulturen geht, wäre ein eigentlicher Fortschritt. Will die Schweiz in einigen Jahren nicht nur ein folkloristisches Anhängsel Europas sein, so muss sie sich ihrer multikulturellen Dimension bewusster werden. Neben den politisch beispielhaften Institutionen, den Tugenden des Ausgleiches, der Harmonie, der Solidarität, neben den spezifisch schweizerischen politischen Werten der Demokratie, des Föderalismus und der republikanischen Grundhaltung, müssen wir auch in kultureller Hinsicht als Beispiel taugen. Die Kenntnis, das Verständnis, die Assimilation der verschiedenen Kulturen wird die schweizerische Identität der Zukunft prägen und ausmachen.

Doch das kommt nicht von selbst. Wir müssen es wollen!

DIE SCHWARZEN SEGEL

«Fördern Sie Rebellen!» – Mit diesem Plädoyer, vorgetragen in einem Keynote-Referat, zu dem mich die Konferenz der Fachhochschulen eingeladen hatte, sorgte ich im Januar 2013 auf dem Bürgenstock für Diskussionsstoff. Es ging dabei um die Frage, wie man eine Organisationseinheit so strukturiert, dass jeder Mitarbeitende sein Potenzial am besten abrufen kann. Aufgrund der Führungserfahrungen, die ich im Laufe meiner Karriere im Management von so unterschiedlichen Firmen und Organisationen wie ETT, Bund, Migros, Ringier und dem Filmfestival gemacht habe, ist die Antwort für mich klar: *People before structure.* Ich bin überzeugt, dass es sich lohnt, diejenigen zu fördern, die sich nicht einordnen. Deshalb mein Plädoyer: «Fördern Sie Rebellen!» Doch der Reihe nach. Ich begann meine Überlegungen mit folgenden Worten:

Die Sehnsucht nach Strukturen, nach Organisation, ist so alt wie die Menschheit. Ebenso wie der Wille, diese infrage zu stellen, sie zu verändern oder gar zu zerstören. Der Mensch ist geboren, um Grenzen zu setzen, Verbote zu erlassen, diese zu hinterfragen, sie dann zu durchbrechen und neue Gesetze und Strukturen zu generieren. Eva reicht Adam den Apfel: Der Verzehr ist ein Verstoss gegen die göttlichen Gesetze. Doch erst dieser Bruch ermöglicht es dem Menschen, sich vom sanft brütenden Tier des irdischen Paradieses zu unterscheiden. Pandora öffnet voller Neugier, obwohl es ihr Zeus verboten hatte, den ihr anvertrauten, tönernen Krug: Die Übel entweichen, zurück bleibt die Hoffnung. Diese Hoffnung ist es, die den Menschen ermutigt, immer wieder der Resignation zu widerstehen. Prometheus widersetzt sich den Göttern und schenkt den Menschen das Feuer, dieses Symbol des Willens der Menschen, ihre Zukunft zu gestalten. Zur Strafe bleibt er an den Felsen gekettet, bis Herakles ihn befreit. Der Mensch trotzt den Göttern.

Eine Generation später ist Theseus nicht nur der mythische, sondern bereits ein politischer Held. Im Labyrinth von Knossos bezwingt er den Minotaurus, das Monster, das buchstäblich in uns ist. Aber er hatte bereits das Ziel vor Augen, König von Attika zu werden. Zurück aus Kreta, näherte er sich Athen, seiner Vaterstadt. Die Schiffe seiner Flotte hatten schwarze Segel gehisst. Seinem Vater Aigeus hatte er versprochen, dass, sollte er den Minotaurus besiegt haben, die Segel weiss sein würden. Der Vater, von der Farbe der Segel getäuscht, stürzt sich ins Meer und begeht so Suizid. Theseus ist König. «Es war Vergesslichkeit», rechtfertigte er sich. Gemäss der poetischen Interpretation des französischen Intellektuellen André Gide war es jedoch nicht Vergesslichkeit, sondern Anspruchsdenken: *«C'etait mon tour!»* – «Ich war an der Reihe!» Der Stadt Athen verpasste Theseus straffe Strukturen, schuf eine Organisation, die Grundelemente des späteren Ruhmes von Athen, Ausgangspunkt unseres Wissens, unseres kulturellen Selbstverständnisses.

Aus dem Mythos entsteht Politik. Sokrates, der für die Bürger der Stadt mit der Wahrheit zu weit geht, wird von der Masse gezwungen, den Giftbecher zu sich zu nehmen. Noch ertragen sie das Herausragende, das Exzellente, nicht. Sein Schüler Platon wird mit seiner *«Politeia»* das Bild des idealen Staates entwerfen. Die platonische Forderung, dass die Könige Philosophen seien und die Philosophen Könige, könnte auch heute wahr sein. In diesem Sinne ermuntert Platon seine Schüler, im Dialog Wissen zu erweitern, Logik zu erlernen, sich mit ihm zu messen, nichts als gegeben zu akzeptieren. Dies ist, *ante litteram*, Förderung von Exzellenz.

Die Römer wiederum übernahmen von den Griechen nicht nur deren Götterwelt, sondern verfeinerten auch ihre politischen Ideen. Das *Imperium Romanum* strukturiert sich, die Könige werden von der Republik abgelöst und die offenen Strukturen der Republik fördern in jedem Bereich die Besten. So expandiert das römische Reich, die Phase der Unruhe aber ist Vorläuferin der Machtübernahme durch den Einzelnen. Geniale Kaiser, unfähige, perverse, verrückte Cäsaren lösen sich ab. Eines haben sie gemeinsam: Wer sich ihnen widersetzt, wer schwarze Segel entrollt, wird verfemt, verbannt, ermordet. Doch nichts ist auf alle Zeiten gegeben. Unter Kaiser Tiberius wird Rom mit der grossartigen Revolution der Sanftheit konfrontiert. Die Bergpredigt ist gefährlich für strukturierte Macht. Das Christentum wird verfolgt. Auf der Via Appia reiht sich Kreuz an Kreuz. Doch auch die Idee der Nächstenliebe muss Struktur annehmen.

In den ersten Jahrhunderten unserer Zeitrechnung repräsentierte die Kirche – etymologisch die Gemeinschaft von Menschen – eine Vielfalt von unterschiedlichsten Überzeugungen. Wer ist im Recht, wer sind die Häretiker? Die apokryphischen, die pseudoepigrafischen Texte und die Texte der Gnostik sind volumenmässig ebenso umfassend wie die kanonischen Texte, die den Anspruch der Offenbarung erheben. Es war in diesen ersten Jahrhunderten nach Christi Geburt ein manchmal offener, manchmal subtiler Kampf zwischen den verschiedensten Interpretationen einer bereits nach Ordnung und Struktur strebenden Kirche mit ihren hierarchischen Vertretern, ihren Bischöfen und Würdenträgern und den Rebellierenden. Es ist ein Kampf um Wahrheit, vor allem aber ist es ein Kampf um Macht und Machterhalt.

Emblematisch ist das Beispiel des nichtkanonischen Evangeliums von Maria Magdalena, in welchem sie, die Frau, die Apostel aufruft, sich nicht zu fürchten, ihnen aufzeigt, wie sie die Botschaft Jesus in die Welt bringen sollen, die Auserwählten ermutigt, Mut zu zeigen. Die etablierte Kirche, klar frauenfeindlich, toleriert diesen Ansatz nicht. Sie wird Maria Magdalena zu einer *«mater poenitentia»*, zur «weinenden Hure» degradieren, ihre geschichtlichen Verdienste negieren. Ein Beispiel, wie Strukturen, die im Aufbau sind, die Verdienste einer Einzelperson schmälern, sie herabstufen, erniedrigen und zum Schweigen bringen. Auch Galileo Galilei wird, als er das ptolemäische System infrage stellt, zum Widerruf gezwungen, denn seine Erkenntnis relativiert die dogmatischen Gewissheiten der Kirche. Die gleiche Kirche ist allerdings machtlos gegenüber der Reformation, als Luther, Zwingli, Bullinger, Calvin, Knox und Farel ihrerseits die schwarzen Segel zeigen. *«C'est notre tour»*. Nun ist unsere Wahrheit an der Reihe.

Geschichtliche Beispiele dieser Dialektik zwischen Struktur und Rebellion gibt es deren viele. Im Laufe der Jahrhunderte werden Politiker und Philosophen, später auch Wirtschaftsexperten, mit immer heftigerer Intensität darüber debattieren, wie Menschen sich organisieren sollen, wie der Einzelne gefördert werden soll. Welches sind mit der industriellen Revolution die fundamentalen Ansätze? Sind es die ökonomischen? Sind es die philosophischen? Hegel und Marx lösen, indem sie die zwei Ansätze verbinden, die vielleicht grösste Utopie der Menschheit aus. Die politischen Systeme allerdings, die ihre philosophischen Lehren generieren, die sich auf ihre Theorien stützen, sind allesamt menschenverachtend und enden durch Implosion, symbolisiert durch den Fall der grauenhaften Berliner Mauer.

Aus diesen Ausführungen kann man unschwer schliessen, dass ich ein Plädoyer für das Individuum halte, für den Rebellen, der ungeachtet der Konsequenzen handelt. Ich weiss, wie wichtig Strategien, Prozesse, Strukturen, Führungsstil, formale und informale Organisation sind. Ich kenne die Auseinandersetzungen um die Konfiguration der Hierarchieebenen, um die Abstimmung der Aufgaben, um straffe oder Mehrliniensysteme, aber im Mittelpunkt aller Bemühungen, aller Verbesserungen steht doch immer der Mensch mit seinen Motivationen und seinen Frustrationen. Die Optimierung der Arbeitsabläufe hat ja nur ein grundlegendes Ziel, nämlich die Förderung der Produktivität. *Structure before people:* Ich behaupte selbstverständlich nicht, dass der Satz von einem theoretischen, einem technischen Standpunkt her falsch sei. Meine These aber lautet klar: Strukturen werden – bewusst oder unbewusst – den Leuten respektive den Gegebenheiten angepasst.

Diese Überzeugung gewann ich auch aus meinen persönlichen Berufserfahrungen. Die 700-Jahr-Feier der Eidgenossenschaft 1991 zum Beispiel entstand ausserhalb der Verwaltungsstrukturen. Es waren Ad-hoc-Strukturen, und bis zuletzt gab es für uns keine gültigen Organisationsmodelle. Da Verwaltung, Politik und Kantonen bewusst war, dass unsere Aufgabe und unsere Zeit begrenzt waren, gab es auch wenig Neid und Eifersucht, und wir konnten unsere Vorstellungen durchsetzen. Trotzdem gab es Aufruhr: Künstler und Intellektuelle boykottierten den Anlass. Ich bin überzeugt, dass dieser Akt der Rebellion der 700-Jahr-Feier erst ihren wahren Sinn gab. Die schwarzen Segel des Künstlerboykotts entfachten die Diskussion über die Schweiz, sie ermöglichten über die eigentlichen Festivitäten hinauszugehen und inhaltlich über unser Land, seine Vergangenheit und seine Zukunft nachzudenken.

Ende 1991 trat ich dann in das, wie es nach aussen schien, vielleicht am stärksten strukturierte Unternehmen der Schweiz ein, den Migros-Genossenschaftsbund. Jean Ziegler warnte mich: «Du wirst in diesen Strukturen unglücklich. Sie werden dich zermalmen.» In diesem genossenschaftlich organisierten, fest strukturierten Unternehmen gilt der unbarmherzige Leitsatz *«structure before people»*. Strukturen also, die nur weisse Segel erlauben. So schien es. Ziegler täuschte sich. Die Migros war, wenigstens bis vor einigen Jahren, auf einer Konfliktkultur aufgebaut. So hatte es der geniale Gründer Gottlieb Duttweiler gewollt. Er selbst war ein Rebell gewesen, der mit seinen fünf (schwarzen) Lastwagen dem Schweizer Zwischenhandel den Kampf erklärt hatte. In der Migros herrschte auf jeder Stufe Konfrontation der Meinungen. Es waren Diadochenkämpfe. Alle arbeiteten am Wohl der Unternehmung, bauten aber auch zielgerichtet ihre Karriere auf und nutzten unbarmherzig jede Schwäche ihrer internen und externen Konkurrenten aus.

Ich stellte mit der Zeit fest, dass das von Duttweiler erdachte System die Leute nicht hemmte, sondern den beruflichen Aufstieg herausragender Persönlichkeiten sogar förderte. Warum?

Weil jeder Entscheid einer Instanz von der übergeordneten Instanz gekippt werden konnte, indem ein Vertreter den Beschluss in das nächsthöhere Gremium zur erneuten Beurteilung brachte (zum Beispiel also ein Entscheid der fünfköpfigen Verwaltungsdelegation der dreissigköpfigen Verwaltung vorlegte). Dies war für den einzelnen einerseits sehr belastend, bot ihm aber auch aussergewöhnliche Chancen, sich zu profilieren. Es war spannend, zu beobachten, wie die Machtverhältnisse sich immer wieder jenseits aller Strukturen verschoben, wie Funktionsdiagramme immer wieder relativiert oder sogar ausser Kraft gesetzt wurden. Die einzelnen Persönlichkeiten mussten auch Niederlagen einstecken, denn das System kannte keine Gnade. Diese starre Organisation, nach aussen Inbegriff des *«structure before people»,* passte ihre Strukturen immer wieder den Persönlichkeiten an, die ihr zur Verfügung standen. Der genossenschaftliche Charakter des Unternehmens, der ja kapitalistische und demokratische Kultur verbindet, verhinderte jeglichen Machtmissbrauch.

Aber auch die Erfahrungen, die ich in anders strukturierten Unternehmen machte, waren interessant. Ringier, dessen stellvertretender Konzernchef ich 1997 wurde, war und ist ein Familienbetrieb. Starke Persönlichkeiten wie beispielsweise Frank A. Meyer widersetzen sich mit ihrem Charisma, mit ihrer intellektuellen Kraft, mit ihren schwarzen Segeln, jeglicher Strukturbildung. Entstehen diesem florierenden Unternehmen dadurch Nachteile? Die Frage ist selbstverständlich rhetorisch. Die Organisation eines Filmfestivals wiederum, auch wenn es als Unternehmen geführt wird, hat offene Strukturen. Kulturveranstaltungen sind ja hoch emotionale Anlässe. Ein künstlerischer Direktor kann nicht geführt werden. Seine Wertskala ist höchst individuell, die Prioritäten, die er setzt, die Bedürfnisse, die er hat, sind diametral anders als bei den Managern der Wirtschaft. Ihre Logik ist anders. War der Entscheidungsweg bei der Migros ein syllogistischer, so hat bei einem künstlerischen Direktor, wie oft auch beim Journalisten, das Emotionale den Vorrang. Überzeugungsarbeit kann nur über den Weg der konzentrischen Kreise gehen. Nie aber hat man die Gewissheit, dass ein Entscheid auch eingehalten wird. Künstlerische Direktoren segeln prinzipiell immer unter schwarzen Segeln.

Doch ist das problematisch? Sicher nicht. *«C' était mon tour»,* rechtfertigte sich Theseus. In jeder Organisation gibt es einen Theseus. Diejenigen, die initiativ sind, die Widerspruch leisten, die sich durchsetzen wollen. Ist die Gefahr, dass Strukturen sie hemmen, dass man im Betrieb nur weisse Segel erlaubt, nicht gerade in Zeiten wirtschaftlicher Schwierigkeiten doch recht konkret, aber auch gefährlich? Es ist leichter, mit denen fertigzuwerden, die nichts wollen, die wenig fordern, die sich anpassen. Und doch, hätte Theseus seine weissen Segel nicht eingerollt, so wäre Athen niemals Ausgangspunkt unserer Zivilisation geworden.

Strukturen dürfen Personen niemals hemmen. Strukturen dürfen kein Alibi sein, um alles beim Alten zu belassen. Strukturen, dies gilt selbstverständlich auch in der Politik, müssen, damit sie dem Wechsel der Macht auch dienen, demokratisch lebendig sein. So lautet meine Schlussfolgerung denn auch: *People before structure*. Fördern Sie, wer immer sich nicht einordnet. Fördern Sie die Rebellen. Fördern Sie die Fordernden. Fördern Sie diejenigen, die ihre schwarzen Segel zu hissen wagen. Denn die schwarzen, nicht die weissen Segel bedeuten den eigentlichen wirtschaftlichen, politischen und kulturellen Fortschritt des menschlichen Zusammenseins.

DER LETZTE DUNKLE PUNKT

März 2020. Ich fühlte mich unwohl. Zuerst hoffte ich, dass es eine Grippe sei. Als sich mein Gesundheitszustand weiter verschlechterte, riet mir mein Arzt zum Covid-Test. Dann das Wort, die in der ersten Welle der Pandemie Angst und Schrecken auslösten: positiv. Schon wenige Minuten später stand an jenem 10. März 2020 die Ambulanz vor meiner Tür. Ich wurde ins Spital *La Carità* in Locarno gebracht und umgehend auf die Intensivstation überführt. Dort erkannte ich unseren Festivalarzt, Michael Llamas, der sonst immer neben mir unter der Leinwand auf der Piazza stand, um sofort einschreiten zu können, sollte einem unserer prominenten Gäste etwas zustossen. Ein bekanntes, liebes Gesicht. Mir verschaffte es eine gewisse Erleichterung. Dann lag ich auf dem Bett und spürte, wie es mir immer schlechter ging. Die Knochen und der Körper wurden eins mit dem Bett – so schwer fühlte es sich an. Rechts und links von mir lagen intubierte Patienten. Menschen, die mit dem Tod rangen. So wie ich auch.

In dieser Phase habe ich jedes Wort und jede Geste der Ärzte und des Pflegepersonals registriert. Auch die Diskussion, ob ich intubiert werden soll oder nicht, habe ich mitbekommen. Zugleich verlor ich jedes Zeitgefühl, und mir ging ein Gedicht von Theodor Fontane durch den Kopf:

Immer enger, leise, leise
Ziehen sich die Lebenskreise,
Schwindet hin, was prahlt und prunkt,
Schwindet hoffen, hassen, lieben,
Und ist nichts in Sicht geblieben
Als der letzte dunkle Punkt.

Hatte ich in der Ambulanz noch an meine Frau Michela, an meine Söhne und Enkelkinder gedacht, an das Festival und an was ich noch alles hätte anordnen müssen, so liess ich mich auf der Intensivstation gehen. Ich befand mich in einer Art sanftem, freiem Fall. Alles, was vorher wichtig war, Familie, Freunde, Festival, das nächste *Dîner républicain*, die Literaturtage auf dem Monte Verità, alles, was man gemacht hat oder noch nicht erledigt hat – es ist plötzlich nicht mehr wichtig. Man befindet sich in einer Welt jenseits der Realität.

Am 12. März 2020 teilte das Locarno Film Festival in einem Communiqué mit: «Marco Solari wurde positiv auf Covid-19 getestet und in das Regionalspital von Locarno, *La Carità*, aufgenommen. Sein Zustand ist stabil.» Derweil starben die Menschen neben mir, und ich war inmitten dieser Gemeinschaft, zum Glück nicht intubiert. Ich verspürte keine Todesangst. Nur eine enorme innere Ruhe. Trotzdem leidet man auf der Intensivstation. Auch wegen der Leute, die dort sterben. Irgendwann realisierte ich: Die Sichel hat mich nicht getroffen, aber ich habe ihr Zischen deutlich gehört. Plötzlich war ich wieder wach und dachte nur eines: Raus, ich will raus aus diesem Raum!

Als ich nach vier Tagen auf der Intensivstation auf die Bettenstation überführt wurde, fühlte ich mich wie im Paradies. Der Himmel ist so blau und der Garten so grün, und nachts schaut man sich die Sterne an. Tief eingeprägt haben sich mir auch die Mitarbeitenden des Spitals, vielfach Grenzgänger aus Italien. Diese jungen Menschen, vom Putzpersonal über die Pflege bis hin zu den Ärzten, haben gelacht, sich gegenseitig aufgemuntert und manchmal sogar gesungen. Das muss man sich mal vorstellen: Man liegt im Spital, und die Menschen singen. Es waren Hymnen auf das Leben. Dafür bin ich dem Spital ebenso dankbar wie für den Aufschub, den ich vom Leben geschenkt bekommen habe.

Das Wort Endlichkeit ist für mich kein leerer Begriff mehr. Die Zeit, die mir noch bleibt, will ich jetzt noch intensiver erleben. Es geht darum, etwas zurückzugeben. Der Sinn des Lebens ist Geben, nicht Nehmen.

Letzter gemeinsamer Auftritt auf der grossen Bühne: Marco und Michela Solari verabschieden sich am 12. August 2023 auf der Piazza Grande vom Publikum. Damit schloss sich der Kreis des öffentlichen Einsatzes für die «Causa Ticino».

EPILOG

SCHLUSSWORT: **DIE ITALIENISCH TRÄUMENDE SCHWEIZ**

Als Flavio Cotti 1987 sein Amt als Bundesrat antrat, absolvierte ich das letzte Jahr meines Medizinstudiums in Zürich. Ich erinnere mich, wie seltsam und aussergewöhnlich es mir vorkam, dass diesem etwas mythischen Gremium (so sah ich den Bundesrat im Alter von 26 Jahren) jemand aus meiner eigenen Kultur angehörte. Die Fernsehdebatten etwa, an denen Bundesrat Cotti teilnahm, verfolgte ich nun mit anderen Augen. Sie hatten sich durch seine Präsenz verändert. Zum einen mussten die Teilnehmenden vom Schweizerdeutschen ins Hochdeutsche wechseln; mich beeindruckte dabei, mit welcher Präzision sich der italienischsprachige Bundesrat in einer Fremdsprache auszudrücken vermochte. Zum andern hatte ich immer wieder das Gefühl, dass Bundesrat Cotti ein Fremdkörper war: Als ob er in diesem Gremium unter den «rechtmässig Anwesenden» seinen Platz suchen oder vor dem Eintreten erst an die Tür klopfen müsste. Ein Fremdkörper, der sich letztlich gar nicht schlecht schlug!

Dreissig Jahre später, am 20. September 2017, befand ich mich in derselben Situation. Unmittelbar nach meiner Wahl in den Bundesrat tauchte wieder die Frage auf, die mich seit der Ankündigung meiner Kandidatur begleitet hatte: Was bringt ein Tessiner in den Bundesrat mit ein? Ich muss gestehen, dass ich damals nicht verstand, wie wohlwollend diese Frage gemeint war. Ich empfand dabei vor allem Unbehagen. Warum sollte ein Tessiner seine Präsenz mehr rechtfertigen müssen als ein Zürcher oder ein Genfer? Wahrscheinlich aber war die Frage doch eher Ausdruck echter Neugierde. Es war eben die Frage von Leuten, die schon immer, vielleicht unbewusst, an der Macht waren und dem Fremdkörper die Tür öffnen, ohne wirklich zu wissen, wer dieser Fremdkörper eigentlich ist.

Nach dem ersten Amtsjahr von Flavio Cotti wurde Marco Solari zum Delegierten des Bundesrates für die 700-Jahr-Feier der Eidgenossenschaft ernannt. Ich selbst, unterdessen frisch ausgebildeter Arzt, bewunderte diesen Tessiner, der mit der Organisation der Geburtstagsfeier der ganzen Schweiz beauftragt wurde. Aber: Ich hatte nicht mehr das seltsame Gefühl wie noch bei Bundesrat Cotti, nicht ganz. Weshalb das so war, verstand ich erst später. Dank seiner Herkunft stand Marco Solari – vielleicht ohne sich dessen bewusst zu sein – den Entscheidungsträgerinnen und -trägern automatisch nahe. Tatsächlich ist er in zwei Kulturen zu Hause: der Kultur der italienischen Schweiz und derjenigen der Mehrheit. Letztere verdankt er seiner Mutter und den Jahren, die er bis zur Matura in Bern verbrachte. Das waren wichtige Jahre – Jahre des Aufwachsens, der Bildung, der Selbstfindung und der Liebe. Zu dieser genetischen Vielfalt kombinierte er Intelligenz und Weitsicht – so gelang es ihm, in seinem Leben so viele Visionen zu verwirklichen.

Doch kehren wir zurück in die jüngere Vergangenheit. Blicken wir auf die Worte, die ich unmittelbar nach meiner Wahl ans Parlament richtete. Bei der Vorbereitung auf diese Eventualität wollte ich meine Dankbarkeit und meinen Respekt für das hohe Amt zu Papier bringen. «Nach 18 langen Jahren der Abwesenheit», hatte ich notiert, «ist die italienisch denkende und sprechende Schweiz wieder im Bundesrat vertreten. Darin erkenne ich den Willen zur Stärkung des nationalen Zusammenhalts». Als ich diesen Satz in den Stunden vor der Wahl noch einmal las, erschien er mir unvollständig. Ich wollte ihn zwar sprechen, aber er brachte nicht wirklich zum Ausdruck, was ich eigentlich sagen wollte. Mir wurde klar, dass etwas fehlte: «Die italienisch sprechende, denkende und *träumende* Schweiz». Die rationale Dimension allein war nicht genug. Es fehlte die emotionale Komponente.

Heute, nach sechs Jahren im Bundesrat, würde ich noch weiter gehen und sagen: «Die italienisch sprechende, denkende, träumende, lachende, weinende und liebende Schweiz». Auch Humor und Liebe sind untrennbar mit unserer kulturellen Bezugswelt verbunden. Mit anderen Worten: Ich bin mir immer mehr bewusst, dass die Identitätsfrage in der Schweiz weit komplexer ist, als ich mir zu Beginn meiner politischen Tätigkeit vorstellen konnte – selbst während meiner Jahre im Parlament, als sich die Tessiner Mitglieder der eidgenössischen Räte für die Förderung der *Italianità* stark machten. Es geht um viel mehr als das, was Politiker in ihren Reden immer wieder behaupten. Marco Solari hat all das schon immer verstanden. Es ist sicher kein Zufall, dass er mir in den letzten Jahren oft bestätigt hat, wie wichtig es war, «italienisch träumend» hinzuzufügen.

Als ich Bundesrat Cotti als 26-Jähriger beobachtete, ahnte ich schon, was die eigentliche zentrale Frage ist – heute scheint sie mir offensichtlich: Wie ist es möglich, dass die Landesregierung diese Vielfalt der Schweiz nicht ständig widerspiegelt? Wie ist es möglich, dass die *Italianità,* die zur DNA der Schweiz gehört, nicht immer dabei ist? Diese Frage ist nicht leicht zu beantworten. Unser politisches System und unser politisches Denken eignen sich nicht für starre Muster und Normen – zudem gilt es viele Mehrheiten, Minderheiten und Eigenarten zu berücksichtigen.

Und doch ist die Frage von grundlegender Bedeutung. Es geht darum, sich der Herausforderungen bewusst zu werden, denen sich die italienische Schweiz stellen muss: geeignete und motivierte Persönlichkeiten in den Vordergrund zu rücken, um gemäss dem Motto des Luganeser Freiwilligenkorps von 1798 «frei und schweizerisch» zu sein, das heisst, im Namen des ganzen Landes Verantwortung zu übernehmen. Dazu gehört auch eine hohe Frustrationstoleranz, die es braucht, um längere Phasen ohne Vertretung im Bundesrat zu überstehen. Und schliesslich geht es darum, sich bewusst zu sein, dass die italienische Schweiz über die Politik hinaus ihren Beitrag leisten kann und muss. Nehmen wir uns ein Beispiel an Marco Solari, der ein Leben lang ein wunderbarer Botschafter der *Italianità* in der Schweiz war. Neben ihm gibt es andere grosse Persönlichkeiten wie Sergio Ermotti, Mario Botta, Franco Cavalli, Carla del Ponte und viele andere, die ich hier nicht alle erwähnen kann. Sie alle trugen und tragen zur Identität der Schweiz bei. Die italienische Schweiz ist keine Randerscheinung. Sie liegt im Herzen der Schweiz. Sie ist eine der Schlagadern, die dem Land über ihre Vertreterinnen und Vertreter Leben einhaucht. Wir dürfen Grosses träumen!

Ignazio Cassis, Bundesrat

POST SCRIPTUM
GRAZIE

Eigentlich wollte ich kein Buch schreiben, und schon gar keine Autobiografie. Doch Jean-Pierre Bonny war bestimmt: «Du wirst dieses Buch schreiben, und ich finanziere es!» Wer ihn kennt, weiss, dass er keinen Widerspruch duldet. Nun, jeder Text ist subjektiv. Meine Autobiografie ist, wie oft in meinem Leben, der verzweifelte Versuch, es allen recht machen zu wollen. Ein unmögliches Unterfangen! In meinen fast achtzig Jahren bin ich unzähligen Personen begegnet, von denen in diesem Buch nur ganz wenige namentlich aufgeführt sind. Wenn ich von den zahlreichen Persönlichkeiten, die mir beruflich und privat viel gegeben haben, jemanden nicht erwähnt habe, dann aus Platzgründen, aus reinen Platzgründen – und nicht, weil sie unbedeutend waren oder sind.

Im Zentrum dieses Buches steht das Tessin. Ich habe versucht, von meiner Person abzulenken, mit Beiträgen von Bundesräten, die mir in diesen fünf Jahrzehnten besonders nahestanden. Es handelt sich um eine magistrale Hommage an meine geliebte italienische Schweiz. Ebenso war es mir ein grosses Anliegen, auch der jüngeren Generation Gehör zu verschaffen. In der Beilage finden Sie daher auch Beiträge und Visionen von jungen Tessinerinnen und Tessinern, *«Under 49»*, mit denen ich zum Teil eng zusammengearbeitet habe. Sie sind die Zukunft des Tessins und damit die Zukunft unseres Landes, der Schweiz.

Üblicherweise folgen an dieser Stelle jeweils Dankesworte. Da ich auch hier unweigerlich Gefahr laufen würde, jemanden zu vergessen, dem ich Dank schulde, möchte ich mich ganz kurz und generisch halten. Das letzte Wort soll daher schlicht und einfach lauten:

GRAZIE!

Marco Solari, im September 2023

ANHANG

DIE AUTOREN

Marco Solari, 1944 in Bern geboren, studierte an der Universität Genf Sozialwissenschaften, ehe er für das Reisebüro Kuoni als Resident Manager in Bangkok, Rio de Janeiro, Palma de Mallorca und Las Palmas de Gran Canaria tätig war. 1972 wurde er Direktor der Ente Ticinese per il Turismo (Tourismusbüro des Kantons Tessin; heute Ticino Turismo genannt). Im Jahr 1988 berief ihn der Bundesrat als Delegierten für die Vorbereitungen und die Durchführung der 700-Jahr-Feier der Eidgenossenschaft, dies in einer Zeit, in der vorab linke Künstler und Intellektuelle hart mit der Schweiz ins Gericht gingen. 1992 wechselte er zum Migros-Genossenschaftsbund, wo er Mitglied der Verwaltungsdelegation war. Von 1997 bis 2004 war Solari stellvertretender Konzernchef der Ringier AG. Seine letzte berufliche Etappe war das Locarno Film Festival, das er von 2000 bis zu seinem Rücktritt im Jahr 2023 präsidierte. Marco Solari wurde mehrfach ausgezeichnet, unter anderem mit dem Bonny-Preis für die Freiheit, dem Preis der Oertli-Stiftung sowie dem Tourismus-Preis «Milestone». 2017 erhielt er für seine Verdienste um die Italianità den Orden des Sterns von Italien, eine der höchsten Auszeichnungen, die Italien ausländischen Staatsbürgern verleiht.

Omar Gisler, 1976 in Altdorf UR geboren, war nach seinem Studium der Geschichte und italienischen Literatur an der Universität Basel lange Zeit als Tessin-Korrespondent für die *Schweizerische Depeschenagentur* (SDA) und die *Neue Zürcher Zeitung* (NZZ) tätig. Anschliessend arbeitete er als Kommunikationschef bei der Marketingorganisation Ticino Turismo, ehe es ihn aus beruflichen Gründen auf die Alpennordseite zurückzog. Mittlerweile ist er als Leiter Marketing und Kommunikation bei der Kantonsspital Baden AG tätig. Er ist Autor mehrerer Bücher über Fussball, Reisen und Geschichte. Im Herbst 2022 erschien von ihm im AS Verlag das Werk *«Terra d'artisti – Wie Tessiner Baumeister europäische Kunstgeschichte schrieben»*.

BILDNACHWEIS

Die Bilder in diesem Buch und das entsprechende Nutzungsrecht haben uns die folgenden Institutionen und Personen zur Verfügung gestellt: ATT, OTR Luganese; Locarno Film Festival; ETH-Bibliothek – Comet Photo AG / CC BY-SA 4.0; Moritz Suter; Ringier; Marco Solari; Studio Botta; Massimo Pedrazzini; Eventi Letterari Monte Verità; Omar Gisler.

Wikimedia Commons: S. 70 Wikimedia Commons, Lugano by night ©Bastian Greshake, / CC BY-SA 2.0; S. 109 Wikimedia Commons, HB-IXG Crossair, Flughafen Lugano-Agno, Quelle: ETH-Bibliothek Zürich, Bildarchiv/ Stiftung Luftbild Schweiz / Fotograf: Swissair / LBS_SR04-012631 / CC BY-SA 4.0; S. 113 Wikimedia Commons, Villa Favorita, ©Franck Arciuolo / CC BY-SA 3.0

TERRA D'ARTISTI

Was haben der Kreml in Moskau und die Sankt-Ursen-Kathedrale in Solothurn, der Petersdom in Rom und die Hofburg in Wien, die Seufzerbrücke in Venedig und die Hagia Sophia in Istanbul gemeinsam? Bei all diesen Bauwerken waren Architekten, Ingenieure und Maurer aus dem Tessin am Werk. Obwohl diese Magistri Comacini genannten Baumeister während Jahrhunderten in ganz Europa Herausragendes geleistet haben und bei Päpsten, Kaisern, Zaren und Sultanen hoch in der Gunst standen, sind sie hierzulande in der kollektiven Wahrnehmung kaum präsent. So prachtvoll ihre Bauten, so unbekannt ist ihr Werdegang. In diesem Buch werden über zwanzig dieser Baumeister vorgestellt.

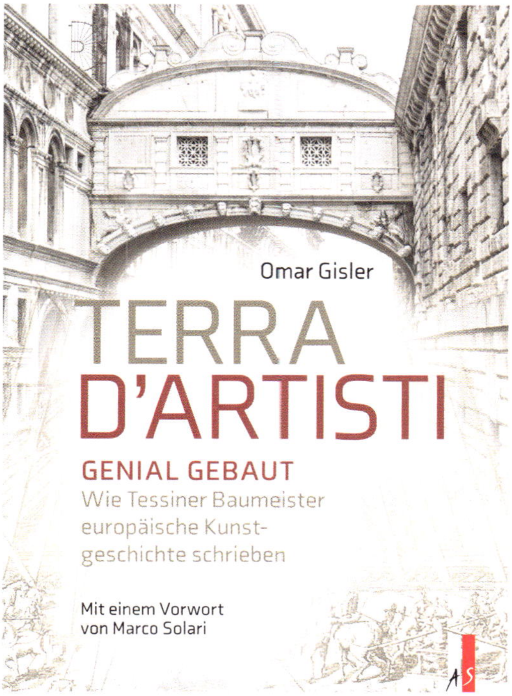

Omar Gisler
Terra d'artisti
Genial gebaut
Wie Tessiner Baumeister Kunstgeschichte schrieben
280 Seiten, zahlreiche Abb.
17 x 24 cm, Hardcover
ISBN: 978-3-03913-045-0